C1 C2

PERFECTIONNEMENT

Romain Racine
Jean-Charles Schenker

COMMUNICATION
PROGRESSIVE
DU FRANÇAIS
CORRIGÉS

Avec 700 exercices

CLE
INTERNATIONAL

www.cle-inter.com

Nous remercions très chaleureusement toute l'équipe éditoriale de CLE International et plus particulièrement Anne Chougnet pour sa relecture… pointilleuse.

Mise en page : Arts Graphiques Drouais (27320 Nonancourt)
Couverture : Miz'enpage
© CLE International / Sejer, 2018
ISBN : 978-209-038071-2

AVIS AUX UTILISATEURS

Ce livret de corrigé est un outil pour vous aider à vérifier et/ou à corriger vos réponses des **700 exercices de l'ouvrage** *Communication progressive du français niveau perfectionnement C2/C2.*

Pour la bonne utilisation de ce livret de corrigés, notamment des **125 productions écrites/orales** (À vous et bilans), voici quelques conseils :

– Les propositions de production sont des **modèles** à suivre pour leurs aspects formels, le vocabulaire et la syntaxe employés, leur argumentation et leur style. L'utilisateur pourra s'en approcher selon ses besoins, ses connaissances et ses compétences.

– Un certain nombre de **productions (42)** sont signalées par le sigle **DALF**. Dans ce cadre, l'utilisateur sera à la fois plus vigilant à **la construction de son discours** (le fond) et plus rigoureux dans **l'application du style adéquat** (la forme).

– Les thématiques et les supports tiennent compte des nouvelles recommandations du Conseil de l'Europe pour le **CECR** (2018). L'utilisateur trouvera donc, parmi les productions proposées, des modèles de supports très diversifiés, tels des textes littéraires, des articles spécialisés, des sketchs… (voir **tableau synoptique** en fin d'ouvrage), reflétant des situations de communication complexes et variées.

– Une attention toute particulière a été apportée à **l'humour** et aux **variétés sociolinguistiques** de la langue française. Les productions proposées permettront à l'utilisateur de vérifier sa bonne maîtrise des registres de langue (familier, argotique, soutenu, châtié), de l'ironie, des procédés rhétoriques et littéraires, ainsi que des parlers francophones.

Nous sommes très heureux de vous présenter cet ouvrage complémentaire au manuel qui, au-delà d'un simple corrigé, vous sera indispensable pour étudier en classe ou en autoapprentissage, mais également pour parfaire votre culture générale et vous préparer aux **certifications DALF C1/C2.**

Communicationnellement vôtre,

Les auteurs
Romain Racine et Jean-Charles Schenker

SOMMAIRE

CORRIGÉS

1. Explorer le monde et en rendre compte

Chapitre 1a   Signaler des coutumes inconnues

Exercices page 9

1 **1.** Vrai – **2.** Faux. Il s'agit des habitudes culturelles de différents pays du monde, francophones ou non. – **3.** Vrai

2 **1.** acte insensé – **2.** incivilité – **3.** ruse – **4.** gaffe

3 **1.** se sont échangé leurs bons plans – **2.** refusait plusieurs fois de... avant de finalement céder à l'insistance de son hôte – **3.** a commis une énorme gaffe

4 **1.** mêmes (adj.) – **2.** même (adv.)

5 **1.** Michel respecte autrui et leurs différences. – **2.** Loin de son pays, il faut mettre de l'eau dans son vin. – **3.** J'ai vu ce type d'épisodes à maintes reprises. – **4.** N'insistez pas auprès des Français en province pour parler anglais, ils vous répondront plus volontiers si vous faites l'effort de dire un ou deux mots en français.

6 (*Proposition*)

J'ai adoré le Japon. Pourquoi ? Parce que les Japonais sont extrêmement courtois et aimables, mais aussi toujours étonnés et surpris par les visiteurs étrangers. Tout est très propre et chacun respecte autrui et ses différences. Le choc culturel, c'est à Tokyo que je l'ai eu : dans les immenses couloirs du métro, les gens sont très disciplinés les uns envers les autres, ce qui est étonnant en comparaison avec les usagers du métro parisien. Je n'ai pas fait trop de gaffes lors de mon voyage, sauf peut-être quand j'ai voulu rentrer dans une maison avec mes chaussures, car il faut toujours vous déchausser chez vos hôtes – et comme j'avais des chaussettes trouées, j'avais honte ! Il en est de même dans les restaurants traditionnels. Ah, les restaurants, parlons-en ! Un jour, j'ai eu très peur parce que j'ai dû déguster un poisson vivant (iki). J'avais refusé plusieurs fois auparavant mais, cette fois-ci, l'ami japonais qui m'avait invité me faisait grand honneur de goûter cette spécialité. C'est la raison pour laquelle j'ai franchi le pas pour ne pas commettre d'impair. Dans tous les cas, si vous voulez visiter le Japon, je peux vous refiler mes bons tuyaux et vous donner des astuces.
Bon voyage !
Olivier B.

Chapitre 1b   Décrire un lieu exotique

Exercices page 11

1 **1.** Oui – **2.** Non, car le narrateur vit à Istanbul (Stamboul : ancienne appellation). – **3.** Non, ces lettres sont descriptives.

2 **1.** un sérail – **2.** un plateau de cuivre – **3.** un pacha – **4.** d'une muraille crénelée

3 1. détruite par un brasier – **2.** une essence de rose – **3.** on fume le narguilé

4 1. immensément – **2.** aveuglément – **3.** exquisément

5 (*Réponses possibles*) **1.** Ma maison est ouverte à tout venant. – **2.** J'étais un des heureux de ce monde, assis sur le sable chaud de cette plage de Bali en face du soleil couchant. – **3.** La fumée décrivait des spirales bleuâtres dans l'air chaud de ce bar. – **4.** Ce pays, dont tu ignores le charme, saura assurément… – **5.** En fréquentant les fumeries d'opium, les étrangers avides de sensations fortes étaient en butte à l'espionnage des indiscrets souvent mafieux de la ville. – **6.** En écoutant cette mélodie enchanteresse, je perdis peu à peu conscience de la vie.

6 (*DALF. Proposition*)

Cher ami,

J'achève actuellement mon périple au Cap-Vert. Je peux désormais le dire, j'étais un des heureux de ce monde durant mon séjour dans ces îles magiques. En effet, cet archipel m'a énormément plu pour la beauté de ses lieux et le charme de ses ambiances.

Que dire de ces fabuleuses soirées où le soleil couchant dorait les cyprès noirs ! Lorsque je vivais dans ces atmosphères intensément langoureuses, peu à peu je perdais conscience de la vie et me retrouvais transporté dans un monde de rêves et de chimères. La case en bois où j'habitais, non loin de la plage d'un sable extrêmement fin et exquisément doux de Boa Vista, était un logis ouvert à tout venant. J'y recevais passionnément tous mes amis de passage, gens du pays ou voyageurs, ainsi que des animaux qui venaient gentiment me saluer. Le soir venant, nous entonnions des chansons du monde entier en savourant le charme de ces beautés qui nous entouraient. Assurément, j'ai vécu là les plus beaux moments de ma vie. Suivre des yeux les pêcheurs voguant au loin sur leurs pirogues est une image des plus envoûtantes, qui procure un plaisir intense et sensuel.

Voilà, cher ami, vous dire une fois encore à quel point je fus heureux lors de ce périple où je vécus tel un pacha immensément choyé. Le retour sur nos terres sera fatalement douloureux. Mais qu'importe, j'aurai vécu là les heures les plus charmantes de ma vie.

Passionnément vôtre,

Votre dévoué Sidoine

Chapitre 1c Faire le récit d'un voyage

Exercices page 13

1 1. Ce texte est un extrait de roman. – **2.** Son champ lexical est celui du transport fluvial. – **3.** Cet extrait donne au lecteur une impression de chaleur, de moiteur.

2 1. sans, pan = un sampan – **2.** cou, rang = un courant – **3.** avis, rond = un aviron – **4.** re-, mou = des remous

3 1. larguer les amarres – **2.** vrombissement – **3.** en amont/en aval – **4.** d'une sauvage beauté

4   **1.** tantôt... tantôt – **2.** moitié... moitié (Pierre Loti) – **3.** en partie... en partie

5   (*Réponses possibles*) **1.** Le fleuve brassait ses eaux boueuses avec la force d'un Osiris en colère. – **2.** On traversait une végétation que l'on eût dite remplie de pièges et de maléfices. – **3.** Nous voguions sur un plan d'eau nimbé d'une buée opaque. – **4.** Dans le lointain s'élevaient des bosquets d'aréquiers. – **5.** De sa place à l'arrière du sampan, le voyageur regardait défiler les paysages. – **6.** L'étendue des rizières réverbérait chaleur moite et lumière aveuglante.

6   (*DALF. Proposition*)

Mes chers David et Séverine,

Savez-vous que je viens de faire une expérience extraordinaire ? En effet, j'ai eu la chance de vivre un voyage fantastique à travers des paysages très contrastés.

Nous avons pris le fabuleux train « Orient-Express » de Paris à Venise. À peine avions-nous quitté la capitale que déjà je voyais défiler les paysages sous un ciel plombé qui leur donnait un aspect mélancolique. Dès notre arrivée dans le Jura, après une courte escale à Dijon, nous pûmes observer la campagne vallonnée couverte de sapins. Puis ce furent les Alpes, d'une sauvage beauté : les montagnes enneigées se dressaient devant nous, majestueuses. Tout à coup, un vrombissement aigu emplit nos oreilles. Que se passait-il ? C'était au moment où le train entrait dans le tunnel du Simplon. Comme l'obscurité se faisait longue, nous nous imaginions entourés de pièges et de maléfices. Enfin l'Italie ! L'étendue des marécages dans la plaine du Pô réverbérait chaleur moite et lumière aveuglante, c'était le Sud. Puis de nombreux petits lacs où de braves pêcheurs larguaient leurs amarres. Enfin, ce fut l'apothéose en arrivant dans les canaux de Venise ! Que vous dire de cette ouverture sur la mer qui nous accueillait telle une déesse ? Un souvenir fulgurant.

Votre amie Claire-Lise

2. Cohabiter avec d'autres cultures

Chapitre 2a   Soulever un malentendu culturel

Exercices page 15

1   **1.** Vrai – **2.** Vrai – **3.** Non, le ton est enjoué et burlesque.

2   **1.** partis d'un fou rire – **2.** Pardi/pardieu/diantre (*soutenu*) – **3.** banalité... pour sûr/dame (*fam.*) – **4.** L'austère monotonie

3   **1.** éblouissante/étincelante/brillante – **2.** m'ont pris pour un fou/m'ont prise pour une folle – **3.** Les originalités – **4.** je suis tombé(e) sur ceci

4   **1.** Pendant que les blés brûlaient, je jouais à la vache sans taches. – **2.** Je veux et j'exige que tu me donnes des bretzels alsaciens.

5   (*Réponses possibles*) **1.** j'ai découvert cela – **2.** j'étais le jouet d'une hallucination – **3.** le pauvre diable ne comprenait plus, et moi, je venais de comprendre que... – **4.** Comme mes yeux erraient parmi... – **5.** (ce) doit être un raffinement propre à...

6 *(Proposition)*

C'était en Thaïlande. Nous avions quitté Bangkok tôt le matin pour atterrir sur une île située dans le sud du pays. Arrivés sur le minuscule aérodrome, une fois débarqués, nous avons pris un tuk-tuk pour rejoindre le port où nous attendait un vieux bateau afin de parvenir à notre destination finale : l'île de Ko-Pha-Niet. Nous avions découvert par hasard sur Internet ce minuscule îlot de tranquillité et de beauté doté d'un parc de bungalows surnommé « Chez nous ». Cette appellation française avait immédiatement suscité notre curiosité, d'autant que ce terme était plutôt original dans cette contrée lointaine. De plus, il était parfaitement orthographié.

Parvenus dans l'île, un charmant autochtone est venu nous accueillir. Arrivés devant ce « resort » en question, quelle ne fut pas notre surprise de voir venir à nous une quinzaine de personnes, vraisemblablement de la famille de notre hôte. Nos yeux erraient de-ci de-là pour comprendre ce que cela signifiait... L'espace d'un moment, nous avons pensé que nous serions logés dans une famille thaïlandaise et que nous allions devoir partager non seulement le logement, mais aussi la salle de bains et, pire encore, la chambre avec leurs six enfants et la grand-mère. Nous pensions avoir été le jouet d'une hallucination, nous qui rêvions de solitude, d'espace et de tranquillité !

Devant notre air interloqué, notre hôte nous a offert son plus beau sourire « à la thaï », car nous, pauvres diables, nous ne comprenions plus rien mais lui venait de comprendre le malentendu : « Chez nous », cela signifiait qu'avant de s'installer dans un bungalow, nous devions venir saluer toute la famille et partager avec elle un moment convivial. Le malentendu éclairci, nous sommes partis d'un éclat de rire libérateur. Notre frayeur effacée, nous avons dès lors pu rejoindre notre logis isolé en bord de mer. Nous allions enfin trouver le véritable paradis qui nous attendait. Vive l'hospitalité thaïlandaise !

Chapitre 2b   Faire des rapprochements entre les cultures

Exercices page 17

1   **1.** Non, c'est un entretien sur un parcours artistique. – **2.** C'est vrai. – **3.** Faux, il met en avant le brassage culturel.

2   **1.** les deux rives – **2.** s'assemblaient – **3.** du métissage culturel/du mélange des cultures – **4.** il est culturellement hybride

3   **1.** Construire des ponts entre les cultures ne signifie pas forcément qu'on les fusionne. – **2.** Je suis capable de grandir et de m'ouvrir au monde en cette période de populisme. – **3.** Elsa... sa vie est un vrai méli-mélo culturel *(fam.)* – **4.** Marwin a appris à bien compartimenter les sphères familiale, sociale, culturelle et professionnelle.

4   **1.** La double identité est pour moi une vraie richesse. – **2.** Il faudrait décloisonner les frontières. – **3.** À notre avis, cette publicité véhicule des clichés/des idées reçues. – **4.** Par le biais de la musique, Alexandre fait passer des messages d'amour universel. – **5.** Cathy érige des barrières entre elle et autrui. – **6.** Mon métier m'a ouvert l'esprit.

5 (*Proposition*) Cette photo nous montre que les danseurs se dirigent dans des directions opposées, mais en réalité ce n'est que pour mieux réunir leurs corps après, fusionner leurs mouvements : tout cela représente une culture hybride. La danse est un pont culturel qui permet de décloisonner les frontières et de casser les barrières. La danse fait passer des messages et nous ouvre au monde. Ces danseurs magnifiques nous le prouvent !

6 (*DALF. Proposition*)

Bonjour, je m'appelle Boris, je suis russe, né à Saint-Pétersbourg, de père israélien et de mère italienne.

J'ai été baigné dès mon enfance dans un environnement culturel très mélangé. En effet, ma grand-mère était la célèbre danseuse étoile Anna Danilova, qui faisait partie du corps de ballet de l'Opéra de Paris. Dans mon enfance, elle me parlait toujours de la capitale française et, grâce à elle, j'ai fait mon premier voyage dans la Ville Lumière à l'âge de 11 ans. Quel émerveillement ! Ce qui m'a frappé dès mon arrivée à Paris, c'était ce métissage culturel, ce méli-mélo de toutes les populations, de toutes les cultures. Moi qui avais des idées reçues sur la France, elles ont été vite balayées par une réalité beaucoup plus riche que je ne l'imaginais. Je grandissais et m'ouvrais au monde de cette façon.
Plus tard, je suis devenu professeur de français à l'Institut français de Saint-Pétersbourg et j'ai épousé Luisa, une Française d'origine cubaine née à Madrid. Mon métier m'a ouvert l'esprit et, du coup, je construis des ponts culturels entre la Russie et la France. Je suis culturellement hybride et mes identités multiples sont une véritable richesse. J'ai appris à casser les barrières. Vive la Russie, Cuba, l'Espagne, Israël, l'Italie et… la France.

Chapitre 2c   Écrire à un courrier des lecteurs

Exercices page 19

1 1. C'est un courrier des lecteurs en réaction à un article du *Monde*. – 2. L'auteur dénonce l'abus d'anglicismes dans la presse française. – 3. Ce courrier se termine sur une conclusion pleine d'ironie.

2 1. une anglophilie aveugle – 2. des préfixes et des suffixes – 3. un titre – 4. un supplément (le supplément du journal/du magazine)

3 1. de ressources linguistiques – 2. truffé de fautes d'orthographe – 3. lusophone – 4. bilingue

4 X… de… X… X… à

5 (*Réponses possibles*) 1. C'est un comble pour un ministre délégué à la Francophonie ! – 2. Je ne fais pas exception à cette manie, hélas ! – 3. Que ne ferait-il pas pour se montrer moderne ! – 4. La lecture de ce journal a fait déborder le vase, je vais leur dire leurs quatre vérités. – 5. Rassurez-vous, je ne fais pas ici le procès de l'anglophobie, mais je me permets de dénoncer cette pratique exagérée. – 6. On est en droit de se demander si ce pays ne fait pas exprès d'envoyer toujours de mauvais films au festival de Cannes ! – 7. J'ai été un peu secoué(e) en lisant cette terrible nouvelle, mais nous étions le 1er avril, ouf !

Langue : plurilinguisme ou monolinguisme ?

Je suis suisse italienne, je viens du Tessin, la région italophone du pays. J'habite Lugano, au bord du lac. Je suis trilingue : italienne de langue maternelle, je parle très bien le français car j'adore la cuisine française et maîtrise également l'allemand parce que mon petit ami est berlinois. Je suis hôtesse de « lac » et, dans mon métier, je présente aux nombreux visiteurs les richesses touristiques de la région. Parler plusieurs langues est donc pour moi une évidence, et dans mon métier et dans ma vie privée.

Cependant, que vois-je dans mon pays soi-disant plurilingue ? Une anglophilie rampante au détriment des langues nationales. Assez, je dis Assez ! Je suis révoltée, car à longueur de temps je vois les enseignes des magasins et des cafés prendre des noms anglais, et les annonces dans les trains se font désormais en anglais. C'est stupide, tout cela ! Pire encore, j'ai été secouée d'apprendre que je devrais désormais m'adresser en anglais à tous les visiteurs, y compris à ceux qui parlent le français et l'allemand, sous prétexte que c'est la langue que tout le monde comprend. Je suis en droit de me demander si tout cela est bien normal. Cette colonisation linguistique, c'est un comble pour notre pays qui est censé défendre ses langues nationales ! Ici, sur mon lieu de travail, c'est-à-dire le bateau, les messages de sécurité sont transmis en italien et en anglais. Le français et l'allemand… à la trappe ! Et quand je lis les quotidiens, ils sont truffés d'anglicismes. Vous comprenez que cette situation fait déborder le vase ! Tout cela est vraiment insensé, que ne ferait-on pas pour se montrer « moderne » ? J'enrage, il est temps d'agir et de réagir !

Mariella Martinetti, Lugano, Ticino, Suisse

3. Faire de l'humour

Chapitre 3a   Comprendre des jeux de mots

Exercices page 21

1 **1.** Faux, il s'agit d'un sketch de Raymond Devos. – **2.** Vrai. – **3.** Non, le ton du sketch est comique, voire absurde.

2 **1.** d'épargne – **2.** au plus pressé – **3.** au courant – **4.** au coude à coude

3 **1.** Des bruits courent qu'Emmanuel serait un chaud lapin, pas de veine pour Brigitte ! – **2.** Jean-Philippe court après les honneurs, quel arriviste ! – **3.** Denis D. court comme un dératé/un fou pour arriver à l'heure à son examen de philosophie. – **4.** Agnès fait ses emplettes au marché de Dijon, c'est urgent car elle n'a plus de moutarde et cela lui monte au nez ! – **5.** Écoute, Isabelle, tu commences sérieusement à me courir sur le haricot avec tes remarques à la noix ! – **6.** Joséphine, vous expédierez les affaires courantes dans les plus brefs délais, et notamment les convocations, ça urge.

4 **1.** C'est une sorte d'assonance (rime) : œuf/bœuf. – **2.** C'est une comparaison : sapé comme un milord (*fam.*) = vêtu comme un prince. – **3.** Assonance : avril/fil, mai/fais/plaît. – **4.** C'est une syllepse : en mangeant des pommes de terre (sens propre), il mangeait son pain noir (sens figuré = traverser une période difficile, avoir des difficultés majeures).

5 (*Réponses possibles*) **1.** comme une vache espagnole / comme un parfait natif – **2.** comte... comptes – **3.** vit... vivre – **4.** parlent à... parlent du... parlent de... parlent pour... – **5.** toit... moi... mois...

6 (*Proposition*)

– Je parle plusieurs langues !
– Tu parles !
– Ben oui, tu m'as déjà entendu parler des langues étrangères ?
– Non, tu parles l'espagnol comme un charretier suédois et le japonais comme une vache espagnole !
– En parlant de cela, tu as vu qu'on parlait de toi dans le journal ?
– On parle de moi ? On parle de moi en bien ou en mal ?
– On parle de tout et de rien, de la pluie et du beau temps, à tort et à travers, mais surtout on parle de toi !
– Puisque c'est comme ça, j'en parlerai à mes amis ce soir, ils seront heureux et surtout ils sauront de quoi parler au café. Mais si j'en parle à Geneviève, elle qui ne me parle plus, elle pourra me reparler sans vraiment en parler. Tu parles d'une affaire !
– Bon, au lieu de parler, paie l'addition ! Et arrête de parler pour ne rien dire !

Chapitre 3b   Avoir le sens de la répartie et donner la réplique

Exercices page 23

1 **1.** Non, ils viennent de différents textes et de différentes situations. – **2.** Non, elles font appel à l'humour des interlocuteurs. (Il faut avoir de l'esprit !) – **3.** Oui, absolument.

2 **1.** la réplique – **2.** répartie – **3.** spirituel

3 **1.** Homonymie – **2.** Métonymie – **3.** Ironie (2 fois) – **4.** Homonymie (l'art = lard), expression d'origine : « c'est du lard ou du cochon ? » qui veut dire : « ne pas savoir exactement la différence entre deux choses ». – **5.** Polysémie (deux significations de chaud : a. envie, b. porté sur les plaisirs sexuels) – **6.** Humour noir

4 **1.** fois... foie... foi – **2.** loup... requin – **3.** l'Élysée (L'Élysée est le siège et la résidence du Président de la RF.) – **4.** généreuse (sous-entendu, elle ne l'est pas) – **5.** cadeau – **6.** compte (= est important)... compte (= calcule)

5 (*Proposition*)

Polysémie :
– Tu es encore en train de te promener sur la *grève* ?
– Ben oui évidemment je suis en *grève*, mais c'est pas grève ! Elle est marrante, celle-là !

Homonymie :
– Tu aimes ce poisson *cru* ?

– Oui, qui l'eût *cru*.
– Ta *tante* est en at*tente* dans la *tente* ?
– Oui, mais elle *tente* d'en sortir.

Ironie :
Deux personnes se promènent à la montagne. L'une d'elles est un peu grassouillette au niveau du bas du visage. Un vent glacial souffle et il faut se couvrir.
– J'ai le menton gelé !
– Lequel ?

Ironie / humour noir :
À la sortie de l'Opéra, un mendiant fait l'aumône.
– Madame, vous n'auriez pas une petite pièce ?
– Absolument désolée, je n'ai pas de monnaie, je n'ai que des billets de cinquante euros !

Chapitre 3c   Écrire une saynète humoristique

Exercices page 25

1 **1.** Non, ils parlent des prestations offertes par une agence de voyages avec un journaliste. – **2.** Non, car contrairement aux promesses du catalogue de vente, il n'y a eu aucun incident. – **3.** La scène est narrée sur un ton contrarié et l'effet en est amusant pour le lecteur.

2 **1.** un palace/un taudis – **2.** être dans une forme olympique/être à moitié mort – **3.** un ange/un pillard – **4.** un hameau de rêve/un trou perdu

3 (*Réponses possibles*) **1.** Elle était verte de terreur/morte de peur. – **2.** Ils sont gravement blessés/à moitié morts. – **3.** Il a sauté sur une mine/il s'est fait exploser sur un champ de mines. – **4.** Il a été victime d'une publicité abusive. – **5.** J'ose parler et croyez-moi, ce que je vais vous dire est accablant.

4 (*Réponses possibles*) **1.** J'ai été victime d'une pub bidon sur les miracles – **2.** avez-vous senti l'arnaque – **3.** Eh bien, vous n'allez pas me croire !... je n'invente rien ! – **4.** Ah, non, ça alors, je m'en souviendrai ! – **5.** ça, on ne peut jamais être certain de rien – **6.** vous m'entendez bien – **7.** et, tenez-vous bien

5 (*Proposition*)

Victimes d'une publicité mensongère, Robert et Lucette osent parler. Leur témoignage est accablant.
Nous sommes rentrés hier soir de notre voyage, quelle aventure ! Voici ce qui nous est arrivé. On nous avait promis monts et merveilles : un hôtel de luxe, des plages immaculées, de l'air pur, des chambres et salles de bains rutilantes, etc. La vérité était tout autre !
À l'arrivée, notre hôtel était certes en bord de mer, mais situé juste à côté d'une station d'épuration d'où sortaient les égouts de la ville et, avec la chaleur, je vous laisse imaginer l'odeur ! Après notre première baignade, nous sommes sortis de la mer couverts de boutons et de pustules. Il faut savoir aussi qu'à l'hôtel les parasols étaient inexistants, soi-disant pour ne pas dénaturer le

« paysage bucolique ». Cela a eu pour conséquence que nous n'avons cessé de choper des coups de soleil et des insolations avec de fortes fièvres, au point qu'on a été cloués au lit une grande partie des vacances. Côté nourriture, on s'est bien fait avoir sur les petits déjeuners, obligés de manger des fruits locaux plus ou moins douteux et des algues puantes. Rien d'autre à se mettre sous la dent. Pas l'ombre, vous m'entendez bien, pas l'ombre d'un morceau de pain ! Pour les dîners, produits congelés à gogo, sans doute avariés au vu de l'odeur et de la consistance des mets, ce qui nous a valu de nombreuses turistas. Et quant aux cocktails à l'apéro – eh bien, vous n'allez pas nous croire ! – on devait choisir entre le Pétrole-Kiwi, le Pamplemousse-Javel ou le Rhum-Marinade d'insectes ! Je n'invente rien ! Nous avons été pris de nausées, pire que sur un chalutier tanguant au fin fond de l'Atlantique.

Bref, hors de question de retourner dans ce bled et dans cet hôtel pour loger dans un taudis humide et pourri, sans parler des salles de bains aux douches jaunes de crasse et infestées de cafards. Berk ! berk ! berk ! En parlant de tout cela avec les autres vacanciers, nous avons compris la supercherie. On s'est fait berner. Ce voyage, ça alors, nous nous en souviendrons !

4. Communiquer dans l'espace francophone

Chapitre 4a   Babeler en Belgique francophone

Exercices page 27

1 1. Faux, c'est un dialogue entre deux Wallons. – 2. Faux, ce sont deux amis qui parlent de leurs souvenirs et de leur commande au restaurant. – 3. Faux, le registre est familier.

2 1. un dessert aux pommes – 2. joindre par téléphone un ami belge – 3. un cocktail à base de vins – 4. un filet américain – 5. à l'Athénée

3 1. djauser/barboter... une jatte de café – 2. fait (si) caillant... un péquet – 3. Tantôt à l'estaminet... sonner... GSM – 4. soupe – 5. souperai... un fondu au fromage... une carbonnade... une glace au spéculoos... Krieks... Ça me goûte bien.

4 (*Réponses possibles*) 1. Non, il a quelqu'un. – 2. Oui, il a toujours plusieurs commères. – 3. Je préfère tirer mon plan tout(e) seul(e). – 4. Oui, ça me goûte bien. – 5. Oui, ça cloppe. / Non, ça ne cloppe pas. – 6. Oui, je te sonne. – 7. Non, moi je fais sans. – 8. Parce qu'elles m'ont joué cinq lignes/elles m'ont cherché misère.

5 (*Proposition*)

Ah, cher(e) ami(e), qu'il est bon de babeler avec toi ! C'est gai de t'avoir rencontré(e). Tu sais, j'en connais un rayon sur la gastronomie belge. D'ailleurs, si je suis à Bruxelles, c'est un peu pour ça aussi.

L'année dernière, j'ai dégusté une glace au spéculoos. J'ai adoré cela, mais je ne savais pas que c'était une spécialité belge, moi qui suis monégasque. Et ce n'est pas tous les jours qu'on peut savourer chez nous vos plats traditionnels. Comme je suis très gourmand(e), j'ai trouvé la recette de la rombosse sur Internet et, maintenant, je ne peux plus m'en passer tant ça me goûte bien. Tu vois, je connais même quelques belgicismes. D'ailleurs, on pourrait manger un petit truc pour accompagner nos Krieks, qu'en penses-tu ? Comme il fait caillant, je me prendrais bien un fondu au fromage et une carbonnade. Ça cloppe pour toi ? Après, on verra, je pourrais t'inviter dans un autre estaminet. Tu dois sûrement en connaître. Ah, vraiment, j'adore la Belgique ! Et qu'est-ce que j'aime les Belges comme toi, vous êtes d'une si aimable compagnie qu'on resterait bien toute une nuit avec vous !!!

Chapitre 4b   Barjaquer en Suisse romande

Exercices page 29

1 **1.** Vrai – **2.** Faux, elles parlent de la vie quotidienne. – **3.** Non, ce dialogue n'est compréhensible que par les Suisses romands.

2 **1.** une coupe – **2.** Toutes les organisations faîtières du chocolat se sont réunies – **3.** le thé froid… renversé – **4.** costume de bain… un linge (pas plus grand)… bedoume ! – **5.** föhn… cornet

3 **1.** croise les doigts… compétition de surf – **2.** ne m'attarde pas… ma couette – **3.** Mince/purée… une bande d'amis… s'est pris les pieds… des magazines – **4.** le kiné… désordre – **5.** du pain gratiné au fromage arrosé… de petits verres de bière de 20 cl

4 (*Réponses possibles*) **1.** Adieu, Paola, je vais me tremper dans le lac avec une clique d'amis. Tu viens avec nous ? – **2.** Presse-toi, Sue, il ne faut pas que tu fasses tard, tu es de piquet ce soir à l'hôpital de Montreux ! – **3.** Mon pauvre Patrick, il t'arrive toujours des misères à toi, ou bien ? Tu t'es encore électrocuté avec le föhn ! – **4.** Allez, courage, je vous tiens les pouces, je suis sûr que vous allez remporter la coupe de yodel dans les Alpes. – **5.** Ma fille, fais attention à ne pas t'encoubler en sortant dans la rue quand tu iras chercher des illustrés. – **6.** Francine, quand tu auras mis les services sur la table, tu mettras le pousse-pousse dans l'allée. – **7.** Voilà, cela fait nonante francs septante, vous voulez un cornet ?

5 (*Proposition*)

Adieu, Irénée, tu vas bien ? C'est Liam, ton pote de Lausanne. C'est génial que tu viennes en Suisse. Neuchâtel, c'est super, c'est une ville tranquille comme tu les aimes. C'est plus petit que Rennes, mais ça va te plaire car il y a un lac. Toi qui adores le ski nautique, tu vas te régaler ! D'ailleurs, quand il y aura des compétitions, il faudra que tu parles de *coupes* pour te faire comprendre et tu prendras ton *costume de bain* avec ton *linge*, tu comprends ? Comme cela, tu seras immédiatement acclimaté.
Autre chose : quand tu iras faire les courses, prends avec toi des *cornets* (des sacs) pour ne pas avoir l'air *bedoume* (idiot), une fois arrivé à la caisse. Et comme tu le sais, en Suisse, on n'aime pas le *chenis* (le désordre), c'est pourquoi ce conseil est important.
En tout cas, je te *tiens les pouces* (je croise les doigts pour toi).
Mon ami, dès que tu seras arrivé en Suisse, laisse-moi un message sur mon *natel* (téléphone portable) pour que l'on puisse se voir.
Alors, comme on dit par ici : à la revoyure !

Ton ami Liam

Traduction du dialogue

– Salut !

– Salut, ça fait longtemps !

– Oui. Trop. Tu bois quoi ?

– Un thé glacé, pas de folie ce soir. Je ne m'attarde pas, je dois encore bosser. Je suis d'astreinte.

– On se partage une tartine de lard et de fromage grillé ?

– Oui. Alors… un thé glacé, et la moitié d'un demi de bière. Pas de folie pour moi non plus, j'ai un entretien demain, je dois encore lire des trucs sur les regroupements d'organisations professionnelles.

– Je croise les doigts pour toi.

– C'est à 11 heures. J'ai rendez-vous chez le kiné avant. J'ai trébuché dans les escaliers. Un voisin avait entassé du bazar dans la cage d'escalier, je me suis pris les pieds dans ses piles de magazines et je me suis cassé la figure.

– Il t'arrive toujours des misères à toi, non ?

– Atchoum !

(L'éternuement est universel.)

– À tes souhaits !

– Je m'entraîne pour l'épreuve de natation organisée en décembre dans la rade de Genève (température de l'eau entre 5 et 8 °C)… Je me trempe dans le lac une fois par semaine avec un groupe d'amis. Dimanche dernier, je suis restée longtemps en maillot de bain à grelotter. J'avais une serviette minuscule. Et le sèche-cheveux des Bains des Pâquis (plage de Genève, avec sa buvette, ses massages et sa jetée en béton, au charme des années 1930) ne marchait pas.

Chapitre 4c   Jaser au Québec

Exercices page 31

1 1. Vrai – 2. Faux, ces dialogues sont compréhensibles uniquement par les Québécois. – 3. Vrai

2 1. une patente – 2. un char – 3. votre chum – 4. un amphi-bus – 5. icite – 6. pis

3 1. un bon boute d'icite là… l'amphi-bus… t'es rendu – 2. qu'est-ce que tu veux… T'es-tu en char ? – 3. fait frette… ma tuque et mon chandail – 4. Tu veux-tu une poutine ? – 5. « Merci – Bienvenue ! »

4 (*Réponses possibles*) 1. Qu'il fait froid ! Es-tu en voiture pour me ramener chez moi ? – 2. Mon Jules est mignon, il m'a offert la voiture de James Bond hyperperformante. – 3. Céline, tu vas au bal ? Cependant, n'oublie surtout pas de prendre tes escarpins. – 4. Dans notre pays, on adore les sucreries.

5 (*Proposition*)

Salut les copains,

Vous savez quoi ? Je pars au Québec, trop content ! Avant d'y aller, je voulais me renseigner sur les québécismes. Eh bien, j'ai découvert des expressions qui sont vraiment drôles et que je veux vous faire partager tant elles me plaisent !

Le premier mot, c'est la *turlute.* Au Québec, c'est une espèce de chant folklorique qu'une chanteuse nommée la Bolduc chantait. C'est super joli. En France, ce mot a une signification plus sexuelle. Pour être plus clair, disons qu'on reste quand même dans la tradition orale. Je ne peux être plus explicite que ça.

Une deuxième expression, c'est *manger ses bas*. C'est bizarre, ça ne doit pas être très comestible. En fait, on l'utilise quand on est paniqué face à une situation qu'on ne maîtrise pas.

Une troisième, super drôle : *avoir la mine dans le crayon*. Vous vous demandez ce que ça signifie. Eh bien, cette fois-ci, cela a une connotation sexuelle pour un garçon très porté sur le sexe. C'est un chaud lapin, quoi ! Si je dis que Charles change de blonde tous les mois, c'est ce que cela signifie !!! Compris ?

Une quatrième : l'expression québécoise *se sécher les dents.* Bizarre, non ? En fait, cela veut dire sourire niaisement ou faussement. On comprend bien le sens : on dit d'une personne qui a un sourire peu naturel qu'elle se sèche les dents. Ainsi, cette expression désigne un comportement mesquin ou hypocrite. Un deuxième sens, moins répandu, est parfois évoqué : cette expression peut également vouloir dire « dormir la bouche ouverte ».

Une dernière pour la route, très mignonne : *on se calme le pompon*. Vous avez bien entendu, cette expression québécoise fait bien référence au pompon ! On l'utilise lorsqu'on demande à quelqu'un d'arrêter un comportement trop enthousiaste, scandalisé ou paniqué. Cette expression est donc synonyme de « on garde son sang-froid », « on garde la tête froide » ou « on garde les pieds sur terre ».

En tout cas, faites comme moi, allez visiter ce site super sympa. Vive le Québec !

Jacques

5. Lire la presse francophone

Chapitre 5a   Défendre la langue et la littérature créoles

Exercices page 33

1 1. Vrai – 2. Vrai – 3. Faux, le registre de langue est soutenu.

2 en langue créole… roman… essai… lectorat… résonance… œuvre

3 1. un choix stylistique (original inspiré par) – 2. bénéficient d'une plus grande visibilité – 3. Il est temps de dissiper une équivoque donnant à croire que

4 1. préfèrent – 2. écrivent – 3. a manifesté

5 (*Réponses possibles*) 1. Pas question de déclencher quelque guerre que ce soit entre – 2. Nous estimons qu'il est urgent que – 3. Dans le respect de… au-delà des… il est temps – 4. La littérature martiniquaise s'honore de… – 5. il convient que – 6. erreur qui souvent tend à reléguer dans l'oubli

6 (*DALF. Proposition*)

Hegoak ebaki banizkio
Neuria izango zen
Ez zuen alde egingo
(Extrait d'une chanson basque)

La culture basque s'honore d'un patrimoine culturel très important qui témoigne de l'identité d'un groupe humain et dont certains éléments suscitent résonance au-delà son ancrage géographique.

Pour une plus grande visibilité

Il est temps de dissiper une équivoque donnant à croire que la culture basque est assimilable soit à la culture française soit à la culture espagnole, erreur qui tend à reléguer dans l'oubli la richesse de cette culture originale. Il faut savoir que le Basque se définit d'abord par sa langue : l'euskaldun est celui qui possède l'euskara, l'une des plus anciennes langues d'Europe, antérieure à l'implantation des langues indo-européennes, et dont l'origine est toujours inconnue à ce jour. Pas question, bien évidemment, de déclencher quelque guerre que ce soit entre les cultures, d'autant plus que les Basques sont toujours parfaitement bilingues. Même si des efforts importants sont faits pour que cette langue, dont la situation est aujourd'hui préoccupante, retrouve une vitalité nouvelle, nous estimons qu'il est urgent que tous les acteurs de la culture, de l'éducation et de l'économie lui accordent une attention particulière afin qu'elle ne soit pas considérée comme secondaire.

Dans le respect des différentes positions idéologiques et politiques, et au-delà des styles qui parfois s'opposent, il est temps que tous les écrivains et artistes basques s'organisent et produisent, en langue basque, romans et nouvelles, essais et pièces de théâtre... À l'instar de Bernardo Atxaga, dont le roman *Obabakoak* a été traduit en 19 langues.

Il convient que l'euskara ne soit plus seulement la langue de l'intimité familiale, mais bénéficie d'une plus grande visibilité et qu'elle circule au sein d'une communauté grandissante par le biais d'actions individuelles et collectives.

Manifeste rédigé le 8 novembre 2017 à Guéthary

Remarque (chanson traditionnelle mise en exergue)
Cette biguine, d'auteur inconnu, aurait été enregistrée pour la première fois en 1931 par le Martiniquais Paul Delvi et son orchestre. Ce classique a été repris par le chanteur martiniquais Louis-Lucien Boislaville, mais également dans les années 1970 par Philippe Lavil sous le titre « Adam et le serpent » et par le chanteur guadeloupéen Gérard La Viny. Le titre fut par la suite popularisé par La Compagnie créole en 1976. Une reprise de Bernard Menez de 1992 existe également. (source : Wikipédia)
Définition du créole : *En linguistique, un créole est un parler issu des transformations subies par un système linguistique utilisé comme moyen de communication par une communauté importante, ces transformations étant vraisemblablement influencées par les langues maternelles originelles des membres de la communauté. Ainsi, le français parlé par les esclaves noirs aux Antilles, en Guyane, en Louisiane et dans l'océan Indien a donné respectivement naissance aux créoles antillais, guyanais, louisianais et mascarin (bourbonnais).*

Chapitre 5b   Écrire une chronique sur un événement marquant

Exercices page 35

1 1. Ce texte est la chronique d'un quotidien oranais. – 2. L'auteur a publié cet article dans une visée politique. – 3. L'auteur écrit dans un style poétique et visionnaire.

2 1. comme un exilé – 2. Tout un pan de l'histoire algérienne (t'est revenu) – 3. se réconcilier... un patrimoine – 4. le lieu de notre malaise et de notre guérison

3 (*Réponses possibles*) 1. Ils ont définitivement rompu. – 2. Mais viendra un jour, j'en suis certain, où je serai lauréat ! – 3. Il faut accepter les blessures qui nous ont été infligées. – 4. C'est un vestige du passé colonial extraordinaire.

4 (*Réponses possibles*) 1. Ce chanteur veut faire sien ce succès. – 2. Je proclame miennes ces opinions. – 3. On considère souvent comme siennes les histoires arrivées à autrui.

5 (*Réponses possibles*) 1. un jour où elles se seront réconciliées – 2. cela cessera et nous aurons créé des relations cordiales – 3. un jour retourner dans notre pays d'origine ? – 4. son choix de ne pas être réduit à un citoyen de seconde zone – 5. t'es frauduleusement attribué la paternité de son œuvre – 6. un jour, on l'espère, ce grand poète (Adonis) nous reviendra – 7. réduit abusivement notre histoire à la mesure du présent – 8. nous approprierons tout notre passé

6 (*DALF. Proposition*)

En finir un jour avec les mensonges liés à Vichy

Lundi 13 novembre 2017

Un jour, il faudra se réconcilier avec notre passé historique en le regardant dans son intégralité et sans en subir les déformations idéologiques. Pour le moment, il semblerait que Vichy ne fût pas la France, que l'administration vichyssoise fût un bouclier contre l'envahisseur. Car, pour le moment, ce pan de notre histoire est réduit à la mesure de l'histoire de ses croyances.

Mais viendra un jour où, pour avancer, notre pays devra chercher la vérité plus loin, plus haut, loin de ces arrangements qui camouflent la réalité. On proclamera alors nôtre cette période historique peu glorieuse. Ce sera une façon de nous enrichir que d'accepter la vastitude de l'histoire. Nous serons plus grands lorsque nous nous serons approprié tout notre passé.

Un jour donc, ces mensonges cesseront et on acceptera que l'administration de Vichy sous l'Occupation a participé activement aux arrestations qui ont conduit à la déportation des Juifs de France, des prisonniers de droit commun et de tous les citoyens « non conformes » à l'idéologie pétainiste, ainsi que de tous ceux qui refusaient la collaboration.

Un jour, on l'espère, nous accepterons les blessures que la France de Vichy a infligées à ses propres citoyens. Vichy deviendra le lieu de la guérison, car il s'agit du lieu du malaise. Alors nous cesserons enfin de mentir à nous-mêmes.

Journal *La Montagne*

Chapitre 5c   Rendre hommage dans un éditorial

Exercices page 37

1 **1.** Faux, c'est un éditorial (journal malgache) rendant hommage à une vendeuse ambulante. – **2.** Vrai – **3.** Faux, le ton est chaleureux et empli de compassion.

2 **1.** un casse-croûte – **2.** desservir – **3.** la marge – **4.** le troc – **5.** un créneau

3 **1.** un marchand ambulant/de trottoir – **2.** éthique de travail – **3.** pour eux, je tremble quand – **4.** soucieuse d'offrir un produit savoureux… (le romazava = plat traditionnel malgache à base de viande de zébu) – **5.** dessert

4 (*Réponses possibles*)**1.** en effet, c'est sur eux, et ils sont nombreux, que repose l'avenir du pays – **2.** je dédie mon article à la vendeuse de quartier et à ses consœurs – **3.** cela pourrait engendrer du progrès – **4.** si seulement leur productivité, leur potentiel et leur rapidité pouvaient être déchaînés – **5.** une population fière et travailleuse qui mérite notre estime et notre attention – **6.** des statuts professionnels que les pouvoirs publics ne reconnaîtront plus – **7.** moi aussi, j'observe, soir après soir, que ce va-et-vient dure jusqu'à la fin de la nuit et l'épuisement des roses

5 (*DALF. Proposition*)

Le rémouleur de Paris

Le 12 avril 2018, dans *Le Petit Paris*

Dans les rues de Paris, on voit circuler un taxi anglais au bord duquel se trouve Marius, le rémouleur ambulant. Tous les jours, il rend visite aux restaurateurs, mais aussi aux poissonniers, aux bouchers, sans oublier les particuliers. Son métier consiste à affûter les couteaux, c'est-à-dire à donner du tranchant aux lames. Pour ce faire, il a installé dans sa camionnette, à l'avant, son « bureau » pour réceptionner les commandes et, à l'arrière, les meules qui vont lui servir à affûter les couteaux. Une heure plus tard, il peut, grâce à cette organisation, rendre les couteaux aiguisés à leurs propriétaires.
Jour après jour, je l'observe, ce marchand ambulant. Il a incontestablement une éthique de travail, toujours soucieux d'offrir un produit de qualité. J'ignore quelles sont ses recettes, mais en tout cas il semble gagner sa vie et il contribue à l'économie de la ville en sillonnant tous les arrondissements de Paris. C'est un vrai entrepreneur !
Mais pour lui et ses pairs je tremble quand on parle de soumettre ce genre de commerce à une fiscalité accrue. Il paie ses impôts et facilite la vie de nombreux professionnels des métiers de bouche parisiens. Pourquoi ne pas encourager ce secteur d'activité ? Cette profession a de l'avenir ! Ici à Paris, mais aussi dans d'autres villes françaises qui ont certainement les mêmes besoins. De plus, avec la crise, les gens en ont assez de racheter des couteaux !
Je dédie donc cet éditorial à ce rémouleur-affûteur et à ses confrères. Si seulement le potentiel de ces artisans, qui méritent notre estime et notre attention, pouvait être libéré !

Bilan n° 1

Exercices pages 38-39

1 1. une bourde – 2. ses bons plans – 3. du narguilé – 4. un logis ouvert à tout venant – 5. Un sampan – 6. nimbé – 7. Dame/Pardi – 8. éblouissant/étincelant – 9. est culturellement hybride – 10. le métissage/brassage culturel

2 1. décloisonner – 2. nipponophone – 3. d'erreurs/de fautes – 4. résonance – 5. des emplettes/des commissions – 6. est très spirituel/a de l'esprit – 7. se réconcilie – 8. bled/patelin/trou – 9. gourbi/taudis – 10. verte de terreur/morte de peur

3 (*Réponses possibles*) 1. Oui, j'adore babeler/barboter avec les Wallons. – 2. Oui, c'est vrai, il fait très caillant car c'est la ville la plus froide de Belgique. – 3. Oui, c'est bon ! – 4. Je me sèche les cheveux après m'être trempé(e) dans le lac Léman. – 5. Mais de bleu de bleu, c'est parce qu'une clique d'amis est passée par là. Y a pas le feu au lac ! – 6. Le nom de mon chum, c'est Jules, pardi ! – 7. Oui, c'est vrai, Céline s'est fait chiper son char à Paquetville dans la Belle Province.

4 1. vers... verre – 2. peine... peine – 3. comme un forcené/fou/malade – 4. bouteille. – 5. félicitations ! – 6. maux... mots

5 (*Réponses possibles*) 1. Nous estimons qu'il est urgent de défendre les journaux/ la presse « papier ». – 2. Que diantre ! L'image (l'effigie) de cette personne est diffusée partout dans la presse depuis qu'elle est intimement liée à un membre du gouvernement. – 3. Un jour, tu accepteras ta destinée en dépit de toutes les blessures qui t'ont été infligées. – 4. L'État ne se préoccupe aucunement des petits métiers. – 5. Pour eux, je tremble quand je pense qu'un jour ils risquent de perdre leur emploi.

6 1. a, thé, nez = Athénée – 2. vie, rail, et = virailler – 3. lake, tôt, rat = lectorat – 4. pas, tri, moine = patrimoine – 5. franc, co-, phone, nid = francophonie

7 (*Proposition*)

Lors de mon tour du monde, j'ai eu la chance de découvrir des paysages fabuleux et des ambiances très contrastées, tantôt attrayantes, tantôt surprenantes, mais toujours fascinantes.

Ma première escale était Shanghai, une ville tentaculaire, grouillante de monde mais surtout extrêmement disparate, écartelée entre modernité et tradition. La nuit, traversant la ville en taxi, on est pris dans des entrelacs de routes lumineuses et jeté sur d'interminables avenues bordées de gratte-ciel. À peine quelques minutes plus tard, on traverse les anciennes concessions aux maisons des années 1930 où les habitants vivent encore comme à la campagne. La juxtaposition de ces deux mondes était pour moi, voyageur de la vieille Europe, d'un exotisme absolument saisissant.

Ensuite, j'ai fait un séjour à la frontière thaïe et birmane, dans un village très reculé qui est resté intouché par l'influence occidentale. J'y ai découvert les femmes *karen*, qui perpétuent une tradition ancestrale assez étonnante. Celle-ci consiste à entourer leur cou d'anneaux de cuivre ou de laiton. Ce nom de « femmes-girafes » qui désigne cette coutume me faisait rêver. Je me laissais aller, sans aucuns préjugés, à admirer ces femmes pleines de noblesse, sans jamais me permettre de m'immiscer dans leur culture. Je parvenais à ne pas introduire dans leur façon d'appréhender le monde mes propres valeurs, qui ont elles aussi leurs défauts et leurs limites. C'est ainsi que j'interprète la façon de *voyager* dans le sens le plus noble du terme : à savoir, apprécier la beauté et la diversité de notre monde dans toute son étrangeté.

Enfin, je me suis rendu sur le continent sud-américain où j'ai découvert les contrées sauvages de la Patagonie dans le sud de l'Argentine. J'ai pu voir des paysages d'une envoûtante beauté : montagnes enneigées, lacs aux eaux turquoise, steppes arides, forêts d'arbres millénaires. À bord d'un kayak, j'ai descendu des rivières d'une limpidité sans égale. À pied, j'ai traversé des barrières de végétation impénétrables que l'on eût dites remplies de pièges et de maléfices. D'ailleurs, que de frayeurs quand la nuit sous ma tente j'étais réveillé par de drôles de bruits venant d'une faune bigarrée que je n'arrivais pas à identifier. Souvent, à l'aube, j'admirais les lacs nimbés d'une buée opaque qui se dissipait avec le lever du soleil. Ce qui me transporta intensément lors de ce séjour, ce fut la variation des couleurs allant des plaines jaunâtres désertiques de la steppe aux majestueux sommets blancs et enneigés de la cordillère des Andes. Ces paysages, ces sensations, ces coutumes, ces visages si différents de mon monde coutumier sont restés à jamais gravés dans ma mémoire.

6. Faire face au monde virtuel

Chapitre 6a   Se positionner face aux nouvelles technologies

Exercices page 41

1 **1.** Faux. Ce sont des témoignages de Français qui ont choisi de se déconnecter. – **2.** Faux. Cet article montre d'autres voies que l'utilisation continue des nouvelles technologies (NT) et leurs limites. – **3.** Vrai.

2 **1.** outil connecté – **2.** se débrancher – **3.** jeux en ligne – **4.** un réseautage (social)

3 **1.** smartphone – **2.** tactile – **3.** la fonction photo (multimédia).

4 **1.** n'a pas…, ni – **2.** n'a ni… ni – **3.** ni… ni… pas plus qu'

5 (*Réponses possibles*) **1.** Oui, je suis enclin à le faire car j'en ai assez d'être harcelé(e) sans cesse. – **2.** nous frôlons l'overdose – **3.** Au-delà du sentiment de fierté, je ressens une immense liberté… – **4.** comment échapper à ce raz-de-marée médiatique – **5.** À l'heure où les écrans provoquent d'incessantes tensions dans les familles, rares sont les parents qui arrivent à établir un protocole pour réguler la consommation excessive de leurs enfants. Dommage ! – **6.** ceux qui me critiquaient avouent qu'ils m'envient – **7.** On me traitait de ringard, mais maintenant les temps ont changé

6 (*Proposition*)

Bonjour,

Je viens vous apporter mon témoignage. Voilà deux ans que je me suis quasiment déconnecté de ma panoplie électronique et je peux vous affirmer que ma vie est

devenue bien plus agréable. En effet, j'étais branché sur mes outils connectés – smartphone, écran et autres tablettes – quasiment 24 heures sur 24. En tant que journaliste, je n'aurais jamais imaginé qu'il puisse en être autrement. Puis, bêtement, j'ai commencé à avoir mal à mon avant-bras droit et à mon épaule, ce qui a eu pour conséquence que petit à petit j'étais devenu pour mes proches d'une humeur massacrante. Ensuite, des migraines sont apparues, et là, ça a été le cycle infernal avec le boulot que j'avais. J'ai fait un vrai « burn-out », pas comme ma collègue Steph pour qui c'était plutôt une maladie à la mode. Je n'avais pas frôlé l'overdose, non, j'y étais tombé à pieds joints ! C'est alors que j'ai choisi de me débrancher à 100 % dans la vie privée : fini les réseaux sociaux, les jeux en ligne, etc. Et, miracle, je me suis remis à lire de bons bouquins, à aller au cinéma, à revoir des amis et à partager de délicieux dîners en leur compagnie. Bref, j'ai retrouvé la joie de vivre ! J'ai même adopté un chien appelé Smartdog que je promène tous les jours. Et vous savez quoi ? J'ai retrouvé mon poids normal et je n'ai plus de migraines, car je respire et me dépense avec lui. Croyez-moi, chers amis, à l'heure où les écrans provoquent d'incessantes tensions dans les familles, soyez disposés à vous déconnecter. Le vent a tourné, c'est évident. Tout le monde est au courant des effets négatifs du « tout et tous connectés ». Enfin, entre nous soit dit : ceux qui me critiquaient m'envient à présent, ceux qui me traitaient de ringard il y a quelque temps font désormais comme moi. N'oubliez pas : « N'être plus connecté en permanence, c'est tendance ! »
Gontran

Chapitre 6b   Contacter un service clientèle

Exercices page 43

1 (*Réponses possibles*) **1.** Oui, parce qu'une telle réponse du service clientèle est impossible dans la réalité. – **2.** Oui, généreuse parce qu'on lui offre des forfaits et des boissons gratuits, chaleureuse car le ton est prévenant tout en anticipant les désirs du client, et coquine parce qu'on lui envoie un intervenant selon ses goûts sensuels. – **3.** Oui, parce qu'il s'écarte de l'usage existant dans les services clientèle.

2 **1.** panne de Wifi... interviendra... – **2.** forfait Internet – **3.** une option « anti relou » – **4.** filtrage des messages

3 **1.** les cinq premières minutes – **2.** les dernières cinq minutes

4 (*Réponses possibles*) **1.** Avant de commencer, je vous signale quand même que cet appel va vous coûter les yeux de la tête : 10 euros la seconde. – **2.** C'est quoi vos préférences au niveau musique ? – **3.** Je suis désolé de vous embêter avec ça, mais vous voulez quoi comme cadeau ? – **4.** Avant de raccrocher, je veux simplement vous proposer un nouveau forfait avec de nouvelles options.

5 (*Réponses possibles*) **1.** Que puis-je pour vous ? – **2.** Nous sommes dans l'obligation de prendre en charge les six mois d'abonnement, l'erreur étant de notre fait. – **3.** Malheureusement pour ce genre de panne, il va falloir que nous intervenions. – **4.** Écoutez, Monsieur, je crois que nous avons fait le tour de la question, vous pouvez donc raccrocher. – **5.** Parfait, Madame, je vous ajoute

l'option « gentille cliente » car vous êtes absolument charmante. –
6. Désolé(e) de vous ennuyer avec cela, mais vous êtes plutôt grand cru ou champagne ?

6 (*Proposition*)

– Éric, SOS dépannage informatique, bonjour. Que puis-je pour vous ?
– Bonjour, Monsieur. J'ai un problème informatique : il m'est impossible d'allumer mon ordinateur et de me connecter.
– Je comprends. Malheureusement, pour ce genre de panne, il va falloir que vous soyez patient car cela risque d'être long. Si vous avez une préférence au niveau musical, indiquez-la-moi pour que je puisse vous faire passer vos morceaux préférés lors des moments d'attente. Alors, Monsieur, je vous écoute : décrivez-moi votre panne.
– Ce matin, j'ai appuyé sur le bouton démarrer. Mon ordinateur a fait un drôle de bruit et a « refusé » de se connecter.
– Ah, Monsieur ! Sachez que nous vendons depuis quelques semaines des télécommandes « nouvelle génération » qui peuvent vous servir pour tout allumer et faire fonctionner dans votre foyer : télé, chaîne hi-fi, ordinateurs, frigo, lumière, stores, portail, portes d'entrée et de garage, voiture, etc. C'est juste génial et, en plus, vous êtes assuré qu'il n'y aura plus de mauvais contacts comme cela arrive parfois sur les ordinateurs.
– Ah oui ? Et vous croyez qu'avec ça je pourrai rallumer mon ordinateur ?
– Je ne le crois pas, Monsieur, j'en suis certain ! De plus, l'intervention pour l'installer et la brancher chez vous est totalement gratuite. Le prix de la télécommande, en revanche, est de 250 euros. Mais vous aurez compris : c'est un véritable bijou technologique !
– 250 euros pour une télécommande, c'est tout de même hors de prix !
– Attendez, Monsieur, ce n'est pas tout ! Cette télécommande, en plus d'allumer tous vos appareils domestiques, est branchée 24 heures sur 24 sur notre service clientèle et, au moindre souci, vous aurez toujours un spécialiste en ligne pour vous répondre, quel que soit le problème rencontré. Alors, convaincu ?
– Oui, enfin, il me semble…
– Très bien, Monsieur, je crois que nous avons fait le tour de la question. Avant de raccrocher, je souhaiterais simplement vous proposer un supplément gratuit, réservé exclusivement aux clients « nouvelle génération » : vous êtes plutôt saucisson ou pâté ?
– Saucisson.
– Alors, je vous ajoute une délicieuse saucisse sèche d'Ardèche offerte par notre service clientèle en partenariat avec la maison de fabrication !
– C'est trop aimable à vous.
– Je vous en prie, et passez une excellente journée entièrement connectée !

Chapitre 6c Expliquer un problème informatique

Exercices page 45

1 **1.** C'est un faux monologue, car il est sous-entendu que le narrateur est en ligne avec un service clientèle. – **2.** Le client confond le jargon informatique et les mots de la vie quotidienne. – **3.** Il parle de façon familière, voire vulgaire.

2 **1.** un box (garage) / une box (informatique) – **2.** une fenêtre – **3.** les serveurs – **4.** un logiciel

3 **1.** un bouquet… chaînes – **2.** outils – **3.** la box « tout compris » – **4.** ça dure,… ils gagnent du pognon

4 (*Réponses possibles*) **1.** Vous me prenez pour un gland – **2.** cette bécane… vert. – **3.** de pognon… merdeux

5 **1.** le pied… casse les pieds – **2.** corbeille de fleurs… corbeille n° 22 – **3.** chaîne… chaîne… chaîne – **4.** box… boxe… box

6 (*Proposition*)

Attention aux étourderies !
Je m'appelle Pamela et je suis tête en l'air ! Voici mon histoire. J'espère qu'elle vous sera utile avant de contacter le service clientèle de votre réseau mobile… pour rien !
Un samedi matin, je me lève, fatiguée. J'avais fait la fête la veille et, étrangement, mon appart était impeccable. C'est vrai que ce n'est pas trop mon genre, mais mon chéri avait dû vouloir me faire plaisir ou ma mère était passée chez moi. Bref, je ne m'en souvenais plus.
J'avais terminé mon petit déjeuner et, comme il faisait un temps abominable, je me suis dit que je me ferais bien une petite série télé sous la couette. J'allume mon téléviseur (un cadeau de maman) et que vois-je ? Des tas de petits points blancs sur l'écran noir. Bon, je me dis que c'est peut-être à cause de l'orage qui vient de s'abattre sur notre tête et qu'il n'y a plus de télé pour cela. Un peu dépitée, je me dis que je pourrais aller consulter ma page Facebook. Je tente d'allumer mon PC et là, horreur, écran noir, le néant, rien ! Je commence vraiment à paniquer, d'autant plus que, pas de chance, ce jour-là, mon smartphone n'a plus de batterie. Il y a des jours comme ça, c'est la poisse !
De désespoir, je me jette sur mon téléphone fixe que j'avais hérité de ma grand-mère. En principe, je ne l'utilise pas, mais comme c'est très « vintage », je le garde, histoire d'impressionner mes amis. Je fais donc deux « *ave* » et trois « *pater* », priant pour que ça marche. Et là, rien, pas de tonalité. Ah, je me dis : mais ça continue, ce cirque ! Il ne me restait plus que mes yeux pour pleurer. Après un bon Alka-Seltzer pour me remettre les idées en place et chasser une migraine intense suite à la cuite de la veille, je me suis souvenue tout à coup que j'avais passé l'aspirateur à deux heures du matin et que j'avais donc débranché la prise électrique de la box. Ce n'était donc que ça ! Quelle bécasse, que je me suis dit en moi-même.
C'est pourquoi, avant de vous affoler, contrôlez tout simplement le branchement de vos prises électriques les lendemains de fête !
Salut les amis !
Votre Pamela (mon vrai nom, c'est Isabelle, mais comme c'est un peu démodé je préfère qu'on m'appelle Pam)

7. Gérer ses réseaux sociaux

Chapitre 7a   Opposer des pratiques liées aux réseaux sociaux

Exercices page 47

1 **1.** Vrai – **2.** Vrai – **3.** Faux. Ce texte est écrit dans un registre standard.

2 **1.** agaçant – **2.** la réputation – **3.** décrocher – **4.** s'alimenter

3 **1.** Paul a mis à jour son profil. – **2.** Bob a spammé son réseau. – **3.** Grégoire est un pro. – **4.** Ariane a pour but de cibler un large public. – **5.** (Installer) un outil de veille.

4 (*Réponses possibles*) **1.** Cela ne vous discrédite… autant – **2.** mais elle garde un œil ouvert pour repérer de nouvelles opportunités – **3.** toutefois, il est inutile d'envoyer des requêtes à tout le monde – **4.** ; à l'inverse, si vous l'utilisez intelligemment, il y a fort à parier que vous pourrez en profiter

5 (*Réponses possibles*) **1.** Mais non ! Ne poste jamais de manière abusive tes documents personnels. – **2.** Renforce ta légitimité ! – **3.** Sois clair sur tes buts et tes propos ! – **4.** Fort des conseils de spécialistes, prends-toi au jeu des réseaux sociaux ! – **5.** Il faut que tu transformes ton profil pour gagner en sérieux et en intérêt ! – **6.** N'oublie pas que ces objectifs seront à prendre en considération.

6 (*Proposition*)

Bonjour,
Les réseaux sociaux, c'est formidable, à condition, bien sûr, de les utiliser à bon escient. L'essentiel, c'est de se lancer en créant votre profil soit sur Facebook, soit sur LinkedIn. Toutefois, une fois votre profil créé, il est inutile de se lancer dans une course au réseau et d'envoyer des requêtes à des inconnus. Ciblez bien votre public et acceptez uniquement les demandes des personnes que vous connaissez : vous gagnerez en sérieux et en intérêt. Spammer son réseau n'est pas une bonne solution, vos contacts n'auront que faire de ce surcroît d'informations. À l'inverse, si vous présentez intelligemment vos réalisations, il y a fort à parier que vous susciterez l'intérêt de vos contacts. Pour ce faire, réfléchissez à vos objectifs et surtout évitez l'autopromotion trop visible. Par exemple : vous n'avez pas encore une grande expérience dans votre domaine, et alors ? Cela ne vous discrédite pas pour autant. En revanche, gonfler vos activités (voire inventer des réalisations dont vous n'êtes pas l'auteur) pourrait se retourner contre vous. Enfin, ne postez pas de manière abusive n'importe quoi n'importe où, soyez le plus sélectif possible afin de renforcer votre légitimité. Vous aurez compris : utiliser LinkedIn ou Facebook est la base de votre travail, mais n'oubliez pas que c'est finalement la qualité de votre travail qui compte. Fort de ces conseils, prenez-vous au jeu des réseaux sociaux et bonne chance !

Chapitre 7b   Adopter la « tchat attitude »

Exercices page 49

1 1. Des conseils pour séduire en ligne de façon courtoise et efficace. – 2. *A priori* à un public féminin. – 3. Oui, entre familier et standard.

2 1. couper court à – 2. une émoticône – 3. un lol – 4. idem – 5. les adeptes

3 1. concession – 2. condition – 3. concession

4 (*Réponses possibles*) 1. Henri fait des hypothèses parfois hasardeuses. – 2. Sachez saisir la balle au bond. / Sachez saisir cette occasion. – 3. Aimant la discrétion, tu te dévoiles peu à peu. – 4. Il rebondit rapidement sur les signaux envoyés. – 5. Romain marque sa singularité.

5 (*Réponses possibles*) 1. Nadège applique le principe de rareté. – 2. Erica dérive toujours/de façon récurrente vers son sujet favori : l'argent. – 3. Antonine lui montre qu'il est le seul qui puisse l'intéresser. – 4. Xavier incite son interlocuteur à s'exprimer. – 5. Xavière aborde d'emblée les sujets qui fâchent (désagréables). – 6. Iris se laisse emporter par son clavier.

6 (*Proposition*)

Voici mes conseils pour ce qu'il vaut mieux dire et ce qu'il vaut mieux taire sur les sites de rencontre.

Premièrement, montrez votre intérêt pour votre futur partenaire. Montrez-lui que sa personnalité vous fascine, adaptez-vous à son style d'écriture : est-il/elle littéraire ? Faites marcher votre fibre poétique. Est-il/elle drôle ? Amusez-vous avec les émoticônes. Bref, apprenez à rebondir sur les signaux envoyés, ce sera la clef de votre succès. Seule chose à ne pas faire : vous laisser emporter par votre clavier, c'est inutile.

Deuxièmement, dévoilez-vous peu à peu, mais taisez vos petits défauts. Il est inutile de lui confesser que vous êtes un(e) maniaque de la propreté, que vous ne supportez pas les gens qui fument et que vous avez une peur bleue des araignées. Le partenaire aura tout le loisir de découvrir tous vos travers en temps et heure.

Troisièmement, n'abordez pas d'emblée les sujets qui fâchent, notamment votre vie amoureuse passée et la sienne en insistant lourdement sur le nombre de partenaires qu'il/elle a eus avant vous. Et surtout, ne vous accrochez pas à lui/elle comme une bouée à la mer si vous sentez des réticences de sa part. Il ne faut pas prendre le risque de le/la faire fuir dès les premiers échanges. Enfin, ne dérivez pas tout de suite et de façon trop directe vers les aspects sexuels, faites monter le désir petit à petit. Autrement dit, sachez créer du fantasme en vous faisant désirer.

Si vous suivez mes conseils, c'est sûr, vous allez rencontrer une créature de rêve ou l'homme de votre vie. Bonne chance et amusez-vous bien sur les sites de rencontre !

Chapitre 7c   Alerter sur la surutilisation des objets connectés

Exercices page 51

1   **1.** Faux. Il conseille une utilisation raisonnable et modérée des objets connectés. – **2.** Faux. Cela altère la santé et perturbe le sommeil. – **3.** Vrai.

2   **1.** à des fins de – **2.** un capteur ou un traqueur d'activités – **3.** un florilège de nouvelles applications – **4.** pérenne – **5.** de la technologie portable – **6.** éphémères

3   **1.** occasionne – **2.** a pour effet de – **3.** suscite – **4.** expose

4   (*Réponses possibles*) **1.** Non, cela décale votre endormissement. – **2.** Si, je vous alerte sur les risques à recourir à ces objets. – **3.** Pour ma part, je reste critique sur la fiabilité de ces données qui n'est pas toujours établie. – **4.** Pas du tout ! Une lumière même fugace fragmente le sommeil. – **5.** Faux ! L'accumulation d'une dette de sommeil peut altérer votre humeur.

5   **1.** Je n'y suis pas très favorable, mais je ne fermerais pas la porte à ce genre d'objets connectés. – **2.** Ce n'est pas anodin. – **3.** Certains peuvent s'avérer utiles, mais seulement sur une période limitée… – **4.** Georges est sceptique face à ces discours.

6   (*Proposition*)

Bonjour Docteur,
Je réponds franchement à votre question : moi, les objets connectés, je n'y suis pas du tout favorable. Certes, je reconnais que certains peuvent s'avérer utiles pour des raisons médicales – je pense notamment aux personnes très âgées qui ont besoin d'un suivi constant, et d'une surveillance accrue, pour pouvoir intervenir rapidement en cas de chute nocturne, par exemple. Mais, pour les personnes valides, tout cela n'est que du gadget. Ces capteurs d'activités et ces « smarthomes » ne servent à rien, ou alors ils sont utilisés à des fins de confort minimal. À mon sens, ces inventions n'augmentent plus du tout la qualité de vie comme l'avait fait l'invention de la machine à laver, par exemple. Au contraire, la présence de trop d'objets électroniques dans la maison nous complique la vie ! Moi, je crois que ces babioles, ça sert en premier lieu à faire fonctionner l'économie, c'est tout ! Par ailleurs, en parlant du problème de l'insomnie, je suis tout à fait d'accord avec vous, Docteur : les objets connectés ne sont pas anodins. En effet, si beaucoup de personnes ont des problèmes de sommeil ou d'endormissement, c'est qu'elles utilisent des écrans dans leur lit, ce qui décale l'endormissement. Il est évident que la lumière bleue du portable fragmente le sommeil la nuit et que, par conséquent, nous ne dormons pas assez et de façon agitée. Tout le monde sait que l'accumulation d'une dette de sommeil peut altérer gravement notre santé. En ce qui me concerne, un conseil : soyez naturel et écoutez votre rythme biologique. Avant de vous coucher, débranchez vos appareils et bannissez-les de votre chambre à coucher. Prenez plutôt un bon livre, vous n'en dormirez que mieux !

8. Réagir face au danger

Chapitre 8a   Faire face à la montée de l'insécurité

Exercices page 53

❶ **1.** L'article est issu d'un quotidien régional, *Le Républicain lorrain*. – **2.** C'est un texte sur la montée de l'insécurité dans un quartier sensible/une cité. – **3.** Les intervenantes sont issues de milieux populaires.

❷ **1.** le paradis – **2.** nostalgique – **3.** le bénévolat – **4.** le fric

❸ **1.** se détériorer – **2.** la banlieue – **3.** la solidarité, l'entraide – **4.** la délinquance – **5.** un éducateur, une éducatrice – **6.** pourrir (*fam.*) / se dégrader

❹ (*Réponses possibles*) **1.** L'ambiance s'est délitée peu à peu. – **2.** Pour Darina, hors de question de bouger de son quartier. – **3.** Nos parents ont essayé de transmettre leurs valeurs, mais le fric et les réseaux sociaux ont tout changé. – **4.** Corinne et Maria ne nient pas les problèmes, mais ne se sentent pas concernées. – **5.** Vous pointez du doigt la montée du communautarisme.

❺ (*Réponses possibles*) **1.** que l'on organisait tout dans un esprit familial et sans un sou – **2.** je peux vous affirmer qu'à l'époque les jeunes étaient bien encadrés – **3.** nous étions bien moins logés qu'aujourd'hui – **4.** on éduquait mieux nos enfants

❻ (*Proposition*)

Il est vrai que les gens mûrs ont tendance à rabâcher que c'était mieux avant. Parfois, c'est sans doute exagéré, mais souvent on est obligé de confirmer leurs impressions.

Moi, par exemple, je n'ai que 35 ans et j'ai quand même remarqué des choses : le TGV n'avait pas tué le train, les trains départementaux et régionaux fonctionnaient, étaient bien entretenus. C'est fini, tout cela ! Hélas, maintenant toutes les lignes secondaires sont abandonnées. La baguette n'avait pas besoin d'être « à l'ancienne » ou « tradition », c'était la baguette, et elle était bonne ! Un toit à soi, c'était possible, maintenant il faut travailler une vie entière pour s'acheter un 20 m² ! Les repas, y compris au restaurant, étaient vraiment faits maison, avec des produits frais, et on organisait tout cela dans un esprit familial, sans un sou. Les repas étaient succulents et chaleureux ! Les chanteurs français pouvaient gagner à l'Eurovision. À présent, le système de soutien aux productions non mondialisées se délite peu à peu sous la pression des marchés internationaux. Le permis de conduire, ça ne coûtait pas un Smic. Et même sans voiture, ça roulait ! Curieux paradoxe au temps du « développement durable » : dans beaucoup de petits coins de France, il est devenu impossible de vivre sans voiture. Si vous voulez acheter le journal ou six œufs, l'unique solution est de mettre la clé de contact et de faire 15 bornes. La petite lucarne ouvrait des horizons à la télé : Molière, Beaumarchais ou Marivaux s'invitaient régulièrement chez vous à travers les fictions réalisées par les trois chaînes existantes. On a essayé de transmettre nos valeurs, notre culture, mais le fric et les réseaux sociaux ont tout changé. On a beau pointer du doigt la montée de l'ignorance culturelle dans toutes les couches sociales, rien n'y fait… Et puis, quand on mangeait du poisson, on ne pensait pas au mercure… Et surtout,

surtout, et j'insiste, on parlait à un être humain quand on contactait un service clientèle. Aujourd'hui, c'est un SVI (Serveur vocal interactif) qui vous répond en vous ânonnant : « si vous souhaitez… tapez 1 ; si vous souhaitez… tapez 2 », et si par malchance vous souhaitez autre chose, vous n'avez plus qu'à raccrocher et cela vous coûtera 2,10 euros la minute. Cela me met en rage que le relationnel, l'humain ne soit plus l'essence de notre société et que l'on devienne des machines ! Mais que voulez-vous ? C'est la vie… du moins pour le moment !

Chapitre 8b   Formuler des consignes de sécurité

Exercices page 55

1 1. Vrai – 2. Vrai – 3. Faux, ce texte est là pour aider les montagnards imprudents.

2 1. bas, ton = bâton – 2. tour, menthe = tourmente – 3. bulle, thym = bulletin – 4. aval, hanche = avalanche

3 1. clémentes – 2. couverture de survie – 3. replats – 4. congères – 5. station de ski (de sports d'hiver)

4 (*Réponses possibles*) 1. Équipez-vous convenablement et signalez votre itinéraire. – 2. Il faut que vous gardiez votre sang-froid. – 3. Vous devez tenter de vous cramponner à des obstacles et vous protéger les voies respiratoires. – 4. Sondez la neige pour retrouver le skieur. – 5. Vous devez repérer le point de disparition de la victime. – 6. Il faut que vous partiez donner l'alerte.

5 (*Proposition*)

Fiche de sécurité : séjour en pleine campagne
Commune d'Auberive

Avant de partir
– Équipez-vous de bonnes chaussures, de vêtements chauds et d'une pèlerine pour les intempéries, sans oublier de vous renseigner sur l'évolution des conditions météorologiques.
– Emportez avec vous une carte de randonnée très précise (échelle 1 : 25 000), un crayon, une boussole, un téléphone portable et une batterie autonome.
– Renseignez-vous bien sur le lieu de votre séjour et signalez votre itinéraire et l'heure approximative de votre retour au logis.
– Prenez une trousse de pharmacie d'urgence : antiseptiques, aspirines à croquer, compresses…

Si vous êtes perdu
– Appelez le centre de traitement d'alerte afin qu'il vous indique votre position.

Si vous tombez dans une fondrière
– Gardez votre sang-froid.
– Tentez de vous cramponner à des branches ou à des pierres.
– Restez calme : plus vous vous agitez, plus vous vous enlisez.
– Si vous êtes nombreux, envoyez deux personnes pour trouver du secours.

Si vous êtes pris dans un incendie de forêt
– Appelez le 112 (les pompiers).

– Éloignez-vous du foyer brûlant, ne tentez en aucun cas d'éteindre l'incendie.
– Appliquez un mouchoir humide sur votre visage pour protéger vos voies respiratoires des fumées.
– Dirigez-vous vers un endroit sans végétation sèche et sans matières combustibles. Dans tous les cas, ne paniquez pas, hydratez-vous, restez calme et réfléchi et n'oubliez pas de donner l'alerte.

Chapitre 8c   Faire la critique d'un jeu en réalité virtuelle

Exercices page 57

1 **1.** Non, cet article est tiré d'un quotidien national (*Le Monde*). – **2.** Non, les avis sont contrastés : pour l'un c'est un rêve, pour l'autre c'est la nausée. – **3.** Non, le ton des commentaires est enjoué et plein de verve.

2 **1.** un casque – **2.** un serre-tête – **3.** une sensation primale – **4.** un simulateur – **5.** une lubie

3 **1.** Pourriez-vous nous en faire la démonstration ? – **2.** Tu en rêvais, tu y es parvenu(e). – **3.** Je regrette de ne pas m'y être lancé(e) plus tôt.

4 **1.** on se retrouve projeté – **2.** on en revient à l'essence même – **3.** oubliée la grisaille du quotidien – **4.** en ressort secoué mais heureux – **5.** j'ai renoué

5 (*Réponses possibles*) **1.** Après des heures de tortures mentales et d'expériences pas très folichonnes, je n'espérais qu'une chose : que cela s'arrête ! – **2.** Les vendeurs déploient des trésors de publicité pour faire gober au quidam ce jeu idiot. – **3.** Ça suffit, je vous rappelle à l'ordre ! – **4.** Pourquoi diable pousser les consommateurs dans des retranchements absurdes ?

6 (*DALF. Proposition*)

Thierry, pour : c'est ma liberté !
Je sais que les jeux virtuels sont de grosses machineries à sous, je sais qu'on se fait manipuler par les émotions pour dépenser encore plus, je sais qu'il s'agit de tortures mentales à la limite du supportable, je sais que pour le relationnel ce n'est pas top… Oui, je sais…
Il n'empêche. Moi, les jeux virtuels, je trouve ça génial ! Toute la journée, on est stressé au boulot avec un chef pénible et un tantinet sadique et des collègues qui bavassent à longueur de journée pour ne proférer que des choses banales sans aucun intérêt. Puis, après, dans le métro, on est enfermé avec des gens qui tirent une de ces tronches, comme s'ils portaient tous les malheurs du monde sur leurs épaules. Enfin, à peine rentré chez soi, on retrouve sa femme et ses gosses qui vous assaillent avec mille détails… Ça va un moment, mais vite cela devient pesant… parce qu'elle te harcèle, ta gentille petite famille !
Moi, à ces moments-là, je ne rêve que d'une chose : m'installer devant mon écran, et c'est parti ! Je me retrouve projeté dans un univers incroyable et j'oublie la grisaille du quotidien. Avec mon jeu, je renoue avec mes rêves d'enfant, je deviens pirate, roi d'un empire infini, commandant de vaisseau spatial, bref, un héros libre ! Dans ce monde-là, on est émerveillé de pouvoir jouer tel un enfant sans que personne d'autre ne puisse rien y comprendre. Je vous l'affirme, même si cela peut paraître bébête, mais moi j'adore me retrouver avec mon

simulateur et mon casque de réalité virtuelle, loin de la réalité quotidienne. Je retrouve alors les émotions de mon enfance, libéré de toute contrainte sociale et familiale. On renoue avec des sensations primales de liberté et on en ressort heureux. Cette immersion dans un monde de pixels, c'est juste fascinant, et tant pis pour les rabat-joie qui disent le contraire !

9. Jouer avec les médias

Chapitre 9a   Débattre sur la télé-réalité

Exercices page 59

1 1. Faux. L'une est clairement pour et l'autre totalement contre. – 2. Vrai – 3. Vrai

2 1. équivalent – 2. équivalent – 3. Différent : gérer une critique, c'est l'assumer et la réutiliser en sa faveur. Encaisser un jugement, c'est le subir passivement. – 4. Différent : ces deux termes sont contraires (enfreindre = transgresser, observer = respecter). – 5. équivalent

3 1. harcèlement moral – 2. engouement – 3. sanctionnée – 4. vainqueurs/ gagnants, vaincus/perdants – 5. concept emblématique

4 (*Réponses possibles*) 1. D'autre part, ces émissions renforcent les travers des concurrents. – 2. N'est-il pas pernicieux de voir la bêtise et la vulgarité s'étaler à longueur d'émission ? – 3. Le comble étant quand les candidats montrent leur sadisme envers la population pour servir une bonne cause. – 4. On favorise les travers malsains dans ces jeux, or cela va à l'encontre des valeurs de la société. – 5. J'assume pleinement la critique. – 6. Pour contrer la critique, je joue la carte de la transparence. – 7. Attaqué de toutes parts, vous pondérez la critique qui vous est adressée par un objectif altruiste. Quel culot !

5 (*DALF. Proposition*)

Amis lecteurs, bonjour,

Si je peux comprendre cet engouement populaire pour les émissions de télé-réalité, je ne le partage pas car, à mon sens, aussi bien les participants que les téléspectateurs sont victimes d'une manipulation calculée.

D'une part, pour les premiers, n'est-il pas pernicieux de les voir se faire humilier au fin fond d'une forêt amazonienne, de se faire enfermer dans une prison, accompagnés d'une quinzaine d'autres coéquipiers et de les voir endurer des souffrances aussi avilissantes qu'inutiles ? À la rigueur, cela peut être compréhensible pour ceux qui y participent puisqu'ils s'y prêtent soit pour de l'argent, soit pour une reconnaissance intime ou individuelle, soit pour une éphémère célébrité, qu'ils soient vainqueurs ou vaincus d'ailleurs. Il n'en est pas moins vrai qu'en flattant dans ces programmes de télé-réalité les bas instincts de l'être humain avec cette course à la performance primaire et à l'individualisme exacerbé, on glorifie dans le jeu des valeurs qu'on s'efforce de surmonter dans la société.

D'autre part, les téléspectateurs sont imprégnés de ces valeurs simplistes en abandonnant d'autres valeurs plus essentielles et plus raffinées. En vérité, ils se laissent influencer dans leur fauteuil en participant passivement à ces jeux, dont le concept repose ouvertement sur le mensonge et la manipulation. Ce qui est alarmant, c'est que cette manipulation ne soit pas remise en cause et acceptée comme telle. Cette passivité a pour conséquence que les téléspectateurs se détournent de leur propre réalité qui pourrait être mille fois plus intéressante et valorisante. En effet, quoi de plus plaisant que de se lancer activement dans des aventures artistiques ou culinaires et de le faire en bonne compagnie et avec de vrais amis en chair et en os ? Cette réalité serait la vôtre et non une réalité virtuelle sans âme.

Chapitre 9b   Faire part de ses pratiques d'écoute radiophonique

Exercices page 61

1 **1.** Vrai – **2.** Vrai – **3.** Vrai

2 **1.** passionnés – **2.** apprécié – **3.** passions – **4.** c'est merveilleux – **5.** en voiture

3 **1.** le podcast – **2.** l'indicatif musical – **3.** l'audible – **4.** C'est un reportage multimédia.

4 **1.** alors que – **2.** alors que – **3.** lorsque

5 (*Réponses possibles*) **1.** Cette émission fait appel à la fois à l'émotion et à la réflexion. – **2.** Si la radio séduit autant, c'est qu'elle permet de cumuler plusieurs activités de la vie quotidienne. – **3.** La radio t'ouvre sur le monde et les émerveillements des gens. – **4.** C'est un média qui active la curiosité. – **5.** Je suis très sensible au direct qui se rend l'émotion palpable seconde après seconde. – **6.** Des milliers d'auditeurs invisibles se trouvent tous reliés par la même écoute, et cela est magique.

6 (*Proposition*)

Bonjour !
Il est vrai que je suis un vrai radiophile. La radio, pour moi, c'est tout un univers ! La radio fait appel à l'émotion et à la réflexion. À l'émotion, car l'image est absente et l'auditeur doit se la créer à partir de sa propre vision du monde. Puis à la réflexion, parce qu'avec la radio, le temps paraît plus long. Comme on ne peut pas zapper, on va plus loin en approfondissant les sujets. Par ailleurs, selon le moment de la journée, la radio peut nous accompagner lors de nos activités quotidiennes. On peut par exemple cuisiner, bricoler, jardiner, tout en écoutant un programme radiophonique. Pour moi qui suis un peu casanier, ce média m'ouvre au monde bien plus que la télé ou Internet. Personnellement, j'écoute une radio musicale à mon réveil dans mon lit, puis les nouvelles en prenant mon petit déjeuner pour être au courant des actualités qui font vibrer le monde. Le samedi et le dimanche, sous aucun prétexte je ne raterais les émissions culturelles sur France Musique et France Culture. Mais c'est surtout la nuit que je suis un auditeur assidu : de 23 heures à 2 heures du matin, j'adore écouter ces émissions qui donnent la parole à des milliers d'auditeurs invisibles qui, reliés par la même écoute, partagent la même passion que moi. La nuit, je me plais à imaginer mes semblables dans leur ville, leur maison, à la montagne, à la campagne et dans leur intimité composée de soucis quotidiens, mais aussi d'amour et de passion.

Je suis très sensible à la diffusion en direct. C'est la raison pour laquelle je vous invite à rejoindre les milliers d'amoureux francophones de la radio qui, comme moi, adorent découvrir en direct quelque chose qui n'existe pas encore et qui se fait seconde après seconde.

Écoutez la radio et vous rentrerez dans un monde magique !

Chapitre 9c   Témoigner d'un plagiat

Exercices page 63

1 1. Non, c'est le témoignage d'un chef d'entreprise. – **2.** Non, il expose un cas de contrefaçon. – **3.** Non, on sent la proximité de l'aire linguistique anglophone.

2 1. le droit de la propriété intellectuelle – **2.** une imitation (un faux) – **3.** pomper sur nos voisins de pupitre, ou sur des antisèches (*fam.*) – **4.** C'est une compétition déloyale. – **5.** une licence – **6.** une altération (altérer)

3 qui… qui…, qui… lesquels… laquelle

4 (*Réponses possibles*) **1.** Nom de Dieu, je viens de m'apercevoir que le maître d'œuvre a plagié tous mes plans d'architecture ! – **2.** Ces porcelaines sont à l'évidence contrefaites, même pour moi qui suis néophyte ! – **3.** Je vous démontre, preuves à l'appui, que je ne suis pas un vulgaire imitateur. – **4.** J'utilise ce moyen pour obtenir justice. – **5.** Je tente de négocier pour arriver à une transaction, une entente d'affaires (Canada). – **6.** Ouf, cette affaire s'est réglée hors cour (hors tribunal), je suis soulagé(e) ! – **7.** Je viens d'entreprendre une poursuite judiciaire contre ces employés-faussaires.

5 (*Proposition*)

Nous sommes une entreprise familiale normande, spécialisée dans la confection de pulls marins. Notre article phare, « La Marinière », existe depuis 1853, date de la création de notre marque. Lors d'un voyage d'affaires à l'étranger, nous nous sommes aperçus qu'une enseigne de vêtements à bas coût imitait nos pulls. La coupe et les motifs étaient à l'évidence, même pour un néophyte, contrefaits avec quelques modifications. Nous constatons une fois de plus que d'autres en profitent pour se créer un business en nous copiant, ce qui est inadmissible car cela induit une compétition déloyale. Pour obtenir justice, nous venons d'entreprendre une poursuite judiciaire contre cette enseigne. Nous avons pu facilement démontrer, preuves à l'appui, qu'il s'agit là bel et bien d'une contrefaçon. C'est vraiment regrettable, d'autant plus que cette entreprise aurait pu nous contacter au préalable et tenter de négocier un contrat de distribution avec notre marque. Et même après, nous aurions été ouverts à une transaction. Mais, comme il n'en a rien été et que ce n'est pas la première fois que l'on se fait plagier, tout cela se réglera devant le tribunal. Pour conclure, il nous paraît primordial que le consommateur sache exactement ce qu'il achète : un produit original fabriqué dans une usine familiale ou un produit contrefait dans un pays qui ne respecte ni la législation du Code du travail, ni les principes environnementaux. Vous comprendrez aisément pourquoi nous veillons à ce que chacun respecte le droit de propriété intellectuelle et industrielle, parce que de cela dépend aussi la survie de notre entreprise, laquelle est toujours soucieuse d'offrir des produits de qualité.

10. Tirer parti de la presse écrite

Chapitre 10a   Rendre compte d'une table ronde sur la presse

Exercices page 65

1 **1.** Faux, c'est le compte-rendu d'une table ronde sur la presse écrite en difficulté en Guinée. – **2.** Faux, la presse écrite a cédé du terrain face à la presse en ligne. – **3.** Faux, il appartient au registre standard-courant (journalistique).

2 **1.** un kiosque – **2.** de la presse écrite – **3.** la cherté – **4.** une investigation – **5.** une détaxe – **6.** le recoupage des sources et l'analyse

3 (*Réponses possibles*) **1.** Il est vrai que les réseaux sociaux ont fini par occuper tout le terrain. – **2.** Il faut absolument sauver ce secteur important de l'économie guinéenne. – **3.** L'arrivée de la presse en ligne provoquant la disparition des points de vente est la cause de cette hécatombe. – **4.** Cette nouvelle situation, selon Elsa, est causée par divers facteurs. – **5.** L'objectif est de faire l'état des lieux et de trouver des pistes de solution.

4 (*Réponses possibles*) * Les reformulations sont soulignées. **1.** Pour sa part, Paul a déclaré que la Côte d'Ivoire mettait des fonds de soutien à la disposition de la presse écrite locale. – **2.** En parlant des mesures prévues par le gouvernement, il a dit que des actions de plaidoyer seraient initiées afin de sensibiliser la population à la problématique. – **3.** À l'entame de son intervention, M. Berkoff a déclaré qu'il allait solliciter l'appui de nombreux partenaires médiatiques. – **4.** « Nous avons pris un sacré retard dans l'innovation des stratégies de vente », a-t-il regretté. – **5.** « Nous chercherons à mettre en place une centrale de papiers très performante », a-t-il expliqué. – **6.** « Il faut absolument maintenir une investigation de qualité », a-t-elle conclu. **7.** L'autre point évoqué, c'est la formation approfondie des journalistes qui doit être renforcée.

5 (*DALF. Proposition*)

Depuis l'arrivée des nouvelles technologies d'information en ligne, la presse écrite lutte pour sa survie. Aussi bien en Guinée que chez nous. Il est indéniable que les réseaux sociaux ont fini par occuper tout le terrain de l'information. C'est pour faire l'état des lieux et trouver des pistes de solution que des spécialistes de la presse se sont réunis hier à l'initiative de l'Association des buralistes.

À l'entame de son intervention, M. Plumassier, président de la confrérie des journalistes, a déclaré qu'en l'espace de dix ans la moitié des kiosques et autres points de vente avaient disparu. « Dans toutes les régions, seuls un quotidien et un hebdomadaire survivent, tant bien que mal », a-t-il ajouté. Cette situation, selon lui, est causée par différents facteurs, dont la cherté des intrants dans la fabrication des journaux et l'absence d'une volonté d'investir dans un véritable journalisme d'investigation. Tous ces éléments sont les causes de cette hécatombe, a-t-il regretté. En parlant des mesures à envisager, le président de l'Association des buralistes a dit que des actions de plaidoyer seraient initiées afin de sensibiliser les citoyens aux conséquences d'une disparition imminente de la presse écrite. « Nous allons solliciter l'appui des entreprises régionales de la filière du bois et chercherons à remettre en place d'anciennes imprimeries et des centrales de papier », a-t-il expliqué. Et pour sa part, le ministre de la Culture, du

Livre et du Papier a déclaré qu'il serait urgent de se mobiliser pour préserver ce pan de notre patrimoine culturel. « Il faut absolument sauver le secteur », a-t-il conclu.

C'est sur cette note volontariste que s'est achevée cette table ronde. Espérons qu'elle sera suivie d'applications concrètes.

Chapitre 10b   Débattre sur les caricatures

Exercices page 67

1 1. Faux. C'est un double entretien avec un célèbre humoriste belge et le président du Mrax. – **2.** Vrai – **3.** Vrai

2 1. un prédécesseur (*masc.+ fém.*) – **2.** un raidissement – **3.** le pourfendeur – **4.** se restreindre

3 (*Réponses possibles*) **1.** poussé le bouchon quand – **2.** s'est bien foutu de notre gueule (le foutage de gueule = nom) – **3.** moue boudeuse ou front plissé – **4.** un sacré cadenassement

4 (*Réponses possibles*) **1.** Je tire la sonnette d'alarme, car j'observe qu'aujourd'hui le balancier va de nouveau vers la censure après une période de grande liberté. – **2.** La liberté d'expression est un des fondements de notre démocratie. – **3.** Ce n'est pas parce que je suis de temps à autre un peu « peau de vache » envers les gens que je deviens insultant(e) ou méprisant(e). – **4.** On ne peut pas niveler la pensée par le bas sous prétexte qu'on doit plaire à tout le monde. – **5.** À force de ne pas oser un mot plus haut que l'autre, on ne dit plus rien. – **6.** Certains se disent défenseurs de cette liberté alors qu'ils n'en sont que les pourfendeurs.

5 (*Proposition*)

La liberté d'expression est un des fondements de notre démocratie, même si l'on n'est pas toujours d'accord sur l'application concrète de celle-ci.

Certains affirment qu'il y aurait un développement dans deux sens différents. Premièrement, celui de critiquer et de rejeter la moindre plaisanterie non conforme à la « morale » ou au politiquement correct. Et deuxièmement, il existerait l'autre penchant qui prend le pari de tout dire au nom de la liberté d'expression, ce qui serait condamnable. Cette analyse reflète une attitude qui a bonne presse de nos jours : « La liberté d'expression ? Oui, mais. »

Cette ambiguïté à l'égard de la liberté d'expression nous semble dangereuse. Je tire la sonnette d'alarme. Pour nous, il s'agit d'une évolution actuelle où cette liberté a tendance à se restreindre depuis les années 1970. Aujourd'hui, le balancier va de nouveau vers la censure. En effet, la moindre plaisanterie est attaquée voire censurée, à tel point que chaque citoyen, avant de prononcer un mot, doit s'autocensurer. À force de ne pas oser un mot plus haut que l'autre, on ne dit plus rien. Ce n'est pas parce que l'on rigole de tout, et je dis bien de tout, qu'on devient méprisant ou insultant. La conséquence de tout cela est un musellement qui nivelle la pensée par le bas sous prétexte de ne heurter personne. De temps à autre, pour la démocratie et pour notre hygiène morale, cela fait un bien fou de pousser un peu le bouchon en rigolant comme le fait si bien *Charlie Hebdo*.

Chapitre 10c   Publier un manifeste contre la censure

1 **1.** Non, il s'agit d'un manifeste contre la censure. – **2.** Le président de la République, les parlementaires et les élus locaux. – **3.** L'influence des mouvements extrémistes sur les institutions étatiques et les pressions exercées par certaines minorités sur les lieux de culture et de connaissance.

2 **1.** subversif – **2.** immoral – **3.** indécent – **4.** malsaine

3 **1.** pressions exercées – **2.** l'opprobre – **3.** est devenu une cible de la censure – **4.** gardiens des bonnes mœurs

4 **1.** Est en cause ici le pacte républicain à travers ces problèmes de communautarisme. – **2.** Sont concernées par la censure les œuvres artistiques, subversives ou non.

5 (*Réponses possibles*) **1.** L'œuvre d'art requiert un débat démocratique et non une interdiction ! – **2.** Il est très préoccupant que nous ayons à rappeler ces évidences. – **3.** Censurer au nom d'un ordre moral qui ne s'autorise que de lui-même est inadmissible. – **4.** Ces groupes très virulents tentent d'empêcher l'adoption de cette nouvelle loi par tous moyens. – **5.** Assez, il est temps de passer aux actes ! – **6.** Ces culs-bénits s'érigent en arbitres de la « bonne morale ». – **7.** Nous en appelons solennellement aux députés et aux sénateurs pour que cessent ces censures systématiques et non fondées contre les œuvres d'art prétendument licencieuses. – **8.** Aucune censure ne peut être dictée par certaines minorités agissant au nom de principes communautaristes.

6 (*DALF. Proposition*)

Contre la censure à l'université

Il y a des pressions exercées par des groupes d'étudiants pour censurer telle ou telle conférence jugée par eux immorale, scandaleuse ou discriminatoire. En effet, ces groupes qui s'érigent en arbitres tentent d'empêcher par tous moyens l'organisation et le déroulement de certaines conférences, comme dernièrement celle d'un intervenant américain, sous prétexte que ce dernier avait été militaire lors de la guerre du Golfe, au nom de la bonne morale qui l'assimilait d'emblée à un criminel. L'université a cédé aux pressions de ces groupes militants et fanatisés, si bien que sa conférence a été supprimée à la dernière minute. Et ce genre de censure est devenu régulier au sein de l'enseignement supérieur.

Or nous vivons dans une société démocratique où les valeurs de diversité et de dialogue sont au centre de notre civilisation. Par ce fait, aucune censure ne peut être dictée au nom d'un communautarisme ou d'une sensibilité particulière. Est en cause ici la qualité de l'enseignement qui doit permettre à tous les étudiants de développer un esprit critique en se confrontant à une multitude d'idées, parfois opposées à ses propres convictions, afin de devenir intellectuellement courageux. Pour atteindre cet objectif, il faut quelquefois se sentir mal à l'aise, déstabilisé et même choqué. Si le contenu de la conférence est polémique, il requiert un débat démocratique et non une interdiction. Il est très préoccupant que nous ayons à rappeler ces évidences. Ce n'est pas seulement la liberté des conférenciers que nous défendons, mais aussi celle des étudiants.

Il est temps de passer aux actes. Nous en appelons solennellement aux recteurs des universités, au ministre de l'Enseignement supérieur et aux pouvoirs publics pour garantir la liberté d'enseignement et préserver la diversité des sujets traités, qu'ils soient polémiques ou non. Il y va de l'avenir des universités, lesquelles sont et doivent rester le lieu où l'on apprend à affronter des désaccords et à repenser en profondeur ses convictions.

Bilan n° 2

1 1. tactile – **2.** se débranche, se déconnecte – **3.** trie, filtre – **4.** une intervention, un déplacement... vieille bécane, vieil ordinateur – **5.** sa barre d'outils, sa souris... sa fenêtre, son écran de veille – **6.** cibler – **7.** adepte, détractrice – **8.** coupé court, fait barrage – **9.** À des fins de confort... récolte, recueille – **10.** évanescentes

2 1. se dégrader, se détériorer – **2.** la cité – **3.** une tourmente – **4.** clément(e) – **5.** un gadget fétiche – **6.** le harcèlement – **7.** enfreindre – **8.** un engouement – **9.** un indicatif/générique musical – **10.** un brevet

3 (*Réponses possibles*) **1.** un travail d'investigations, de recoupage de sources et d'analyse – **2.** met à mal la liberté d'expression – **3.** a poussé le bouchon (*fam.*) – **4.** Les pressions exercées... – **5.** se moquer au détriment de sa soi-disant copine

4 (*Réponses possibles*) **1.** Christophe fait une surdose (overdose) des spams qu'il reçoit. – **2.** Désolé(e) de vous embêter avec ça, mais vous êtes plutôt spritz ou mojito ? – **3.** Marcel a saisi la balle au bond pour draguer Ginette sur le forum « Tchat attitude vieux-croûtons ». – **4.** Gaëlle et Eva sont conscientes du problème, mais ça les met quand même en rage. – **5.** Les habitants ont pointé du doigt la montée de l'insécurité dans leur quartier. – **6.** Il faut des trésors de pub pour faire gober au quidam que ce truc est bon pour la santé. – **7.** Les dessinateurs risquent de disparaître, c'est pour ça que je tire la sonnette d'alarme.

5 (*Réponses possibles*) **1.** Désormais, il est temps de passer aux actes ! – **2.** Certains se disent défenseurs de la liberté alors qu'ils en sont les pourfendeurs. – **3.** Nous solliciterons l'appui du directeur de *Capital Magazine*, car ils ont les moyens. – **4.** Les dessins sont à l'évidence, même pour un néophyte, contrefaits sur ceux de Sempé. – **5.** N'est-il pas pernicieux de voir la bêtise s'étaler à longueur d'émissions ? – **6.** Essayez de garder votre sang-froid. – **7.** Utiliser l'iPhone dans votre lit décale votre endormissement. – **8.** Vous n'avez pas de salariés, et alors ? Cela ne vous discrédite pas pour autant. – **9.** C'en est assez de cet amoncellement de déboires et de difficultés. – **10.** Qu'il est démodé ce Peter, incapable de se déconnecter, ne serait-ce qu'un instant !

6 1. Trois ans durant, j'ai vécu une histoire torride avec mon smartphone. Je me levais, je vivais et dormais avec lui. Je le consultais au moins une centaine de fois par jour. De plus, la nuit, j'étais accro des jeux en ligne : je pouvais passer des heures devant l'écran sans dormir. Puis, un jour, on m'a interné(e) dans un hôpital psychiatrique parce que j'avais laissé tomber mon smartphone dans les toilettes. Ce geste incompréhensible m'a complètement déstabilisé(e). Après six mois d'internement, j'ai pris conscience de ma folie passée. Et depuis je vis sans smartphone ni ordinateur, pas plus qu'avec une tablette. J'ai retrouvé une vie déconnectée ainsi que toute ma tête, et je suis heureux(se) !

2. Je suis allé(e) passer deux jours chez mon oncle qui est un aficionado des objets connectés. Ce florilège de nouvelles applications m'interloquait. Toutes les pièces étaient équipées de capteurs d'activité. On pouvait donc savoir combien de fois on ouvrait la porte du réfrigérateur, le genre de programmes qu'on regardait quand on allumait le téléviseur et le nombre de mouvements, en haut, en bas, sur les canines, sur les molaires qu'on faisait avec sa brosse à dents. Je suis resté(e) sceptique face à ces données recueillies qui me semblaient peu utiles. Mais le pire, ç'a été quand j'ai retrouvé la chambre d'amis pour aller dormir. Figurez-vous qu'il y avait un appareil qui récoltait la durée et l'intensité des ronflements des hôtes. Je peux vous dire que j'ai très mal dormi cette nuit-là et je ne suis pas certain(e) de retourner chez mon oncle.

3. Il y a vingt que j'habite ce quartier de la banlieue de Perpignan où le climat s'est délité peu à peu. Avant, les habitants étaient solidaires, ils s'entraidaient. Hélas, à présent, tout se referme : la délinquance s'installe de plus en plus et on voit la montée des communautarismes qui gagne du terrain et déstabilise le tissu social. Je suis bien conscient(e) de tous ces maux et cela me met en rage, car je suis toujours attaché(e) à mon quartier. Malgré tout, en ce qui me concerne, il est hors de question d'en bouger.

4. J'ai participé au jeu de télé-réalité « The-Best-Étudiant-de-Français-langue-étrangère ». La règle du jeu, vous l'aurez compris, c'était d'éliminer les concurrents moins doués en communication. Tout au long de l'émission, chacun d'entre nous s'est démené pour trahir ses coéquipiers en les harcelant verbalement et en leur soumettant des questionnaires sur l'imparfait du subjonctif et en étant le plus sadique possible sur les accords du participe passé. Quelles souffrances avons-nous endurées ! Mais finalement, c'est moi qui en suis sorti vainqueur, laissant les sept perdants totalement dépités. Et vous devinez mon secret ? C'est parce que j'avais fait les 700 exercices de *Communication progressive du français Perfectionnement*, tandis que mes concurrents utilisaient d'autres livres. Mais chut, ne le répétez pas !

5. Un jour, en allant acheter mon magazine préféré, j'ai appris qu'il avait été censuré par le gouvernement. D'abord, je ne comprenais pas trop pourquoi. Je supposais qu'il avait trop vilipendé les membres du gouvernement et leur incompétence. Mais finalement, c'était parce que le journal avait révélé que les ministres et les députés recevaient des pots-de-vin depuis des années de la part de grands industriels peu scrupuleux. Le magazine avait trouvé la faille et, si cela avait été mis au grand jour, le gouvernement aurait perdu toute crédibilité aux yeux des électeurs et cela à quelques mois des élections. Moi, je trouve que censurer un journal pour cela, c'est juste scandaleux !

7 (*Proposition*)

Dans nos sociétés exposées au « tout numérique », il est primordial de s'interroger sur la place que nous accordons aux objets connectés. Ceux-ci se sont si vite et si profondément imposés dans notre quotidien que désormais nous frôlons l'overdose sans le savoir. J'aimerais souligner ici trois points critiques auxquels il faudrait être attentif : au niveau personnel, intellectuel et social.

Notre dépendance à ces objets est devenue tellement extrême que nous n'arrivons plus à nous débrouiller dans les situations les plus simples de la vie quotidienne. Sans notre smartphone, impossible de nous orienter dans l'espace ou de trouver une adresse. Nous sommes devenus esclaves des indications et des informations qui sont immédiatement mises à notre portée. D'autre part, comme nous nous appuyons constamment sur ces machines aux solutions uniques, notre cerveau ne varie plus ses activités cognitives et intellectuelles et, par conséquent, s'atrophie peu à peu. Pourquoi faire un effort intellectuel quand la machine travaille pour vous ? Enfin, à force de parler, de vivre, voire de dormir avec ces objets dits « intelligents », nous coupons nos relations avec nos semblables, c'est-à-dire que nous perdons l'essentiel : la compétence sociale et communicative qui est pourtant à l'origine de l'essor et du progrès de l'humanité.

On ne fait que parler des dépendances au tabac, à l'alcool, aux calmants, au sucre, mais nous interrogeons-nous sur celles tout aussi néfastes du « *tout, toujours, et n'importe où connecté* » ? Savoir se débrancher permettrait à l'individu de rester autonome physiquement et intellectuellement, et d'entretenir dans le quotidien ses capacités de réflexion que nous avons tendance à négliger face au « tout, tout de suite » vanté et vendu comme la panacée du bonheur par les publicitaires. Mais surtout, cela permettrait de se calmer intérieurement et de communiquer plus intensément avec ceux que l'on aime.

Il est temps de réagir et d'apprendre à maîtriser l'utilisation de ces objets qui, certes, peut quelquefois faciliter la vie dans certains domaines, mais qui doit impérativement être limitée dans le temps et dans l'espace afin d'apporter une plus-value pour notre bien-être et celui de notre entourage. Voilà qui serait une manière intelligente, réfléchie et raisonnable d'utiliser les objets connectés. N'oublions pas que la machine, même et surtout numérique, doit être et rester l'auxiliaire de l'Homme et non le contraire.

Récréation culturelle 1

Exercices pages 72-73

1 1 et 5

2 1. Pierre Loti et Victor Segalen – 2. *Sud lointain, Au Tonkin, Un barrage contre le Pacifique* (*La Vallée des rubis* : Birmanie) – 3. Léopold S. Senghor – 4. Albert Camus (Algérie), Marguerite Duras (Indochine), Daniel Pennac (Maroc), Bernard-Henri Lévy (Algérie)

3 1b, 2c, 3d, 4a

4 1d, 2c, 3b, 4a

5 1. Pierre Desproges – 2. Guy Bedos – 3. Coluche – 4. Florence Foresti

6 Belgique : Namur, le boulet sauce chasseur, Georges-Émile Lebacq (peintre) – Suisse : Fribourg, le papet vaudois, Nicolas Bouvier (essayiste, photographe) – Québec : Trois-Rivières, les bines, Xavier Dolan (cinéaste)

7 1. Faux, c'est la ville capitale de la Guadeloupe. – 2. Vrai – 3. Faux, le néerlandais n'en fait pas partie. – 4. Vrai – 5. Vrai

8 L'Algérie = *Le Quotidien d'Oran* ; la Belgique = *La Meuse* ; le Gabon = *L'Union* ; le Laos = *Le Rénovateur* ; Madagascar = *La Gazette de la grande île* ; le Maroc = *Le Canard libéré* ; la Nouvelle-Calédonie = *Le Chien bleu* ; le Québec = *Le Devoir* ; le Vietnam = *Le Courrier du Vietnam*

9 L'Opéra de Hanoï a été construit au début du xxe siècle (1901-1910) et a eu pour modèle l'Opéra Garnier de Paris (architectes : Broyer et Harlay). Il a été rénové à l'occasion du Sommet de la francophonie en 1997.

11. Étudier et se former

Chapitre 11a   Valoriser son parcours universitaire

Exercices page 75

1 1. Vrai – 2. Faux, ils ont tous un niveau supérieur, bac + 4 minimum. – 3. Vrai

2 atypique... sur les bancs de... préparé un concours d'entrée... grandes écoles... l'ENA... Sciences Po

3 (*Réponses possibles*) 1. Cette chanteuse, sans le vouloir, s'est retrouvée tête d'affiche au music-hall. – 2. Ses condisciples étaient tous très durs avec lui en lui disant qu'il avait mauvais goût. – 3. Stéphane B. a toujours eu un pied dans la politique et l'autre dans l'art. – 4. Quel parcours brillant tu as effectué depuis notre dernière rencontre !

4 1. obligation – 2. hypothèse – 3. obligation

5 (*Réponses possibles*) 1. Mon niveau étant passable, pour moi, avoir un bon dossier pour entrer en hypokhâgne, c'était l'Everest. – 2. Tout le monde se foutait de ta gueule lorsque tu disais vouloir devenir poétesse. – 3. L'ambiance était très snob, tout le monde était sérieux et coincé. – 4. Le ministre a échappé à l'interview avec Maïzena, une journaliste télévisée fort peu aimable.

6 (*Réponses possibles*) 1. on ne peut s'empêcher de se dire que sa formation à Sciences Po a contribué à son succès littéraire – 2. était bonne élève et en plus passait sur les scènes de théâtre – 3. Cela me fascine de voir qu'Olivier est capable de faire les deux exercices à la fois. – 4. courir deux lièvres à la fois

7 (*Proposition*)

Mon amie Salomé a eu un parcours vraiment atypique. Après son bac, ayant réussi le concours d'entrée, elle s'était inscrite à Sciences Po. C'est là que je l'ai connue. Or il y avait une ambiance très snob qui lui déplaisait. Trop indépendante et artiste dans l'âme, elle ne s'y sentait pas à sa place. C'est pourquoi, dès qu'elle en a eu l'opportunité, elle est partie travailler dans une maison d'édition pour la jeunesse en tant qu'illustratrice. Durant quelque temps, elle était au four et au moulin, partagée entre Sciences Po et son boulot d'illustratrice. Il est vrai que cela me fascinait qu'elle puisse mener de front ces deux activités. Finalement, elle a choisi de quitter les bancs de la fac car elle se passionnait de plus en plus pour le dessin. Puis la chance croisa son destin : un couturier tomba amoureux des jolies esquisses de la collection « Or » pour laquelle elle faisait des illustrations.

Ils se rencontrèrent et, à ce moment-là, commença une collaboration fructueuse. Il l'engagea comme aide-styliste et, peu après, elle devint directrice artistique pour les galeries d'un grand magasin parisien. Maintenant, elle se retrouve même « tête d'affiche » d'une célèbre maison de couture parisienne. Bravo, Salomé ! Quel parcours remarquable – contrairement au mien : après Sciences Po, je suis devenu(e) sagement un(e) fonctionnaire de l'État dans une commune de la région de Reims et je me console au champagne…

Chapitre 11b   Débattre de la dévalorisation des diplômes

Exercices page 77

1   **1.** Il s'agit d'un débat universitaire. – **2.** Le thème en est la perte de valeur des diplômes. – **3.** Non, ils divergent fortement.

2   **1.** la perte de la valeur des diplômes – **2.** l'effondrement du nombre de bacs +2 – **3.** un phénomène secondaire – **4.** une ascension (élévation) sociale – **5.** une dévalorisation brutale

3   **1.** sont marginales – **2.** le diplôme médian – **3.** un déclassement social – **4.** mieux éduqués… évolution ou ascension sociale

4   **1.** La valeur des diplômes, il y a deux façons de l'appréhender – **2.** Cela met en jeu des questions assez complexes dans… – **3.** Il y a effectivement deux zones de débat, c'est d'une part sur… et d'autre part sur… – **4.** Je pense que le débat mérite d'être posé parce qu'…

5   (*Réponses possibles*) **1.** Je veux bien que l'on parle de cela, mais ça n'a rien à voir avec… – **2.** Mon adversaire, j'en suis convaincu, sera sans doute sensible à mon argumentaire. – **3.** Mais, je suis au regret de le dire, ce n'est pas comme mon opposant X le définit. – **4.** En fait, mon argument est, je pense qu'au bout du compte Edwin en sera d'accord,…

6   (*DALF. Proposition*)

En effet, le débat mérite d'être posé parce que le baccalauréat occupe une place importante dans notre société. Cela met en jeu des questions assez complexes relatives à la politique éducative et à l'insertion des jeunes dans le monde du travail. Il y a effectivement deux zones de débat : c'est, d'une part, sur l'évolution de la valeur du bac dans l'hypothèse de ces 80 % de réussite et, d'autre part, sur les risques d'un déclassement social qui s'expliquerait par la baisse des exigences pour l'obtention de ce diplôme. En fait, mon argument est – je pense qu'au bout du compte mes adversaires en seront d'accord – que plus la politique éducative vise à généraliser ce diplôme, plus ce dernier sera dévalorisé. Car pour le rendre accessible au plus grand nombre, on doit forcément baisser les exigences en matière de connaissances et de compétences. Je suis au regret de le dire : ce n'est pas, comme mon adversaire le prétend, parce que la nouvelle génération est de plus en plus diplômée, qu'elle pourra être considérée comme mieux éduquée. Nous pensons aussi que derrière cette politique se cache une fausse idée de démocratisation puisqu'en définitive, au vu du faible niveau atteint, ce diplôme ne vaut plus rien sur le marché du travail. Il s'agit donc bien là d'une promesse trompeuse.

En somme, cet objectif du gouvernement d'atteindre 80 % de réussite au baccalauréat n'entraîne que la déstabilisation, voire l'effondrement de la valeur de ce diplôme.

Chapitre 11c   Relater ses expériences d'études à l'international

Exercices page 79

1   **1.** Faux, c'est le témoignage d'un étudiant qui a fait son master en Bulgarie. – **2.** Faux, ce fut une expérience très enrichissante pour Clovis parce qu'il a découvert une culture différente et rencontré des personnes de tous horizons. – **3.** Vrai

2   **1.** idyllique – **2.** revêtir (être revêtu du grade de master) – **3.** à deux reprises – **4.** pour être honnête

3   cursus… bac… licence… cycle… master… cours magistraux… travaux dirigés… séminaires… campus universitaire… resto U… doctorat…

4   **1.** J'avais candidaté à un programme de double diplôme. – **2.** On a la possibilité de choisir ses propres cours et son propre emploi du temps. – **3.** C'est cette dimension vers l'international qui m'a attiré(e) dès le début. – **4.** Cela m'a permis de passer une année universitaire au Japon dans la continuité de mon semestre Erasmus passé en Italie. – **5.** J'ai sauté sur l'occasion et n'avais pas idée à quel point l'expérience se révélerait extraordinaire. – **6.** Les cours à l'étranger sont moins structurés, mais offrent plus de possibilités d'interagir avec les professeurs. – **7.** C'est en tout cas une expérience très enrichissante que je recommanderais à tous.

5   (*Proposition*)

Bonjour, je m'appelle Bixente, j'ai 24 ans et je suis originaire de Bayonne. Inscrit à l'université de Pau, je suis d'abord parti étudier au Portugal dans le cadre d'un échange Erasmus, puis, dans un second temps, au Japon pour un double diplôme « Master » à Fukuoka dans le sud du pays.

Ma première expérience a été un échange linguistique d'un an à Lisbonne, où j'ai perfectionné mon portugais. J'ai adoré ce double semestre Erasmus, au terme duquel j'ai obtenu mon grade de licence. Là-bas, j'ai pu choisir mes propres cours et gérer mon emploi du temps comme il me convenait. De l'autre côté, j'ai beaucoup fait la fête avec les Lisboètes, qui sont des gens très chaleureux et qui vivent dans une ville magnifique. Deux activités, pourtant dissemblables, qui ont fortement contribué à la réussite de ma licence.

Ma seconde expérience était beaucoup plus complexe parce que, d'une part, le Japon ce n'est pas la porte d'à côté et, d'autre part, la culture japonaise est plus difficile d'accès pour un Européen. Pourquoi le Japon, me direz-vous ? C'était le hasard. En fait, cela s'est fait dans le cadre d'un double diplôme organisé conjointement par l'université de Pau et de celle de Fukuoka, et j'ai tout simplement sauté sur l'occasion de ce jumelage universitaire. Là aussi, ç'a été vraiment génial.

J'avais un peu peur au début, mais franchement je n'aurais jamais pensé que l'expérience serait aussi enrichissante. D'abord, pour moi c'était un défi de me frotter à une vraie différence culturelle où on ne peut pas tricher. Mais, les

Japonais étant curieux et adorant la culture française, j'ai pu vivre ce séjour comme un coq en pâte. C'est vrai qu'à la fac tout est organisé et structuré jusque dans le moindre détail et les échanges avec les professeurs sont également plus faciles. Comme au Portugal, j'ai passé beaucoup de temps à faire la fête avec mes amis japonais. En plus, j'animais bénévolement un cours de conversation à l'Institut français de Fukuoka. J'y ai rencontré notamment Mika, une charmante Japonaise qui, depuis, est devenue ma petite amie. Ce sont en tout cas des expériences très formatrices que je recommanderais à tous.

12. Se confronter au monde du travail

Chapitre 12a   Sensibiliser à l'évolution des conditions de travail

Exercices page 81

① **1.** Elle a été réalisée à l'occasion de la 13ᵉ édition de « La semaine de la qualité de vie au travail ». – **2.** C'est l'influence du numérique sur les conditions de travail. – **3.** D'un côté il voit les avantages du numérique, de l'autre il en dénonce les travers.

② **1.** tracer les activités d'un employé – **2.** un impact – **3.** favorable – **4.** le règlement intérieur – **5.** la détérioration

③ **1.** L'objet abordé – **2.** La qualité de vie au travail est – **3.** un fil à la patte – **4.** un mal-être – **5.** La porosité

④ (*Réponses possibles*) **1.** Pour nous, c'est l'occasion de mettre en avant les pratiques bienfaisantes de la sieste. – **2.** Nous essayons de démontrer au travers de nos expériences que le système de télétravail est efficace. – **3.** Non, c'est très difficile, car on peut se laisser submerger par le travail. – **4.** En effet, ce peut être un outil de liberté, mais aussi un fil à la patte.   **5.** Tout à fait, on est des convaincus. – **6.** Depuis l'arrivée du numérique, je dirais qu'il y a une porosité sensible entre vie au travail et vie hors contexte professionnel. – **7.** Absolument, l'objet du congrès annuel sera d'instruire cette question.

⑤ (*Proposition*)

J'ai accepté de participer à ce débat pour vous parler de l'amélioration des conditions de travail et, plus particulièrement, de la qualité de vie au travail.
De nombreuses études très sérieuses soulignent l'importance de celle-ci dans l'argumentation de la rentabilité des entreprises. M. Contassot vient de mentionner qu'avec la numérisation du monde du travail, la vigilance vis-à-vis de l'utilisation de ces nouvelles technologies doit être accrue. Il a raison : nous savons tous aujourd'hui que la technologie moderne est à la fois un outil de liberté et un fil à la patte.
Pour ma part, je voudrais aller plus loin et ajouter une mesure qui permettrait d'améliorer nettement la qualité de vie au travail : je veux parler de la sieste. Pourquoi la sieste, me direz-vous ? Eh bien, parce que faire une mini-sieste aurait, d'après les scientifiques, un impact décisif sur la productivité au travail. Je m'explique : je suis DRH dans une entreprise de cosmétiques et, il y a un an, j'ai fait installer de petits matelas de sport pour se reposer dans une salle réservée

au personnel. Depuis, chacun de nous, à tour de rôle, s'y rend durant 20 minutes après le déjeuner pour y faire une sieste éclair. Pour notre entreprise, cela a été un atout formidable lors des recrutements de personnel qualifié, c'est pourquoi je souhaite mettre en avant cette nouvelle pratique qui nous vient d'Espagne et qui a fait ses preuves. Je peux vous dire qu'avant, dans notre entreprise, nous nous laissions tous submerger par notre travail. Depuis que nous avons instauré ces rotations de sieste, le mal-être au travail n'existe plus, et nos performances ont augmenté de façon significative. Il est clair que nos employés s'épanouissent dans leur travail, dans leur tête et dans leur corps.

Faites comme nous qui sommes des convaincus. Adoptez la « sieste attitude » au travail.

Chapitre 12b   Expliquer à un(e) collègue sa mission de travail

Exercices page 83

1 1. Vrai – 2. Faux, ils font semblant de travailler, au fond ce sont des tire-au-flanc. – 3. Vrai

2 1. la blouse – 2. des réunions syndicales – 3. un casier – 4. une embauche – 5. un employé municipal (remarque : VNF = Voies navigables de France) – 6. un ordre de mission – 7. le râteau et la brouette

3 1. Alors le soir, on est harassés. – 2. Mon chemin professionnel est parsemé d'embûches. – 3. Il est l'heure de se remettre au travail.

4 1. Tu fais partie de la grande famille des employés municipaux. – 2. L'insulte la plus fréquente, c'est « feignant ». – 3. Faut pas se rater quand même.

5 1. Mais le chemin est long, parsemé d'embûches, je te comprends : moi aussi, j'ai été débutant. – 2. Maintenant, tu vas être critiqué, jalousé, même insulté ! – 3. On nous traite de fainéants, mais on ne sait pas d'où cela vient !

6 (*Réponses possibles*) 1. Employé municipal/professeur/informaticien… ce n'est pas un métier, c'est une pensée, une philosophie. – 2. Le soir, harassé(e) mais le cœur léger, je rentre dans mon foyer. – 3. Je suis comme un félin au travail : on ne me voit pas arriver, on ne m'entend pas repartir. – 4. Un employé municipal (profession au choix), ça a une mission, un objectif, ça regarde loin.

7 (*Proposition*)

Bonjour, Monsieur le Directeur,
Depuis que vous m'avez embauché, vous n'avez eu que de bons retours sur mon travail : je remplis mes missions avec succès et, depuis mon arrivée dans l'entreprise il y a un an, j'ai décroché huit nouveaux contrats auprès des partenaires que j'ai rencontrés lors de mes démarches à l'extérieur.
Et pourtant, croyez-moi, cela n'a pas été facile et je savais que le chemin serait long et parsemé d'embûches. C'est vrai qu'en ce qui me concerne, je considère mon métier comme une pensée, une philosophie, voilà pourquoi je m'investis autant. Encore aujourd'hui, c'est assez compliqué, je suis envié, jalousé, mais je tiens bon parce que j'y crois. Il est indéniable que je suis quelqu'un de discret, quelqu'un qui ne fait pas de vagues. D'ailleurs, on dit souvent de moi : « On ne

le voit pas arriver, on ne le voit pas repartir. » C'est parce que j'agis discrètement, je démarche de manière autonome et vous voyez désormais où j'en suis ; je suis le meilleur élément de votre équipe !

C'est pour cela que je tenais à vous rencontrer. Pour récompenser ma ténacité, mes performances et mes missions réussies, je vous demande une augmentation… à présent que j'ai fait mes preuves et que je fais partie de la grande famille de votre entreprise. Si vous me l'accordiez, je rentrerais ce soir le cœur léger dans mon foyer. Merci, patron !

Chapitre 12c   Rédiger une lettre de non-motivation

Exercices page 85

1 1. C'est une lettre de non-motivation, suivie d'une lettre de refus. – **2.** L'auteur de la lettre ne souhaite pas exercer un métier d'antan. – **3.** Le DRH répond de façon posée mais ironique.

2 1g ; 2f ; 3i ; 4h ; 5d ; 6a ; 7j ; 8e ; 9b ; 10c

3 **1.** un ingénieur réseaux – **2.** un expert en veille stratégique – **3.** un ingénieur biotech – **4.** un truqueur d'images

4 (*Réponses possibles*) **1.** Vous êtes un frein à l'innovation, aussi me vois-je dans l'obligation de refuser votre offre. – **2.** Le XXIe est largement entamé, apprenez que nous sommes en 2020… – **3.** J'ai déjà vu des métiers dont la désuétude frôlait l'indécence, mais là, vous dépassez les bornes. – **4.** Sans être novateur, proposez au moins des postes d'ingénieurs réseaux.

5 **1.** Les savoir-faire les plus nobles s'accommodent mal de titres ronflants, souvent aussi creux qu'éphémères. – **2.** Si votre lettre ne manque pas d'humour, j'ai toutefois peu apprécié que vous dénigriez le métier de schlitteur. – **3.** Puisque le secteur de notre industrie n'est manifestement pas pour vous séduire, je vous souhaite bonne chance dans la recherche d'un nouveau travail. – **4.** À vous lire, permettez-moi également de vous inviter à cultiver l'humilité.

6 (*DALF. Proposition*)

Objet : Poste de montreur d'ours

Madame, Monsieur,

Je vous écris suite à votre annonce parue dans *Animaux sauvages Magazine*.

J'ai déjà vu des métiers dont la désuétude frôlait l'indécence mais là, vous dépassez les bornes. Le XXIe siècle est largement entamé et sachez que désormais on ne peut plus exploiter les animaux. Le droit de l'animal comme « être sensible » est entré dans la loi française. Et d'ailleurs, sans être novateur, proposez au moins quelque chose de plus moderne, comme « montreurs de robots » ou « éleveurs d'ours géants en peluche ». Vous êtes un frein à l'innovation et au bien-être animal. Aussi me vois-je dans l'obligation de refuser ce poste, car en aucun cas je ne voudrais être un triste exploiteur d'ours.

Dans l'attente d'une réponse de votre part, je vous prie d'agréer, Madame, Monsieur, l'expression de mes salutations distinguées.

Réponse : Votre lettre de non-motivation

Monsieur,

À vous lire, permettez-moi de vous dire que j'ai peu apprécié vos propos arrogants, pleins de sous-entendus. Non seulement vous traitez notre profession de désuète mais, qui plus est, vous insinuez des maltraitances sur les animaux ! Cultiver l'humilité ne semble pas faire partie de votre univers prétendument moderne... Sachez que le métier de montreur d'ours est on ne peut plus efficace, en phase avec notre époque et en totale harmonie avec les principes écologiques et moraux. Grâce à ce métier d'avenir, des milliers d'enfants prennent conscience de la beauté sauvage de cet animal et des adultes apprenant à connaître ces charmants ursidés cessent à tout jamais de vouloir les chasser. À mon tour de vous faire remarquer que, dans notre ère postmoderne, les gens ont besoin de rêves et, je vous assure, le montreur d'ours leur en offre beaucoup. Je vois que notre profession vous indigne. Selon vous, nous exploitons des animaux. Mais pas du tout ! Je vous invite à rendre visite à nos deux ours Titus et Louloutte, et vous verrez comme ils sont dorlotés. De vrais coqs en pâte. Ils adorent jouer devant et avec le public et sont facétieux avec les enfants. Puisque le secteur de notre industrie postindustrielle n'est manifestement pas fait pour vous séduire, je vous souhaite sincèrement de trouver un métier qui vous corresponde, cher Monsieur. Et pas la peine de reprendre contact avec nous, nous ne répondrons plus à vos fantaisies.

Veuillez agréer, Monsieur, l'expression de mes sentiments les plus distingués.

DRH

13. Communiquer en entreprise en interne

Chapitre 13a   Organiser une réunion de travail

Exercices page 87

1 (*Propositions/réponses possibles*) **1.** Perdre du temps pour des questions formelles et logistiques au lieu de s'occuper du travail réel. – **2.** Le chef est pris à son propre piège : à force de préparer sa réunion sur le risque de surmenage, il en est lui-même victime. – **3.** C'est l'art de faire des réunions inutiles. – **4.** La réunionite.

2 **1.** atteindre l'objectif fixé – **2.** contexte – **3.** la formalisation du CR – **4.** une compilation de documents utiles – **5.** réunionite – **6.** L'animateur de la réunion – **7.** règles de fonctionnement... cadre... boulimie de réunions

3 (*Réponses possibles*) **1.** Ce serait bien d'entrer dans le vif du sujet. – **2.** Attention : il y a un ensemble de bonnes pratiques à maîtriser quand il s'agit d'organiser des réunions. – **3.** Formalisez un CR à partir des informations récoltées lors de la réunion. – **4.** N'organisez pas de réunions pour un oui ou pour un non. – **5.** Évitez de faire des réunions à tour de bras. – **6.** Tout commence avant la rencontre avec une préparation hors pair. – **7.** Bannissez la réunionite. – **8.** Diffusez les informations auprès de toutes les parties prenantes.

4 (*Proposition*)

Avant toute chose, une réunion efficace est une réunion bien organisée avec un objectif et un cadre précis, un horaire de début et un horaire de fin. Cela implique, bien évidemment, une préparation hors pair avant la rencontre.

Mais ce n'est pas tout : un ensemble de bonnes pratiques sont à maîtriser. Dès le début de la réunion, il faut rentrer dans le vif du sujet et ne pas se laisser distraire. Nommez un rédacteur qui prendra des notes afin d'établir un CR (compte-rendu) qui permettra de diffuser les informations utiles auprès de tout le personnel, y compris celui absent lors de la réunion. Pendant la réunion, il ne faut pas que les participants soient noyés sous une tonne d'informations et de paperasse afin d'éviter de devoir tout réexpliquer ultérieurement. Il faut également veiller à ce que le temps de parole soit équitablement réparti entre tous et que les prises de parole soient synthétisées par l'animateur en fin d'intervention pour une meilleure prise en compte des propos de chacun.

Enfin, pensez à ce que votre réunion soit brève, 30 à 45 minutes maximum. Elle doit également être concise et synthétique : d'une part, n'abordez que l'essentiel et que ce qui concerne la plupart des participants présents, et d'autre part, les sujets doivent être traités dans les grandes lignes et non dans les détails, ce qui n'intéresse personne. Ces trois points respectés, votre réunion n'en sera que plus réussie.

Pour terminer, un dernier conseil : bannissez la réunionite. Inutile d'organiser des réunions pour un oui ou pour un non. Le travail en entreprise en sera d'autant plus efficace.

Chapitre 13b   Apaiser des conflits professionnels

Exercices page 89

1 **1.** Vrai – **2.** Faux, on a fait appel à une médiatrice pour régler le conflit. – **3.** Vrai

2 **1.** haltère, native = alternative (*n. f.*) – **2.** ah, ver, tisse, mens = avertissement (*n. m.*) – **3.** me, nasse = menace (*n. f.*)

3 **1.** la marge de manœuvre – **2.** dénigrant – **3.** un processus de médiation, de conciliation – **4.** tensions – **5.** ultimatum

4 **1.** Hector a trouvé l'occasion de parler derrière mon dos à la directrice, quelle lâcheté ! – **2.** Je la soupçonne de voler les idées de Christophe pour les faire siennes. – **3.** Je vous assure, je n'en peux plus ! – **4.** Ursule n'en faisait qu'à sa tête, elle n'est plus là, bon débarras !

5 (*Réponses possibles*) **1.** Vous sentez que vous n'avez pas assez de marge de manœuvre et vous mentionnez aussi le fait que votre collègue ne s'était pas montré assez coopératif. – **2.** D'après ce que j'ai compris, vous avez l'impression d'être épié(e), et que l'on vous veut du mal. – **3.** Vous vous êtes senti(e) obligé(e) de lui signaler qu'il ne faisait pas son travail, et c'est ce qui a empiré les choses. – **4.** Si je comprends bien, vous vous sentez inutile et non reconnu(e) dans votre travail.

6 (*DALF. Proposition*)

Médiateur : Bonjour, Caïn et Abel. Je sais qu'il y a beaucoup de tensions entre vous et c'est la raison pour laquelle je suis là et que nous nous sommes réunis pour trouver des solutions à votre querelle. Je vais vous offrir la possibilité de prendre la parole et de vous exprimer chacun votre tour. Je vous demande juste de ne pas vous couper la parole, de ne pas vous adresser de propos dénigrants ou de vous insulter. Pas de menaces ni d'ultimatums non plus. Nous sommes d'accord ? Abel, tu peux commencer par exprimer ton point de vue ?

Abel : D'accord. Si, au début, tout allait bien, tout s'est vite dégradé. Caïn n'en a fait rapidement qu'à sa tête, n'écoutant ni mes conseils ni mes directives. C'était insupportable. C'est pourquoi j'ai dû en faire part à la direction.

Caïn : Mais c'est horrible, ce que tu as fait là, c'est de la délation !

Médiateur : Attendez ! Tu vas avoir l'occasion de t'exprimer dans quelques instants, d'accord ?

Caïn : Oui, excusez-moi.

Médiateur : Abel, peux-tu poursuivre ?

Abel : Oui, j'ai dû signaler ces problèmes à la direction, car je le soupçonne de me piquer mes idées et les faire siennes. En plus, son arrogance, je ne peux plus la supporter.

Médiateur : Caïn, à toi maintenant.

Caïn : Merci. Comme je l'ai déjà dit tout à l'heure, pour moi cela s'apparente à de la délation.
Il aurait pu et dû m'en parler directement. Au lieu de cela, il a trouvé l'occasion de parler derrière mon dos au supérieur… C'est d'une lâcheté ! Il me méprise parce que je suis plus jeune et que finalement je bouscule son train-train quotidien. Je n'en peux plus de sa rigidité.

Médiateur : Merci d'avoir partagé vos points de vue. Voilà ce que je vous propose : nous faisons un petit bilan, puis nous allons essayer de trouver une issue à ce conflit. D'après ce que j'ai compris, toi, Caïn, tu te sens inutile et non reconnu et toi, Abel, tu as l'impression de te faire exploiter et c'est pour ça que tu es allé voir le DRH, ce qui a envenimé les choses. C'est bien cela ? Je suis certain que si vous acceptez de vous parler en terrain neutre de façon franche et sans animosité, nous trouverons une solution, ou du moins une conciliation.

Caïn : Bon, je suis d'accord, mais qu'il ne me traite plus de haut !

Abel : Moi aussi, je comprends, mais tâche d'être plus coopératif !

Médiateur : Bravo à vous deux pour avoir trouvé une alternative à votre différend.

Chapitre 13c Rédiger un compte-rendu de réunion

Exercices page 91

1 **1.** Ce tableau présente un compte-rendu de réunion. – **2.** Les échanges de la réunion traitent de la refonte du site intranet. – **3.** Ce sont des propos rapportés (discours indirect). – **4.** La séance est *levée* à 17 heures.

2 **1.** la répartition des tâches – **2.** un calendrier de travail – **3.** une suite à donner – **4.** l'ordre du jour

3   **1.** rendre compte – **2.** responsabiliser – **3.** le recensement – **4.** un envoi – **5.** un ajout – **6.** refondre

4   **1.** Adoption de l'ordre du jour – **2.** Réorganisation du site – **3.** Avis au personnel pour les changements à venir – **4.** Lancement de la nouvelle offre de cours

5   (*Réponses possibles*) ordre du jour… adopté… attire l'attention sur le fait que… les plus brefs délais… signale/fait remarquer… propose de… se charge… se joindra… restera sensiblement le même… prochaine réunion est fixée au… Au préalable/Préalablement… avisera… séance est levée

6 *(DALF. Proposition)*

Séminaire, (table ronde) sur l'utilisation du manuel *Communication progressive du français,
Perfectionnement*, salle 3 le 10 mars à 15 heures.
Sont présents : Mmes Carmen R. (animatrice), Beate K. (rédactrice) et MM. Pablo W., Michi N.
Sont absentes : Mmes Astrid. E., Irina P. (non excusées)

Ordre du jour	Résumé	Suite à donner
1. Présentation du séminaire et tour de table	Le déroulement du séminaire est présenté, l'ordre du jour est adopté. Tour de table de tous les participants.	
1. Les objectifs du manuel	Carmen pense que ce livre est parfait pour les niveaux C1 et C2. Michi dit que les objectifs communicatifs sont bien choisis, car la communication selon lui ne se résume pas à des dialogues.	
2. Le public visé	Pablo déclare que ce livre est conçu pour toute personne arrivant en fin de niveau B2, mais aussi pour ceux et celles qui veulent préparer le DALF. Carmen fait remarquer que ce manuel est un support tout public qui s'adresse autant aux étudiants désirant intégrer un établissement de l'enseignement supérieur qu'aux personnes rejoignant le monde professionnel francophone.	Astrid se joindra à Beate pour faire l'inventaire des remarques auprès de tous les étudiants de l'école dans un délai de 2 mois.
3. Les points forts de l'ouvrage	Beate attire l'attention sur le fait que la communication y est déclenchée par une thématique et/ou un aspect culturel, donc par le sens et non pas artificiellement par un acte de parole. Carmen ajoute que l'humour ainsi que les différents registres de langue y sont employés de façon systématique afin que l'étudiant puisse interagir avec un natif. Pablo remarque positivement que l'ouvrage met un accent particulier sur la francophonie tant par le choix des thèmes abordés que par celui des supports.	
4. Méthodologie de travail	Pablo remarque qu'avec ce livre on peut travailler en solo, mais aussi en classe et que, grâce au grand choix de textes et au CD, on peut travailler la phonétique et l'intonation. Michi souligne que la préparation au DALF C1/C2 s'y pratique par un biais ludique et informel.	Pablo, Michi et Irina lanceront une enquête pour savoir s'il y a une demande pour des cours de préparation au DALF C1 et C2 avec ce livre.
5. Clôture de la séance	La séance est levée à 17 heures.	Le prochain séminaire aura lieu dans 6 mois.

14. Communiquer en entreprise à l'externe

Chapitre 14a — Présenter son entreprise / association

Exercices page 93

1 **1.** Faux, le DG présente son association. – **2.** Faux, ils répondent aux problématiques sociales. – **3.** Vrai

2 **1.** nonchalamment – **2.** une subvention allouée par l'État – **3.** une insertion professionnelle – **4.** une démarche participative

3 (*Réponses possibles*) **1.** Ce sont les deniers publics. – **2.** C'est une association à but non lucratif. – **3.** C'est un travail gigantesque. – **4.** C'est une association reconnue d'utilité publique.

4 couvrir des besoins identifiés... s'occupe des personnes... travaillons essentiellement dans les domaines suivants

5 (*Réponses possibles*) **1.** La qualité demeure ma priorité absolue. – **2.** Je tente de faire preuve d'humanisme. – **3.** Il est de mon devoir d'ajuster les subventions allouées par l'État à l'efficience des activités, autrement dit de ne pas gaspiller les deniers publics. – **4.** Concerter pour faire adhérer. – **5.** De s'impliquer pleinement dans leurs activités. – **6.** Je suis force de proposition, c'est-à-dire que je prends toujours des initiatives pragmatiques.

6 (*Proposition*)

Je suis directeur d'une association à but non lucratif reconnue d'utilité publique qui œuvre exclusivement au service des entreprises dans le domaine de la formation continue. Elle sert à couvrir les besoins identifiés du personnel qui a des difficultés à s'exprimer en français, soit à l'oral soit à l'écrit, notamment lors des échanges en direct ou de la rédaction des écrits. Notre association est utile à toute personne, francophone ou non, souhaitant progresser dans la langue et mieux maîtriser les outils tels le vocabulaire, la grammaire et le style. Nous travaillons donc pour aider toutes celles et tous ceux qui souffrent de ces déficiences et qui peuvent, pour ces raisons, être freinés dans leur développement professionnel.

Pour cela, nous nous déplaçons en entreprise avec nos équipes de formateurs et professeurs spécialisés. Ces formations s'effectuent en étroite collaboration avec le stagiaire et la DRH, s'associant ainsi à la démarche participative dans laquelle s'inscrit l'association.

Nous nous engageons pleinement dans ce que nous faisons et les résultats sont là. 95 % de nos stagiaires ont vu leur niveau de français s'améliorer nettement, une fois leurs besoins identifiés, les structures langagières travaillées et le vocabulaire enrichi. C'est d'ailleurs la raison pour laquelle nous leur conseillons vivement après le stage d'acheter le livre *Communication progressive du français Perfectionnement* afin d'asseoir leur niveau et leurs connaissances. C'est un boulot de dingue, mais c'est passionnant !

Chapitre 14b Gérer des malentendus culturels en entreprise

Exercices page 95

1 **1.** Faux, il s'agit d'une double interview sur le management interculturel. – **2.** Faux, elles sont différentes selon les pays et les cultures. – **3.** Vrai

2 (*Réponses possibles*) **1.** un important différend – **2.** une réponse directe – **3.** de vrais écueils culturels – **4.** le problème récurrent

3 (*Réponses possibles*) **1.** Lavina a rencontré un obstacle en voulant absolument éviter un différend avec Malvina. – **2.** Mon directeur m'offusque régulièrement en me parlant sur un ton sec et prétentieux. – **3.** Comme il est coutumier en France, Marcellin travaille sur un mode contradictoire pour faire émerger de nouvelles idées. – **4.** Chimène froisse Chouchou en lui reprochant de créer des problèmes récurrents.

4 **1.** concession – **2.** opposition – **3.** concession (quand bien même = alors même que)

5 (*Réponses possibles*) **1.** Ce n'est pas parce qu'on parle la même langue qu'on a forcément le même langage (professionnel). – **2.** En France, on a l'usage du mode contradictoire pour faire émerger de nouvelles idées, contrairement à d'autres pays. – **3.** Derrière la langue se cache l'interprétation.

6 (*Réponses possibles*) **1.** Il vaudrait mieux ouvrir les parenthèses sociales. – **2.** Il me serait utile de collecter des informations culturelles au sujet de mon confrère étranger. – **3.** Je dois expliciter mes pratiques et en faire un objet de discussion décomplexé, dédramatisé. – **4.** Je devrais dire plutôt : « La situation s'avère extrêmement difficile, compliquée. » – **5.** J'explique qu'en tant que Français dans le monde professionnel, j'ai tendance à voir le verre moitié vide plutôt que moitié plein.

7 (*Proposition*)

Il est fort important d'être vigilant sur les malentendus interculturels en entreprise, comme l'expliquent très bien nos deux spécialistes. C'est un obstacle que nous devons affronter, car ce problème est récurrent dans le domaine du management. Il est important qu'au sein de la même entreprise une même langue soit parlée par tous et pour tous. Si vous travaillez dans le monde francophone, il est préférable que ce soit le français, bien entendu. Et si quelques collègues ne le maîtrisent pas parfaitement, cela ne doit pas être une entrave dans les rapports entre les employés d'une même société.

Pourquoi les malentendus culturels sont-ils récurrents ? Parce que, tout d'abord, derrière la langue se cache l'interprétation. Un natif n'associera jamais la même réalité qu'un non-natif à un concept matérialisé par un mot, et jamais il n'aura les mêmes réactions qu'un non-francophone devant une difficulté langagière. Il faut savoir qu'entre les deux, les stratégies de contournement diffèrent énormément. Ensuite, parce que nous agissons souvent par réflexe, surtout face à un imprévu. Si l'un de vos collègues bute sur la langue, il ne faut pas s'en offusquer ni le brusquer en lui disant vertement qu'il ferait mieux de se dépêcher de prendre des cours de français ! Au contraire, soyez magnanime et aidez-le à mieux appréhender les subtilités de la langue en lui conseillant des manuels, des lectures ! Expliquez vos pratiques et dédramatisez les erreurs de votre interlocuteur. En somme, s'écouter mutuellement et tenter de se comprendre au travers et au-delà des mots est la clé de la réussite pour combattre les malentendus culturels.

Chapitre 14c   Promouvoir l'artisanat d'une région

Exercices page 97

1 **1.** C'est un reportage sur une fête locale destinée à la promotion de l'artisanat et du tourisme à l'île de La Réunion. – **2.** Les interviewés promeuvent la culture artisanale de leur région. – **3.** Pas du tout, c'est la 8e édition de cette fête, elle est donc très récente.

2 Les intrus sont… **1.** internationaux – **2.** une carte géographique – **3.** une gaucherie – **4.** spontané

3 **1.** Le petit coin grec (ou la bourgade grecque) – **2.** Le plus beau fleuron – **3.** l'adage – **4.** un cirque dû…

4 **1.** veulent (conséquence) – **2.** reparte (finalité) – **3.** prenne (finalité) – **4.** séduit (conséquence)

5 (*Réponses possibles*) **1.** Familier. Je tiens à défendre les produits locaux, ils sont exceptionnels. – **2.** Soutenu. C'est cela qui fait toute la beauté et toute la magie de ce pays. – **3.** Soutenu. Je souhaite aux touristes du monde entier de faire un petit passage dans notre belle région. – **4.** Familier. J'ai toujours promu la beauté de mon village. – **5.** Soutenu. Tu soulignes la beauté de ta province. – **6.** Familier. Nous valorisons, nous mettons en évidence l'artisanat local.

6 (*Proposition*)

Je suis maire d'une petite commune des Vosges qui s'appelle Plombières-les-Bains. Comme son nom l'indique, il s'agit d'un village thermal qui date de l'Empire romain et qui a connu son heure de gloire sous les deux Napoléon qui s'y rendaient pour faire leurs cures : le premier, Napoléon-Bonaparte, y venait avec Joséphine de Beauharnais et le second, Napoléon III, se déplaçait avec Eugénie, sa cour et ses nombreuses maîtresses pour ses sources d'eau, les plus chaudes d'Europe, qui sont excellentes pour la santé, notamment pour tout l'appareil digestif. Paradoxalement, l'autre point fort de notre village, c'est un dessert : la glace plombières. Il s'agit d'une crème glacée agrémentée de fruits confits marinés au kirsch. Présentée à Napoléon III, elle était devenue l'entremet favori de l'empereur.

L'atout premier de notre commune, c'est bien entendu le patrimoine bâti. Si les thermes datent de l'époque romaine, les bâtiments furent réhabilités vers le milieu du XIXe siècle, donnant à ce village un aspect haussmannien. Venez donc vous faire du bien dans ce décor de rêve où vous aurez l'occasion de soigner vos maux de dos, d'assouplir vos articulations, de recouvrer un transit de rêve, et de retrouver une peau douce et ferme à la fois, dans les beaux espaces historiques dédiés à ces soins.

Puis, le soir venu, vous dégusterez la fameuse glace « plombières » tout en sirotant un vin des Vosges, le crillon. Ce mariage est juste une merveille et il est même recommandé par les médecins !

Je souhaite donc aux touristes du monde entier de faire une halte dans notre village. Vous y découvrirez, dans un environnement idyllique où se mélangent sapins de la montagne et arbres feuillus de la campagne, tout le charme et la beauté d'un village français atypique. De plus, vous y savourerez un dessert exquis en sortant des bains chauds. Pour peu, vous vous croirez au Japon dans les fameux « onsens », avec l'histoire en plus.

N'attendez pas ! Voyez la vie en Vosges !

Venez à Plombières-les-Bains pour devenir un(e) centenaire à l'esprit jeune !

15. Structurer une activité professionnelle

Chapitre 15a   Réagir face aux changements au sein de l'entreprise

Exercices page 99

1   1. Vrai – 2. Faux, il pointe du doigt les difficultés liées aux changements au sein des entreprises. – 3. Faux, le sketch emploie un registre familier.

2   1. les égoïstes – 2. les enfumeurs – 3. les faux-culs – 4. les réfractaires – 5. les craintifs – 6. les nettoyeurs

3   (*Réponses possibles*) 1. Plus de 50 % des gens déraillent à peine tu touches à leurs petits privilèges. – 2. Mettre une moquette dans le bureau du dirlo pour qu'il fasse sa gym, ça a coûté bonbon, par contre, nous, on a droit qu'à une cafetière pourrave qui a pas dû leur coûter la peau des fesses ! – 3. C'est le boxon / c'est le bordel total depuis ce remue-ménage dans nos bureaux ! – 4. Ce plan de dégraissage nous est tombé dessus comme un couperet, on risque de déchanter. – 5. Y'en a marre, tout part à vau-l'eau / part en eau de boudin / part en sucette. – 6. Une réforme de plus ! On la connaît, la musique / la chanson...

4   (*Réponses possibles*) 1. Si j'étais vous, je n'affolerais pas la ruche au moment de leur annoncer qu'ils devront travailler le dimanche. – 2. À votre place, je préférerais ceux qui sont prêts à faire table rase du passé. – 3. En revanche, pour moi, le pompon, ce sont plutôt les collègues qui laissent fuser des bruits de couloir.

5   (*Proposition*)

Plusieurs réactions face à cette réforme :

Il y a ceux qui sont contre.

Les réfractaires : imaginez une seule seconde que l'on change d'un iota leurs habitudes ! Même pour la bonne cause… impossible.

Les égoïstes : ils n'en ont rien à faire des démunis de la ville. À les entendre, ils sont eux aussi à plaindre, car ils ont soi-disant des soucis matériels très importants et des dettes et crédits à rembourser.

Et il y a ceux qui sont pour.

Les faux-culs : ils n'arrêtent pas de dire à tort et à travers « c'est formidable, cette initiative », car ils savent pertinemment que leur anniversaire tombe sur un jour férié.

Les enfumeurs : « Donnons-nous bonne conscience », telle est leur devise pour faire passer une réforme en douce sans affoler la ruche.

Les craintifs : au fond, ils sont d'accord avec cette réforme, comme ils sont d'ailleurs toujours d'accord avec toutes les décisions prises par la direction. C'est juste qu'ils pensent mieux s'en sortir en jouant les victimes apeurées et en semant la panique partout.

Et moi ? Franchement, je suis hostile à ce que l'entreprise décide pour moi de mes horaires. Qui plus est, le jour de mon anniversaire ! Et je vais vous dire une chose : sans l'application de cette réforme dénuée de tout bon sens, ce ne serait pas la pagaille comme c'est le cas aujourd'hui. Donc : ras le pompon des mesures bidon !

Chapitre 15b   Gérer le travail en équipe

Exercices page 101

1   **1.** Vrai – **2.** Faux. C'est le contraire : ceux qui disent avoir l'esprit d'équipe travaillent seuls dans leur coin sans se soucier de leur voisin et n'assument jamais leurs responsabilités. – **3.** Faux. Le texte est formulé de manière familière, truffé d'expressions populaires.

2   les commerciaux… un esprit d'équipe… dynamique de collaboration… périmètre… esprit collectif

3   **1.** « Un pour tous, tous pour un, et vive les Mousquetaires. » – **2.** Les alpinistes sont reliés dans une cordée. – **3.** Ça va le/la remettre dans ses baskets. – **4.** Se soucier du voisin/des voisins

4   (*Réponses possibles*) **1.** Nous courons à la cata ! – **2.** Porthos bosse dans son coin, sans se soucier des autres. – **3.** C'est fou, Aramis est un grain dans l'engrenage qui a grippé tout le système ! – **4.** Sur ce produit, on s'est totalement plantés. – **5.** Stéphanette a un melon comme ça depuis qu'elle est dirlo ! – **6.** Éric fait le coq et pourtant il va droit dans le mur. – **7.** Depuis qu'elle a traité son collègue Athos de gros c…, Isabelle est dans les choux.

5   (*Proposition*)

Désolé de le dire, mais moi je ne sais pas où se trouve l'esprit d'équipe dans mon entreprise. Je suis prof dans une université et je peux vous dire que, là où je travaille, personne ne se soucie de personne. C'est chacun pour soi et non « un pour tous, tous pour un ». D'ailleurs, on voit tout de suite, dès qu'on arrive dans les locaux, que l'esprit « mousquetaire » s'est totalement volatilisé. En voici la raison : notre directrice est complètement dans les choux, elle est vraiment incompétente et pourtant, elle a un melon comme ça ! De plus, elle est championne pour diviser son équipe histoire de mieux régner, vous comprenez ? Tout cela fait que l'ambiance est très mauvaise et, si ça continue, on court à la cata. Figurez-vous que nous avons un collègue qui lui a demandé des comptes pour une formation à 15 000 euros qu'elle s'est octroyée alors que les chercheurs doivent pleurer pour obtenir des fonds afin de mener leurs projets à bien, une formation qui, en plus, est totalement inutile à l'entité à laquelle nous appartenons. Ce collègue a été le grain de sable dans l'engrenage. Mais il n'y a rien à faire, c'est l'horreur ! Chacun dans son périmètre de travail, les profs, les administratifs, les chercheurs, chacun bosse dans son coin. Tout le monde se méfie de tout le monde. Vous pensez bien qu'un sentiment d'injustice et de défiance s'est installé durablement dans toutes les équipes. C'est à peine si on se salue le matin ! Alors, moi je dis *Merci la direction pour sa formidable gestion des équipes de travail*, car à cause d'elle on va droit dans le mur.

Chapitre 15c   Comprendre les clauses d'un contrat de travail

Exercices page 103

1 **1.** Il s'agit d'un contrat CDD (contrat à durée déterminée). – **2.** Si, le contrat de l'un des deux employés peut être modifié, mais sachant que cela a des conséquences pour l'autre. – **3.** C'est un écrit à teneur juridique.

2 **1.** un rapport de travail – **2.** les droits et les obligations – **3.** la démission – **4.** un contrat de partage de poste – **5.** Il/elle vous met à la porte. – **6.** une période d'essai (France) / un temps d'essai (Suisse) – **7.** un avis de congé (Suisse) – **8.** le licenciement

3 L'employé(e) est engagé(e) pour accomplir... occupera le poste de travail suivant... employé(e) aura sous ses ordres les collaborateurs suivants... aura au sein de l'entreprise le titre de

4 **1.** L'avis de congé devra faire l'objet d'une notification écrite. – **2.** Chacune des parties est habilitée à mettre un terme au rapport de travail. – **3.** Il conviendra d'indiquer le motif du licenciement. – **4.** Le rapport de travail est établi pour une durée indéterminée. – **5.** Le rapport de travail prendra fin le 30 août.

5 (*Proposition*)

Moi, au début, j'étais d'accord pour cette idée de partage de poste, attiré par la possibilité de travailler moins tout en ayant plus de temps à consacrer aux loisirs et à mes proches. C'est ce que je me disais. Et il est vrai que dans mon cas, cela m'arrange car je cherche toujours un travail à temps partiel, vu que je dirige une troupe de théâtre amateur et que j'ai donc besoin d'avoir beaucoup de temps libre pour exercer mon art.

Au niveau des horaires, c'est très intéressant aussi, étant donné qu'on peut gérer son emploi du temps de façon plus souple. Il en est de même pour les congés, même si quelquefois cela s'avère un peu compliqué parce que je préfère être libre les après-midi et ma collègue aussi... ce qui provoque des frictions.

Cependant, la pierre d'achoppement, c'est la quantité de travail fourni pour le taux d'activité fixé. Je vous explique : l'un a toujours l'impression qu'il travaille plus que l'autre et vice-versa et je vous assure qu'il est très complexe de mesurer et de vérifier cela. Et que dire de la répartition du pouvoir décisionnaire : celui qui prend majoritairement les décisions s'isole forcément de l'autre qui, lui, n'accepte pas forcément ces prises de décision unilatérales. Dès lors, tout devient très compliqué et donc les rapports entre les deux collègues, qui n'étaient déjà pas très harmonieux, glissent vite vers des conflits incessants. « Moi je travaille plus », dit l'un, « oui, mais toi tu ne penses qu'à tes congés et d'autre part, tu ne me contactes jamais lors des prises de décision », dit l'autre. En tout cas, si l'on veut que cela fonctionne, il faut s'assurer de la fiabilité de son collègue. Mais, pire encore, et cela vaut pour les deux « engagés », ils ont l'impression que l'entreprise les gruge systématiquement car au lieu de travailler 50 %, ils font chacun du 60 %, la masse de travail étant toujours en définitive plus lourde que prévu. Donc, à eux deux, ils travaillent à 120 % : c'est du tout bénéfice pour l'employeur qui gagnera 20 % de travail supplémentaire à ne pas déclarer…

En résumé, comme la modulation du temps de travail, sur le papier le partage de poste a l'air formidable, dans la réalité c'est tout autre chose. Alors, avant de vous engager, soyez très vigilants.

Bilan n° 3

Exercices pages 104-105

1 1. atypique – **2.** a connu une ascension sociale – **3.** secondaire – **4.** un avertissement – **5.** les deniers publics – **6.** au différend – **7.** réfractaire

2 1. les craintifs – **2.** une démission – **3.** un bourg – **4.** une concorde – **5.** l'ordre du jour – **6.** une marge de manœuvre – **7.** (une réponse) tranchée – **8.** un faux-cul – **9.** au resto U

3 1. nonchalamment/mollement – **2.** c'est un problème récurrent – **3.** a pris des gants – **4.** brillant – **5.** une boulimie de – **6.** irrespectueuse

4 1. clôture – **2.** Alors (même) que – **3.** soient

5 (*Réponses possibles*) **1.** Tous se foutaient de ma gueule quand je disais que je voulais devenir ramoneuse. – **2.** Nous sommes des convaincus ! – **3.** Paule et Jacques, employés aux impôts, se font toujours engueuler, on les traite de feignants. – **4.** Pour écrire ce bouquin, Jean-Charles et Romain ont abattu un boulot de dingue ! – **5.** Depuis la fusion, cette entreprise part en eau de boudin / va à vau-l'eau. – **6.** La création de ce site d'opticiens en ligne a coûté les yeux de la tête aux investisseurs. – **7.** C'est le bouquet, figurez-vous, le personnel offre des fleurs au Jules de la patronne. – **8.** Armande en a ras le bol ! Son coiffeur lui a cramé ses tifs.

6 (*Réponses possibles*) **1.** Valérie a manqué d'être renvoyée de l'ENA, elle a évité son renvoi de justesse. – **2.** Les fonctionnaires quelque peu paresseux se retrouvent à 18 heures autour d'un apéritif / d'un verre. – **3.** Ce n'était pas l'objet de notre dernière réunion ? – **4.** J'ai toutefois peu apprécié que vous dépréciiez notre métier. – **5.** Il aura au sein de l'entreprise le titre de P-DG (président-directeur général).

7 (*Réponses possibles*) **1.** Il y a deux façons d'appréhender la valeur des diplômes. – **2.** C'est cette dimension vers l'international qui m'a attiré(e) dès le début. – **3.** Cela peut être un formidable outil de liberté, mais aussi un fil à la patte. – **4.** Vous êtes un frein à l'innovation, aussi me vois-je dans l'obligation de refuser votre offre. – **5.** À vous lire, permettez-moi de vous inviter à cultiver l'humilité. – **6.** Est-ce qu'on pourrait entrer dans le vif du sujet ? – **7.** Le médiateur fait attention à ce que les participants ne se coupent pas incessamment la parole. –

8. Martin avisera l'équipe dans les plus brefs délais. – **9.** On attend que Christelle soit force de proposition dans le domaine éducatif. – **10.** Certains employés sont prêts à faire table rase du passé.

8 (*Proposition*)

Monsieur le Directeur,

Beaucoup de nos employés se plaignent en me signalant une inquiétante dégradation de leurs conditions de travail.

Beaucoup d'entre eux, et plus particulièrement les nouveaux arrivants dans l'entreprise, sont surdiplômés ; cependant, on ne cesse de les harceler afin qu'ils fassent de nombreuses formations dans des domaines différents et pas forcément dans leur zone de compétence. N'est-ce pas trop leur demander, d'autant qu'aucune augmentation de salaire n'accompagne leurs efforts ? Il en est de même pour nos stagiaires qui, malgré des diplômes de plus en plus élevés, stagnent à l'infini dans les postes de stagiaires sans possibilité de promotion aucune. Est-ce bien normal ?

D'autre part, vous demandez à tout le personnel d'être extrêmement mobile. Vous les obligez à travailler en même temps sur trois sites différents, l'un au centre-ville, l'autre au fin fond du Cantal, quand ce n'est pas dans l'une de nos succursales en Pologne ou en Chine. Ils passent une grande partie de leur temps libre dans les avions, les trains et les transports en commun sans compensation de repos, ni supplément de rémunération. Ce traitement les épuise et déstabilise leurs relations familiales et sociales. Ne serait-ce pas un peu exagéré ?

De plus, vous demandez à nos employés une très grande flexibilité. Selon les besoins du service, ils doivent commencer leur travail une semaine tôt le matin à 7 heures, et la semaine d'après, ils sont obligés de rester jusqu'à 22 heures en soirée. De surcroît, si cela s'avère nécessaire, vous leur demandez de faire acte de présence même le week-end pour des séminaires. Tout cela sans compter qu'ils doivent rester connectés jour et nuit, disponibles durant leurs congés et joignables sur leur smartphone où qu'ils soient. Certains, d'ailleurs, emploient le terme de harcèlement pour qualifier ce genre de pratiques et se disent près du syndrome d'épuisement professionnel (*burn-out*). Ne croyez-vous pas que ce soit un tantinet alarmant ?

Enfin, vous n'hésitez pas à augmenter la pression sur le personnel. À la moindre petite plainte, vous leur montrez directement la porte, leur expliquant avec véhémence que des dizaines de personnes seraient ravies d'occuper ce poste. Tout cela est-il bien raisonnable ? Pensez-vous sincèrement que vous augmenterez la productivité de vos employés en agissant de la sorte ?

Je ne voudrais pas vous manquer de respect, Monsieur le Directeur, mais moi je vous dis que nous allons droit dans le mur, que nous courons à la catastrophe !

Le représentant du personnel.

Bruno Chamard

16. Prolonger son existence

Chapitre 16a   Formuler des recettes de longévité

Exercices page 107

1   **1.** Faux, il s'agit d'un reportage sur un centenaire. – **2.** Vrai – **3.** Vrai

2   **1.** un gène – **2.** avoir bon pied, bon œil – **3.** la malice – **4.** une personne de belle allure – **5.** une curiosité intacte – **6.** lui remonter le moral – **7.** un air vivifiant

3   (*Réponses possibles*) **1.** D'aucuns pensent que la longévité ne provient que des gênes. – **2.** D'aucuns, envieux, souhaiteraient vous voir souffrir. – **3.** D'aucuns pensent que, pour prolonger son existence, il faut prohiber l'alcool et le tabac. Sornettes ! Joseph en est la preuve.

4   **1.** J'abandonne les mauvais souvenirs sur le côté. – **2.** Il ne faut pas s'écouter. – **3.** Sept heures de sommeil sont largement suffisantes. – **4.** Pour que vous mouriez, il faudra vous donner de la mort-aux-rats et y mettre le paquet. – **5.** Je me laisse vivre. – **6.** De ma vie je n'ai jamais pris un seul jour de congé maladie. – **7.** J'ai bien mangé, j'ai bien bu, merci petit Jésus. – **8.** Je n'ai jamais considéré ma profession comme une charge, mais comme un plaisir. – **9.** Mon credo : prendre les choses comme elles viennent.

5   (*Proposition*)

C'est vrai, j'ai 967 ans et je suis en pleine forme. Mes recettes ? Je n'en ai pas. Tout simplement, je prends la vie comme elle vient. Certes, j'ai bon pied, bon œil, mais ce n'est pas ça qui compte. C'est juste que je suis curieux de tout. Tout m'intéresse dans la vie : la culture, l'art, les voyages, seule la politique m'ennuie. Puis j'essaie de ne pas m'écouter. Bien sûr, j'ai des rhumatismes, du cholestérol, j'ai mal au dos, mon cœur s'emballe, mais à mon âge il me semble que c'est normal. D'aucuns me demandent toujours : « Que faites-vous pour avoir si belle allure ? » Eh bien, je leur réponds que je me laisse vivre au gré du temps qui passe. Je m'octroie des plaisirs intellectuels, corporels et sensuels et j'abandonne sur le côté les mauvais souvenirs. Figurez-vous que, comme tout le monde, j'en ai. Bon, je le reconnais, je dois avoir des gènes familiaux assez exceptionnels : dans notre famille, ma grand-mère est partie à 810 ans et mon père à 708.

Comme je veux bien en faire profiter un peu tout le monde, voilà ce que vous devez faire si vous voulez vivre longtemps : il vous faut respirer l'air vivifiant de la nature, c'est primordial. Faites marcher vos poumons (nom de nom !), puis chaussez vos brodequins et faites une belle balade quotidienne de deux heures. Dormez huit heures par nuit dans une chambre à 17 degrés, c'est largement suffisant. Enfin, mangez et buvez ce qui vous fait plaisir en quantité raisonnable : moi, je bois trois tasses de thé vert le matin et deux verres de vin le soir. Ça n'a jamais fait de mal à personne. Armés de tous ces conseils, vous ferez comme moi : vous traverserez le millénaire. Ah, j'oubliais la malice ! Il faut en avoir beaucoup pour traverser le temps : c'est comme l'humour ! Si vous en êtes dépourvu(e), difficile d'affronter les aléas de la vie en toute quiétude.

Chapitre 16b   Analyser le phénomène du vieillissement démographique

Exercices page 109

1 1. Faux. Il s'agit d'un reportage sur le vieillissement démographique de la France et son impact, entre autres, sur le tourisme chez les seniors. – **2.** Vrai – **3.** Faux. Le reportage voit un potentiel dans cette évolution.

2 1. cotisent... des cotisations – **2.** le financement... retraites – **3.** papy-boom – **4.** surfe sur la vague des seniors

3 1. voyagent (*accord avec complément au pluriel*) – **2.** sont (*avec le verbe être →
pluriel*)... a (*accord avec complément au singulier*) – **3.** porte (*ici, un tiers
= chiffre précis → singulier*)

4 (*Réponses possibles*) **1.** C'est écrit : on va vers une société dont un tiers de la population aura plus de 70 ans en 2070. – **2.** J'ai revu récemment ma voisine, elle a pris un sacré coup de vieux ! – **3.** Le vieillissement de la population soulève de vrais défis socio-économiques. – **4.** Les vétérinaires sont enchantés : la niche des seniors est porteuse. – **5.** Quels que soient les scénarios, la partie des plus âgés va littéralement exploser.

5 1. On aura une France avec des rides, mais pas ridée dans sa tête. – **2.** Le monde du travail sera fortement impacté. – **3.** Loin de nous tirer vers le bas, nos aînés pourraient être les moteurs de notre société qui stagne.

6 (*Proposition*)

C'est vrai que mon pays, la Grèce, a pris un coup de vieux. Il y a beaucoup de personnes âgées et de moins en moins de jeunes. Le phénomène du papy-boom s'explique par le fait que nos aînés peuvent encore vivre du financement des retraites car, avant notre entrée dans l'UE, notre économie s'autogérait. À présent, ce n'est plus le cas avec la nouvelle génération qui, touchée de plein fouet par la crise depuis quinze ans, quitte de plus en plus le pays, aspirée par les économies dynamiques des pays du Nord. L'on s'inquiète parce que 32 % de la population aura plus de 60 ans en 2030, autrement dit la partie des plus âgés va complètement exploser. Dans ces conditions, il est indéniable que le vieillissement soulève de vrais défis socio-économiques. Mais, si l'on arrivait à stabiliser les retraites, on pourrait imaginer que ce sera bon pour notre économie, car la niche des seniors est porteuse.

En somme, c'est un vrai changement de société auquel la Grèce devra s'adapter. Pour cela, il faudra que nous prenions soin de nos aînés, mais, dans notre culture, ce n'est pas du tout un problème – c'est un comportement qui est ancré dans notre tradition. Il y a des siècles que nous vivons avec les nôtres. Et puis, loin de nous tirer vers le bas, nos aînés pourraient être les moteurs de notre économie et apporter un nouveau souffle à notre société. Je pense notamment au tourisme des seniors. Il paraît que la cuisine crétoise rend la vieillesse magnifique, il faudrait mieux en profiter ! Je suis sûr que, quels que soient les scénarios démographiques, on aura une Grèce avec des rides, mais pas ridée dans sa tête.

Chapitre 16c   Se positionner face à une controverse sociétale

Exercices page 111

① (*Réponses possibles*) **1.** Non, la législation des deux pays est différente car l'euthanasie est interdite en France, contrairement aux Pays-Bas. – **2.** Il y a controverse parce que les uns souhaitent légiférer pour le droit à l'euthanasie et les autres y voient une transgression des principes fondamentaux de notre société. Pour ces derniers, il vaudrait mieux pallier la souffrance des patients. – **3.** La faucheuse = la mort

② **1.** prêtent – **2.** provoquer... délibérément – **3.** briser – **4.** principes/préceptes – **5.** législation/légitimation – **6.** inguérissable/incurable – **7.** aliénées/démentes – **8.** conduire/navigation de plaisance/tuer

③ (*Réponses possibles*) **1.** Il faut accepter que l'on ne puisse pas tout maîtriser. – **2.** Je pense qu'on ne peut pas y répondre sous le couvert de la loi. – **3.** (Par ailleurs) je ne vois pas pourquoi et au nom de quoi, ce ministre a pris cette décision. – **4.** On déstabilise l'essence même de notre droit positif. – **5.** Qui de droit peut décider qu'une personne est moins productive qu'une autre. – **6.** Pas de voitures en zone piétonne. Cette règle ne doit pas souffrir d'exception.

④ **1.** Savoir que le PACS est une alternative au mariage, c'est formidable ! – **2.** Il faut veiller à ce que la volonté du malade incurable soit respectée. – **3.** Quand tout va mal, on aime se sentir épaulé par une personne de confiance. – **4.** Une telle loi pourrait s'appliquer aux personnes en difficultés qui craignent de perdre leur logement. – **5.** Le dispositif doit être réversible jusqu'au dernier moment.

⑤ (*DALF. Proposition*)

Vous me demandez d'intervenir dans ce débat sur la nécessité, ou non, de légiférer en matière d'euthanasie. C'est un débat important, qui se doit d'être mené dans nos sociétés postindustrielles exposées au vieillissement démographique. Un débat délicat aussi, car il met en jeu tout un système juridique qui a pour principe de base l'interdit absolu de tuer.

Dans ce contexte, d'aucuns disent que cette règle fondamentale ne doit pas souffrir d'exception, si l'on ne veut pas déstabiliser l'essence même de notre droit positif. À mon sens, on ne peut faire l'impasse sur ces considérations, qui sont absolument à prendre en compte dans tout débat sur la légalisation de l'euthanasie.

Toutefois, il me semble qu'au regard de la vie des gens, qui ne cesse de se prolonger naturellement et qui techniquement peut être prolongée de plus en plus longtemps, il est impératif que la loi prévoie des restrictions à cet interdit absolu afin que la technique et la science ne prennent pas le dessus sur la vie et la volonté des gens. Je veux dire par là qu'il faudra tout simplement que, légalement, l'euthanasie soit une alternative possible pour les malades incurables qui craignent par exemple de devenir déments ou complètement dépendants des machines qui les maintiendraient en vie artificiellement.

Il est évident qu'un tel dispositif doit être extrêmement bien encadré : d'une part, le malade doit être épaulé par une personne de confiance qui l'informe, le conseille et veille à ce que sa volonté soit respectée ; d'autre part, ce dispositif doit être réversible jusqu'au dernier moment, bien sûr.

En somme, je suis d'avis que dans nos sociétés vieillissantes, la légalisation de l'euthanasie comme alternative possible devient nécessaire afin d'éviter que nos aînés ne servent de cobayes à la science, mais sans qu'il soit question pour autant de briser l'interdit de tuer.

17. S'inquiéter de sa santé

Chapitre 17a   Exprimer ses maux physiques

Exercices page 113

1 1. Faux. Ce document est un récitatif chanté. – **2.** Faux. Il a des soucis de santé. – **3.** Faux. C'est une chanson comique au rythme joyeux. – **4.** Vrai

2 1. le bassin – **2.** le fémur – **3.** les rotules (ou les genoux) – **4.** la rate – **5.** les orteils – **6.** une guibolle – **7.** l'occiput – **8.** le tibia – **9.** le foie

3 1. chahuter – **2.** dilate – **3.** flageoler **4.** onduler

4 1. « Chanté » rime avec « été ». Les rimes sont suffisantes. – **2.** « Dépourvue » rime avec « venue ». Les rimes sont pauvres. – **3.** « Morceau » rime avec « vermisseau ». Les rimes sont suffisantes. – **4.** « Famine » rime avec « voisine ». Les rimes sont suffisantes.
REMARQUE : *Les rimes peuvent également être « riches » lorsque concordent trois éléments (1 consonne, + 1 voyelle +1 consonne) ex : ils partirent – ils sentirent*

5 1. J'ai beau vouloir me remonter, je souffre de tous les côtés. – **2.** Je me fais un sang fou (d'encre) pour ma santé. – **3.** Je suis d'une santé précaire et toujours patraque.

6 (*Proposition*)

J'ai le cœur
Qui bat l'heure
J'ai les pieds
Tout fripés
J'ai le menton
En béton
Et le nez
Rapiécé

Chapitre 17b   Exagérer un diagnostic de santé

Exercices page 115

1 1. Faux. Le diagnostic est exagéré. – **2.** Vrai – **3.** Faux. Le travestissement et la crédulité du patient contribuent à rendre la scène comique.

2 1. avoir un voile devant les yeux – **2.** un manchot – **3.** (un bain de) vapeur – **4.** les borgnes – **5.** la migraine

3   1. une inflammation de poitrine – **2.** une fiévrotte / (des fiévrottes) – **3.** une hydropisie – **4.** une pleurésie – **5.** des rhumatismes – **6.** de la colique (la tourista)

4   1. fît – **2.** fût – **3.** eût

5   1. C'est du poumon que vous êtes malade. – **2.** Votre pouls fait l'impertinent. – **3.** Votre sang est trop subtil (le toubib, *fam.* = le médecin).

6   1. Faites-vous-le crever, vous en verrez plus clair de l'œil gauche. – **2.** Il faut manger du bon gros bœuf et du gruau. – **3.** Voilà un bras que je me ferais couper, si j'étais que de vous. – **4.** Il faut boire du vin pour épaissir votre sang.

7   (*Proposition*)

Mon pauvre Hector, vous voilà bien mal en point !

Que vois-je ? Des rhumatismes envahissants dans vos genoux et vos hanches. Ce qu'il vous faut, c'est des bains bouillonnants à 70° degrés.

Vous avez un voile devant les yeux ? Ce qu'il vous faut – et c'est un remède naturel –, ce sont des boules de neige que vous laisserez reposer sur vos paupières au moins une heure durant. Vous n'en verrez que plus clair après !

Votre sang est trop fluide ? Mangez 1 kg de viande crue et soyez sûr qu'il s'épaissira en quelques heures.

Vous souffrez de la poitrine ? Encore une inflammation du poumon ? Montez sur le sommet du mont Blanc et, surtout, répétez l'opération 3 fois par mois et tout ira bien.

Vous avez des vapeurs ? Eh bien, respirez cette bouteille d'essence vinaigrée et pimentée, vos petits vertiges cesseront du jour au lendemain.

Enfin, vous avez sans cesse des coliques ? Avalez 500 grammes d'argile, votre transit vous dira merci !

Et ce dernier conseil, cher Hector : cessez de vous plaindre au moindre bobo comme le malade imaginaire, vous vous portez comme un charme. Ce qui vous manque, c'est une bonne grippe avec de la fièvre, de la toux, des vomissements et les yeux dégoulinants de miasmes. Et une fois cette grippe surmontée, tout ira mieux !

Chapitre 17c   Rédiger une notice de médicament

Exercices page 117

1   1. C'est une notice de médicament humoristique. – **2.** L'homme est un remède très efficace en cas de déprime. – **3.** Le style du texte est technique. – **4.** Il n'y a pas de garantie. Lorsque le médicament est trop altéré, on conseille de le renouveler.

2   1. le numéro du lot – **2.** les effets secondaires – **3.** aux contre-indications – **4.** la posologie – **5.** le médoc (= *raccourcissement familier pour le mot médicament*) – **6.** les précautions d'emploi

3   1. une insomnie – **2.** l'irritabilité – **3.** le vertige

4   1. la dose peut être augmentée à volonté – **2.** est très efficace dans la plupart des cas – **3.** Conservez… hors de portée – **4.** existe en plusieurs formats – **5.** est recommandé pour – **6.** peut être utilisée de manière externe ou interne en cas

5 1. D'autres personnes bien intentionnées pourraient endommager le produit. – 2. L'utilisation concomitante d'autres produits peut provoquer des scènes de jalousie. – 3. L'utilisation inappropriée de l'homme peut entraîner une grossesse. – 4. Lors de l'ouverture du paquet, n'affichez jamais un air déçu.

6 (*Proposition*)

Le CONCIERGE est recommandé pour tous. Il est très efficace dans la plupart des cas d'oubli de clés, de panne d'arrosoir, de courses urgentes chez le pharmacien, de besoin de nounou pour garder les enfants, le chat, le chien ou votre vieille mamie en cas d'absence imprévue et prolongée de votre part.

Dosage et posologie :

Il peut être utilisé de manière externe : vous partez deux jours à Deauville et vous n'avez personne pour nourrir Titus le chien et Mitsou le chat. Il peut oralement être utilisé de manière interne en cas de gros chagrin. Une oreille attentive, ça n'a pas de prix dans ces moments-là. La dose peut être augmentée en cas de crise aiguë et de grosses colères envers un voisin détesté. Il faut savoir mettre le maximum d'atouts de son côté.

Présentation :

Le concierge existe en plusieurs formats. Le discret que vous ne voyez jamais, l'omniprésent qui vous pose des questions méchamment indiscrètes du genre : « Qu'est-ce que vous avez dans votre sac ? Qui était la jeune fille/le jeune homme qui est monté(e) chez vous hier soir à 23 heures ? » Le ronchon qui vous fait des grimaces et pousse de longs soupirs chaque fois qu'il vous voit descendre un sac-poubelle. Le curieux qui sonne pour un oui ou pour un non et qui tente toujours de s'introduire dans votre domicile, le zélé qui monte chez vous pour chaque enveloppe reçue, le rôdeur intéressé qui passe devant votre porte vingt fois par jour surtout s'il sent de doux effluves de café ou de cuisine ; enfin, vous avez le gros lourd qui fait toujours des blagues bien grasses qui ne font rire que lui, alors que vous aimeriez bien lui en coller une.

Effets secondaires :

Prenez garde aux effets indésirables si vous utilisez votre concierge trop souvent et de façon inappropriée. Dans ce cas, la fin de l'année risque d'être fort salée au moment des étrennes, donc prévoyez un budget conséquent.

Précautions d'emploi :

Si, pendant les vacances estivales, le concierge est remplacé par une personne plus efficace, plus compétente à votre goût et que vous ayez le malheur de le lui faire ressentir lors de son retour, ce sera fâcherie et bouderie une année durant. Et si votre concierge est formidable, attention à ce que l'un des occupants de l'immeuble ne le débauche et ne vienne endommager le produit en lui proposant un engagement à domicile.

Garantie :

En général, il est garanti à vie. Si problème il y a, c'est vous qui déménagerez !

18. Comprendre son psychisme

Chapitre 18a   Mesurer ses douleurs morales

Exercices page 119

1 1. Faux. C'est un questionnaire psychologique. – **2.** Faux. Le but est de mesurer le degré d'intensité des douleurs morales. – **3.** Faux. C'est un questionnaire sérieux. – **4.** Vrai

2 (*Réponses possibles*)

Portrait de Jeanne Laveinarde : gaie… avenant (gracieux)… sereine… est aux anges… euphorique… sinistre/morose… c'est une bombe/c'est une beauté… ravis /comblés

Portrait de Marie Lapoisse : cafardeuse/au 36e dessous… dans les chaussettes/à zéro… découragée… tourmentée… insatisfaite… gracieuse (avenante)… laideron (mocheté)

3 1. Baptise n'ose dire… (*suppression du « pas »*) – **2.** Zélie ne sait comment distinguer… (*suppression du « pas »*) – **3.** Gaston n'imagine pas pouvoir faire… (*pas de suppression du « pas »*)

4 (*Réponses possibles*) **1.** J'éprouve un sentiment d'échec, de l'anxiété, et de la tristesse. – **2.** Je ne tire plus aucune satisfaction de rien. – **3.** Je me déçois en général et parfois, je me dégoûte ou je me hais profondément. – **4.** Si je fais le bilan de ma vie, tout n'est que ratage, déconfiture, naufrage (fiasco). – **5.** Les autres m'indiffèrent au plus haut point. – **6.** J'ai des envies suicidaires, je compte même mettre fin à mes jours.

5 (*Proposition*)

I. Votre tempérament général. **1.** Au quotidien, je suis d'humeur gaie. **2.** Je suis toujours d'excellente humeur quoi qu'il se passe. **3.** Le ciel peut s'écrouler, je garde un moral de plomb.

II. La maison de vos rêves est en train de brûler. **1.** Je garde le sourire. **2.** Tant pis, c'est la vie et puis je vais pouvoir recommencer de zéro. **3.** Chic, je suis le plus heureux des hommes : avec l'argent de l'assurance, je pars faire le tour du monde.

III. Vous venez d'être licencié(e). **1.** Pas grave, le travail, j'en trouverai un autre rapidement. **2.** C'est une bonne chose, je vais en profiter pour faire une formation et changer de boulot. **3.** J'en suis ravi(e) : enfin libre. À moi la belle vie. Le chômage, c'est génial.

IV. Votre amour vient de vous quitter. **1.** C'est bien, il est temps de refaire sa vie. **2.** Tant mieux, je sentais que ça n'allait plus, et puis je vais pouvoir vivre au grand jour mes amourettes. **3.** Je suis aux anges : désormais, à moi la vie de patachon et pour l'amour, c'est quand je veux et avec qui je veux.

V. Vous ne progressez que péniblement en français malgré vos cours intensifs de 25 heures par semaine. **1.** Ce n'est pas un drame, je vais me lancer à fond dans les niveaux C1 et C2 parce que c'est plus intéressant. **2.** Je suis confiant. Il est temps de passer aux choses sérieuses et d'acheter *Communication progressive du français Perfectionnement* et de faire tous les exercices.

3. Fantastique ! la solution miracle, je l'ai : je rachète le livre que je tiens entre mes mains parce qu'il est usé à force d'y travailler et j'en profite pour acheter le livret de corrigés pour apprendre le tout par cœur.

Résultat : **de 1 à 5** : vous êtes modérément optimiste et c'est tant mieux. **De 6 à 10** : alors là, vous êtes franchement optimiste et du coup, tout ira toujours bien pour vous. **De 11 à 15** : fantastique. La Terre peut s'arrêter de tourner, vous continuerez à dire que la vie est belle, et vous avez bien raison car vous êtes indestructible. Vive la joie et la bonne humeur !

Chapitre 18b   Témoigner sur les conséquences d'une dépendance

Exercices page 121

1. Vrai – **2.** Faux. Il s'agit d'une dépendance physique et psychologique liée au bodybuilding poussé à l'extrême. – **3.** Faux. Le ton du témoignage est larmoyant et lyrique. – **4.** Vrai

1. un surentraînement – **2.** un régime sévère – **3.** s'infliger des sévices – **4.** une obsession – **5.** une pratique autodestructrice – **6.** des produits dopants – **7.** des troubles obsessionnels (compulsifs)

1. aura changé – **2.** auront agi – **3.** aura été abîmé/affaibli

1. J'ai subi l'affaiblissement de mon organisme. – **2.** Des kystes se sont formés sur mon front. – **3.** Mon état est stationnaire. – **4.** Je suis un gros légume. – **5.** Pendant mon traitement, j'ai éprouvé une fatigue quasi systématique.

1. J'estimais mon hygiène de vie exemplaire alors qu'elle ne faisait que me détruire. – **2.** Je sentais que j'étais dans l'erreur, ma passion me rendait aveugle. – **3.** À long terme, je ne mesure pas encore les méfaits du régime vegan. – **4.** Celui qui a fait la guerre « à la fonte » (= appareils de musculation) est en train de faire la paix avec lui-même.

6 *(Proposition)*

Bonjour à vous tous,

Sans doute beaucoup d'entre vous vont-ils se reconnaître dans ce portrait que je vous fais de ma dépendance au Carambar. Pour ceux qui ne savent pas ce que c'est, demandez à un enfant de 7 ans, il saura vous répondre. En fait, c'est un délicieux caramel dur que vous suçotez quand vous êtes bambin. Ce savoureux bonbon caramélisé est emballé dans un petit papier jaune à l'intérieur duquel se nichent de petites blagues sympathiques. Astucieux, non ?

Ce qui est plus problématique, c'est que j'ai 74 ans et je n'ai plus de dents, les ayant toutes perdues au cours de mes 60 ans d'addiction. Et puis, normalement, ce sont plutôt mes petits-enfants qui devraient les dévorer. Mais, à cause de cette obsession, je leur vole en cachette leurs sucreries. Cette pratique n'est pas autodestructrice mais quand même, à cause d'elle, j'ai grossi de 10 kilos et des kystes se sont formés un peu partout. Dès lors, je dois m'imposer un régime sévère : plus de sucre, sinon c'est le diabète assuré et, à long terme, je ne mesure pas encore toutes les conséquences sur ma santé. Il est vrai qu'au cours de ma vie, je sentais que j'étais dans l'erreur, que cette compulsion boulimique me rendait aveugle comme une taupe et gras comme un loukoum.

C'est d'autant plus évident lorsqu'on se trouve au pied du mur, accusé par ses petits-enfants de vol de Carambars. Eh oui, dans la famille, tout le monde m'a immédiatement soupçonné. Mais qui, cette fois-ci, a volé les carambars de Léo et de Daphné ? « C'est grand-père Émile… » ont-ils tous affirmé. Mais cette fois-ci, c'était tante Clara, pas moi.

Cette fausse accusation fut comme un électrochoc : j'ai pris conscience de cette dépendance et, depuis, je suis moins obsédé par les Carambars. Pourquoi cette dépendance, me demanderez-vous ? Je ne sais pas. Peut-être une envie de ne pas vieillir ? Ou alors la nostalgie des jours heureux de l'enfance ? Mais peut-être aussi le plaisir de faire des choses en cachette, de braver les interdits.

Quoi qu'il en soit, celui qui a déclaré la guerre aux bonbons est en train de faire la paix avec lui-même, avec son passé et son présent. C'est décidé : ayant énormément évolué sur le plan psychologique, je ne mangerai plus que les confitures faites maison de tatie Émilie.

Chapitre 18c   Raconter et expliquer un rêve

Exercices page 123

1   1. C'est l'extrait d'une nouvelle. – 2. Le conteur principal nie systématiquement tout phénomène surnaturel. – 3. Le récit est construit avec logique et rigueur.

2   1. prédisons – 2. présage – 3. pressentais – 4. avait prophétisé/prophétisa – 5. coïncidence – 6. Le magnétisme

3   Il était une fois un bûcheron et une bûcheronne qui **avaient** sept enfants, tous garçons ; l'aîné n'**avait** que dix ans, et le plus jeune n'en **avait** que sept. Il était fort petit, et, quand il **vint** au monde, il n'était guère plus gros que le pouce, ce qui **fit** qu'on l'**appela** le Petit Poucet. Cependant il était le plus fin et le plus avisé de tous ses frères, et, s'il **parlait** peu, il écoutait beaucoup. Il **vint** une année très fâcheuse, et la famine **fut** si grande que ces pauvres gens résolurent de se défaire de leurs enfants…

4   (*Réponses possibles*) 1. De même que d'autres commencent par croire, je commence par douter. – 2. J'ai fini, à force d'interroger les gens, par me convaincre que (tout un chacun possède une fibre sensible pour ce genre de phénomènes paranormaux). – 3. Le fait m'avait surpris, mais moi, voyez-vous, je ne crois pas par principe. – 4. Quand je ne comprends nullement, je continue à nier, sûr que ma pénétration seule est suffisante.

5   *Le mirage de la télépathie amoureuse :* **1.** Le désir des amants fait qu'ils pensent sans cesse à l'être aimé. **2. Or,** si par hasard une de leurs pensées coïncide avec celle du bien aimé, ils se l'expliquent comme un miracle de la télépathie. **3. Car** ils oublient que chacun d'eux développe des milliers de pensées semblables par jour. **4. Mais si,** de plus, un de leurs gestes concorde, ils sont absolument certains d'être destinés l'un à l'autre. **5.** Alors qu'en réalité tout ceci n'est que pure coïncidence.

6   (*Proposition*)

La nuit dernière, j'ai fait vraiment un rêve très étrange. Permettez-moi de vous le raconter :

J'étais à l'île d'Yeu. Me promenant sur une plage, je trouvai une épave. Curieux comme je suis, je me mis à la fouiller et qu'y trouvai-je ? Un coffre-fort portant mes initiales. Je l'ouvris et j'y découvris non pas un trésor, mais un livre qui racontait ma vie, écrit par un inconnu qui avait vécu au XIIe siècle. À ce moment-là, je me réveillai en sursaut, transpirant, croyant sortir d'un cauchemar. Hagard, je ne comprenais pas trop le rapport de ma vie actuelle avec ce livre du passé. Ce qui m'embarrassa, c'est que, deux jours après, je devais me rendre dans l'île pour un séminaire d'écriture dont la préparation était assez complexe. Je me mis à ressentir comme une peur, une gêne. Est-ce là ce qu'on appelle communément un pressentiment ? Le jour venu, une fois arrivé dans l'île, je me promenai sur la plage et que vois-je ? Une vieille barque. Je me précipite pour voir si un quelconque objet s'y cache. Et là, en effet, se trouvait un vieux cahier manuscrit racontant l'histoire d'un sorcier appelé Jehan, comme moi, qui semblait avoir vécu au Moyen Âge. Aux gens qui m'entouraient, je racontai mon rêve que j'avais fait deux jours auparavant. Tout le monde qualifia aussitôt mon songe de mauvais présage.

Le fait m'avait surpris, il est vrai, mais moi, voyez-vous, je ne crois pas à ce genre de choses par principe. Quand je ne comprends nullement, je continue à nier, sûr que ma pénétration seule est suffisante. Je suis donc allé au village pour recueillir davantage d'informations sur ce manuscrit. À force d'interroger les gens, j'ai fini par me convaincre qu'il s'agit d'une pure coïncidence, le prénom Jehan étant tout simplement la forme ancienne, très répandue au Moyen Âge, du prénom Jean que je porte. Et quant au rêve, la crainte d'organiser ce séminaire difficile faisait à l'époque que j'y pensais sans cesse, au point que je finissais par voir partout, y compris dans mon sommeil, des livres et des manuscrits qui m'étaient destinés. Par conséquent, vous conviendrez avec moi qu'il serait plus judicieux de parler d'égoïsme que de pressentiment ! Et vous savez quoi ? Comme je suis écrivain, je vais utiliser le contenu de ce vieux cahier comme base pour mon prochain roman. Pas folle, la guêpe !

19. S'interroger sur un phénomène naturel

Chapitre 19a   Décrire un phénomène naturel

Exercices page 125

1   1. Vrai – **2.** Faux. Ce volcan fait référence à la Révolution française (1789). – **3.** Vrai – **4.** Vrai

2   1. un cratère – **2.** la lave – **3.** une fumerolle – **4.** une éruption (volcanique) – **5.** un geyser – **6.** un magma

3   1. la pluie diluvienne – **2.** la fonte des glaciers – **3.** la grêle – **4.** (de) l'orage – **5.** les brumes noires

4   1. Le mont Fuji a grondé il y a quelques décennies. – **2.** Les vents poussent les fumées du Vésuve vers l'Europe du Nord. – **3.** L'éruption du Popocatepetl a atteint la stratosphère et a modifié le climat de tout l'hémisphère Nord. – **4.** Le Kilimandjaro sommeille tranquillement depuis des siècles.

5 1. Le climat est bouleversé et l'hiver qui va suivre sera exceptionnellement rigoureux. – 2. Les registres de l'époque révèlent une surmortalité, due à des détresses pulmonaires. – 3. Les inondations ont entraîné la disparition de la population et du cheptel. – 4. Moins de glace sur la couche terrestre notamment sur le Groenland augmenterait l'activité volcanique. – 5. Les caprices de Marie-Antoinette furent à l'origine de la Révolution française.

6 (*Proposition*)

C'est terrible, ce qui est arrivé hier à 60 km du centre-ville de Santiago : une éruption volcanique spectaculaire, la plus violente qu'ait connu notre région depuis des décennies. Nous avons eu très peur. Le volcan a grondé pendant quelques jours, puis un cratère s'est formé à quelques mètres au-dessous du sommet et des gaz ainsi que des fumerolles impressionnantes ont commencé à s'en échapper, avec une violence telle que l'éruption a atteint la stratosphère. Imaginez qu'il a fait soudain nuit en plein midi ! Le soleil a été complètement caché par des brumes noires plusieurs jours de suite. On avait vraiment l'impression d'une vision apocalyptique, comparable à celle d'un champignon nucléaire. Ensuite, une énorme coulée de lave s'est déversée sur le flanc du volcan, se frayant irrésistiblement un chemin jusque dans la vallée. Elle a même entraîné la disparition du cheptel qui était en pâture en bas de la montagne. Mais personne n'a été blessé, fort heureusement. À présent, les vents poussent les fumées du volcan vers le continent.
Les vulcanologues et les météorologues affirment que des orages, de la grêle et des pluies diluviennes sont attendus les jours prochains et s'accordent à dire que cette éruption hors norme va sans doute modifier le climat de tout l'hémisphère Sud. Ce qui est sûr, c'est que l'hiver qui vient sera exceptionnellement rigoureux. Les médecins, eux, prédisent une surmortalité dans les villages environnants due à des détresses pulmonaires. Les paysans craignent pour leurs récoltes. La raison de tout cela ? Les spécialistes pensent que moins de glace sur la couche terrestre augmenterait l'activité volcanique. Et, au niveau historique, espérons que les caprices de ce volcan ne seront pas à l'origine de nouvelles révolutions dans les pays d'Amérique du Sud…
Bref, observer ce beau phénomène naturel une fois dans sa vie, c'est tout de même extraordinaire, à condition, évidemment, de se trouver bien à l'abri !

Chapitre 19b   Dénoncer une catastrophe écologique

Exercices page 127

1 1. Vrai – 2. Faux, le document dénonce une catastrophe écologique. – 3. Vrai

2 1. la truite – 2. le garde-pêche – 3. des asticots – 4. l'appât – 5. la carpe – 6. une épuisette – 7. le brochet – 8. à l'hameçon

3 1. l'aquaculture – 2. l'halieutique – 3. l'alevinage – 4. la pisciculture

4 1. et chacun d'applaudir – 2. et de s'écrier : « Stop à la surpêche ! »

5 (*Réponses possibles*) 1. Quel spectacle désolant que ces tonnes de poissons morts gisant sur les berges ! – 2. La pêche annoncée comme miraculeuse s'est transformée en hécatombe. – **3.** Réaliser une telle opération ne pouvait que conduire à un massacre.

6 (*Réponses possibles*) **1.** De quel droit pouvez-vous conduire ce type d'opération pour finir par un carnage ? – **2.** Vos institutions ont enfanté une catastrophe écologique. – **3.** Comment le préfet du département a-t-il pu laisser faire cela ? – **4.** Vous avez retoqué systématiquement les propositions des professionnels.

7 (*Proposition*)

Tous les habitants de la ville ont pu le découvrir ce matin lors de leur promenade de santé quotidienne : le spectacle désolant de ces milliers d'araignées mortes gisant dans les jardins publics, les garages, les greniers et les caves.
Ce massacre a été organisé sur ordre du maire, sous prétexte de lutter contre les allergies. Cette décision est catastrophique pour l'ensemble des habitants de notre ville ! En tant que président d'une association protectrice des animaux, je dénonce ces pratiques atroces, dignes du Moyen Âge. De tuer ces charmantes bestioles que sont les araignées, à quoi cela rime-t-il ? Quelle mouche a bien pu piquer le maire pour prendre une telle décision ? Et de quel droit a-t-il pu conduire ce type d'opération pour finir par un carnage ? N'importe quel écolier sait que les araignées sont indispensables à notre écosystème, et n'importe quel scientifique vous le confirmera. Seul notre maire est aussi stupide pour retoquer systématiquement les avis des professionnels. Une honte ! Désormais, qui mangera les moustiques qui dévorent nos mollets pendant l'été ? Qui supprimera les parasites de nos rosiers ? Et surtout, qui viendra le soir se promener au-dessus de notre tête avant que nous nous endormions ? Car oui, nous adorons ces arachnides intelligents et bien inoffensifs.
En conséquence, nous demandons que les araignées soient immédiatement réintroduites dans tous les espaces publics et privés, les champs qui bordent la ville, les bois des alentours, les jardins citadins, les caves, les greniers, jusque dans les appartements et les chambres à coucher. Il faut absolument que la nature retrouve ses droits. La mairie a enfanté une catastrophe écologique et elle devra en répondre devant notre association reconnue d'utilité publique, « Vive les grosses araignées poilues ».
Signé : Le président de l'association

Chapitre 19c   Rédiger une pétition

Exercices page 129

1 **1.** Ce document est une pétition. – **2.** Le loup est une espèce protégée mais haïe par certains éleveurs. – **3.** La langue employée est quelque peu emphatique.

2 **1.** à l'alpage – **2.** dans un pâturage – **3.** un élevage ovin – **4.** un troupeau de brebis – **5.** la transhumance – **6.** une bergère

3 Les Français trouvent inacceptable qu'on abatte cette espèce… Nous interpellons… afin qu'il mette fin à… […] Le lynx crée de l'emploi… ne l'oublions pas !… protéger le lynx, c'est protéger le patrimoine naturel de la France

4 **1.** Nous demandons que cesse cette désinformation malhonnête. – **2.** Nous exigeons de ne plus indemniser les agriculteurs qui ne jouent pas le jeu de la protection des espèces en voie de disparition. – **3.** Nous demandons de faire appliquer une véritable protection des lynx. – **4.** Les contribuables sont en droit de demander des comptes sur l'utilisation des deniers publics. – **5.** Il faut réaffirmer clairement son statut d'espèce protégée.

5 (DALF. Proposition)

PÉTITION : POUR LE SAUVETAGE DES ABEILLES

Les Français trouvent inacceptable que les abeilles disparaissent, il s'agit là d'une catastrophe écologique majeure. Nous interpellons Monsieur le ministre de l'Économie et du Développement durable afin qu'il mette en place des mesures d'urgence pour un plan de sauvegarde des abeilles.

NOUS DEMANDONS À MONSIEUR LE MINISTRE DE L'ÉCONOMIE ET DU DÉVELOPPEMENT DURABLE

– de faire appliquer une véritable protection des abeilles. Il faut que l'État affirme clairement son statut d'espèce protégée, seul moyen de sauver ces animaux en voie d'extinction ;

– de favoriser sans ambiguïté les cultures en biodynamie. Il faut cesser de subventionner et d'indemniser les agriculteurs et les éleveurs d'abeilles qui ne pratiquent pas la culture bio afin que les abeilles puissent butiner et polliniser en toute sérénité. La production durable et responsable crée de l'emploi, fait vivre la nature, les apiculteurs et les consommateurs : ne l'oublions pas !

– d'interdire totalement tous les produits chimiques clairement nuisibles aux abeilles (pesticides, insecticides et autres substances actives sur le système endocrinien) et de taxer lourdement toutes les substances susceptibles de l'être ;

– d'interdire tout lobbying des grandes industries agroalimentaires auprès des institutions politiques. Le contribuable est en droit d'exiger que plus aucune substance dangereuse pour l'homme et la nature n'obtienne l'autorisation d'être commercialisée ;

– de faire cesser le dénigrement dont font l'objet les apiculteurs. Il faut que l'on mette fin à cette désinformation malhonnête sur la prétendue dangerosité de cette espèce et le soi-disant égoïsme de ses protecteurs. Tout le monde sait qu'en demandant des mesures drastiques dans ce domaine, les apiculteurs œuvrent pour le bien-être de l'ensemble des consommateurs !

PROTÉGER LES ABEILLES, C'EST PROTÉGER LE CAPITAL SANTÉ DE TOUS !

Nom, prénom :   Adresse :   Signature :

....

20. Se projeter dans l'avenir de l'humanité

Chapitre 20a   Faire des hypothèses sur l'homme du futur

Exercices page 131

1   **1.** Faux. Ce sont des hypothèses émises par des scientifiques. – **2.** Vrai – **3.** Faux. Les scientifiques font des hypothèses « neutres ».

2   **1.** la branchie – **2.** des paupières translucides – **3.** de leur taille corporelle diminuée – **4.** opposable – **5.** des pattes palmées (des pieds palmés) – **6.** un prédateur – **7.** la pilosité

3   **1.** Si on devait vivre dans les fonds sous-marins, les scientifiques supposent que les enfants naîtraient/naîtront dans les coquillages. – **2.** Si le Soleil se rapprochait/se rapproche de la Terre, on serait bronzés toute l'année en dépit des saisons. – **3.** Si on retournait à la période glaciaire, la plupart des enfants pensent qu'ils pourraient déguster des esquimaux autant qu'ils voudraient.

4   **1.** Dans ces conditions, l'être humain pourrait développer des branchies afin de capter l'oxygène dans l'eau. – **2.** Ce réchauffement climatique provoque la fonte des glaces. – **3.** L'homme pourrait s'y adapter en ayant une peau pâle afin que le corps produise plus de vitamine D. – **4.** L'homme devra apprendre à se déplacer dans un environnement sous-marin. – **5.** Cela a pour conséquence l'élévation du niveau de la mer.

5   (*Proposition*)

Un vieillard (l'homme) au visage puéril

L'homme du futur sera particulier. Des scientifiques anglo-saxons reconnus dans le monde entier ont élaboré plusieurs hypothèses sur son évolution physique à partir de possibles scénarios climatiques et technologiques. Celle qui semble la plus vraisemblable – mais je vous laisse en juger par vous-même –, la voici.

Tout d'abord, et sur ce point les avis de tous les scientifiques concordent, son cerveau sera remplacé par un nano-ordinateur. Cela aura pour conséquence qu'il ne pourra plus tellement penser par lui-même – fonction de toute façon devenue inutile puisqu'il sera, tel un objet connecté, dirigé par des giga-ordinateurs stockés sur la Lune. Puis ses oreilles seront énormes pour qu'il puisse entendre tous les bruits suspects à 10 km à la ronde. Ses yeux seront indépendants afin qu'il soit en mesure de surveiller la nuit les voleurs et les malfrats qui pourraient s'aventurer à le dépouiller. Certes, de nos jours, ces derniers s'attaquent aux bourses et aux sacs à main, mais, dans le futur, ils jetteront leur dévolu sur ces micro-puces ultraperformantes nettement plus faciles et plus lucratives à revendre ! Quant aux bras, ils seront immenses et très souples, ce qui leur permettra de se déplacer tout au long du corps non seulement pour se gratter le dos, mais aussi pour échanger facilement, en cas de panne, toutes les puces et logiciels implantés un peu partout dans le corps : de l'occiput jusqu'à la plante des pieds, en passant par la colonne vertébrale. Si l'homme devait également être amené à se déplacer dans un environnement sous-marin ou en situation d'apesanteur, grâce à ses pieds ventouses qui ressembleront à des pattes palmées, il sera parfaitement apte à le faire. Enfin, l'homme sera pourvu d'une bouche décapsuleuse de canettes afin de pouvoir absorber quotidiennement une grande quantité de bière, futur carburant de l'espèce humaine.

Bref, je ne sais pas vous, mais moi, cet homme du futur… bof, pas sexy pour un sou !

Chapitre 20b   Défendre la robotisation

Exercices page 133

1 (*Réponses possibles*) **1.** C'est un reportage sur l'évolution technologique dans le domaine de la médecine. – **2.** Il y aura encore des médecins, mais les infirmières risqueraient d'être remplacées par les robots. – **3.** Les intervenants sont pour, avec quelques « petites » réserves.

2 **1.** les données médicales – **2.** la média-médecine – **3.** l'urologue – **4.** la seringue – **5.** les fauteuils roulants – **6.** les aides-soignant(e)s – **7.** l'anesthésiste

3 **1.** celui avec…/…celui qui a… – **2.** celles y séjournant – **3.** ceux à qui

4 **1.** On planche sur les moyens de pallier la pénurie d'infirmières au moyen de machines. – **2.** L'homme et l'automate travailleront en symbiose pour soulager la souffrance du patient. – **3.** La technologie va recentrer le rôle du médecin sur les aspects humains. – **4.** Ces automates permettent, en bout de chaîne, de faciliter le travail des infirmières.

5 **1.** Personne ne discute du bien-fondé du pilotage automatique en aviation ! – **2.** La machine n'intervient que si le geste devient meilleur du point de vue médical. – **3.** On vise à aider les soignants à faire mieux et non à les remplacer.

6 (*Proposition*)

Bonjour Guy Vallancien,

Vous nous dites dans votre ouvrage que la robotisation en milieu hospitalier est à tout point de vue formidable parce que cela va faciliter le travail des infirmières et des médecins et améliorer le confort des patients. Pour ma part, je n'en suis pas si sûr. Si certains avantages ne peuvent être niés, un grand nombre d'inconvénients, notamment au niveau humain, sont à prendre en considération.

D'un côté, je reconnais que certains progrès pourraient être spectaculaires : pour pousser les fauteuils roulants des patients, les robots seront très bien et cela soulagera le travail pénible des aides-soignants. Les anesthésistes seront sans doute plus performants en travaillant en symbiose avec les robots pour doser les narcoses au milligramme près. Autre avantage pour l'employeur : on pourra enfin pallier la pénurie d'infirmières au moyen de ces automates. En effet, il n'est pas évident de nos jours de trouver facilement du personnel prêt à stériliser les seringues et à trier et à distribuer des médicaments 24 heures sur 24. Les avantages seront donc essentiellement d'ordre technique et, surtout, financier.

De l'autre, en revanche, dès que l'on observe le problème de façon plus globale, en prenant également en compte l'aspect humain, le bilan est nettement moins positif.

Tout d'abord, les médecins spécialisés ne peuvent en aucun cas être remplacés par un robot. Vous imaginez une opération chirurgicale conçue, programmée et exécutée par un automate ? Et si, au moment décisif, celui-ci se grippe ou tombe en panne ? On court à la catastrophe ! Le geste du chirurgien, contrairement à celui du robot, reste toujours précis et performant, même face à un imprévu, face à l'humain.

Ensuite, le nombre de gens âgés ayant besoin de soins va exploser d'ici vingt ans, tout comme celui des jeunes au chômage. Pourquoi ne pas former ces derniers et les engager à l'hôpital au lieu d'introduire des robots à tour de bras ? Cela permettra de renforcer la présence humaine dans ce milieu de plus en plus déshumanisé (quoi de plus rassurant pour le patient que la fameuse blouse blanche ?) et de lutter efficacement contre le chômage de masse. En même temps, cela permettra de financer les retraites et les assurances maladie. Pour y parvenir, il faudrait cependant que le métier des infirmières et des aides-soignants soit mieux valorisé, tant au niveau du salaire que celui de son image. Enfin, l'argument selon lequel les robots pourraient aider à recentrer le rôle du médecin sur les aspects humains ne tient absolument pas debout : avec l'omniprésence de la technologie dans tous les domaines du milieu hospitalier, les médecins seront, tout au contraire, de plus en plus accaparés par la programmation et la gestion de ces robots sophistiqués. Il faudrait être complètement aveuglé par le mirage du tout technologique pour ne pas voir que la solitude des patients et la déshumanisation des soins n'en seront que multipliées et renforcées.

En somme, si les robots peuvent apporter quelque progrès dans certains domaines bien précis, le contact humain reste irremplaçable et doit être préservé à tout prix, surtout en milieu hospitalier où il est du devoir de la société de soigner le corps et l'âme à la fois. Si donc votre conception du progrès, Monsieur Guy Vallancien, repose uniquement sur l'idée de robotiser le monde, j'aurais une suggestion à vous faire : à ce moment, pourquoi ne pas remplacer tous les patients par des robots ? Cela faciliterait le travail à tout le monde et on ferait beaucoup d'économies…

Chapitre 20c   Ironiser sur un futur déshumanisé

Exercices page 135

1 **1.** Faux. C'est une nouvelle. – **2.** Vrai – **3.** Faux. Le texte comporte plusieurs allusions légèrement coquines.

2 **1.** se pencher – **2.** enlacer – **3.** se figer – **4.** brandir – **5.** balayer d'un geste – **6.** chalouper (la chaloupe)

3 **1.** convain*cant* (*adj. verbal*) – **2.** communi*quant* (*part. présent*) – **3.** émer*geant* (*part. présent*).... zigza*guant* (*part. présent*) – **4.** trafi*quants*... fabri*cant* (*Attention : ici il s'agit de deux noms !*)

4 **1.** Tu choisiras quoi, chérie ? Embolie pulmonaire ou infarctus au moment de mourir ? – **2.** Réussir sa sortie, c'est important. – Quelle horreur ! – **3.** La bouche grande ouverte comme un poisson tiré hors de l'eau, il porta ses mains à sa mâchoire. – **4.** Le bruit des objets renversés attira son attention.

5 **1.** Vous avez confirmé l'activation immédiate, votre commande est en cours de livraison. – **2.** Félicitations ! Vous avez choisi une mort courageuse. – **3.** *Mortenligne* vous remercie de votre confiance.

6 (*Proposition*)

Nous sommes dans un monde où plus personne ne se regarde, plus personne ne se parle non plus, si ce n'est par iPhone interposé, et surtout, plus personne ne se touche sous peine de perdre la vie. Dans notre monde moderne, les lois humaines sont formelles : quiconque entre en contact direct avec autrui sera instantanément frappé par la mort. Cet interdit absolu existe depuis plusieurs années et tout le monde l'a bien intégré, sauf certains restés irréductiblement attachés aux us et coutumes d'un obscur Moyen Âge.

L'autre jour, en me promenant au jardin du Luxembourg, j'ai surpris la conversation indirecte suivante, que nous savons ô combien dangereuse :

« Mon amour, je te vois sur mon écran tactile, mais tu sais qu'en réalité je ne peux pas te regarder les yeux dans les yeux, sinon je risque de perdre la vie. C'est terrible, alors je me console comme je peux et je fais des agrandissements de tes yeux en rêvant qu'ils croisent les miens, afin que je puisse sentir dans ce regard tout l'amour du monde. Il en est de même avec ta bouche : j'imagine ta voix suave et profonde, le plaisir de voir tes dents croquer une pomme, de voir tes lèvres délicieuses déguster un Château Margaux et après me les tendre pour y déposer un long, un très long baiser. Mais cela non plus, je ne peux le faire, sinon nous perdrons la vie tous les deux ! Comment s'y prendre alors ? Pour pallier mes frustrations et combler le vide dans lequel je suis plongé, je regarde des séries idiotes à la télé où des gens s'embrassent sans fin, je m'achète des dizaines de livres de cuisine avec de belles images de plats succulents et je bois en solitaire des grands crus. En solitaire, hélas ! Mais le plus atroce : je ne peux toucher personne sous peine de mourir ! Que je frôle quelqu'un dans la rue, toi par exemple, et c'en est fini, je tombe raide mort… Bon, allez, tant pis, je n'en ai rien à faire. Mon amour, viens me voir au jardin du Luxembourg, rencontrons-nous derrière la fontaine des amoureux comme au bon vieux temps. Je t'en supplie, parle-moi, mets ta main sur mon épaule et plonge ton regard dans le mien. On verra bien ! »

Quelques heures plus tard, par pure curiosité, je repasse devant la fontaine des amoureux et que vois-je ? Deux corps allongés, enlacés tels des amants dans un vieux film, morts dans l'indifférence générale. Personne ne les aurait regardés, personne n'aurait fait un commentaire ni un geste en leur direction… Preuve que nos comportements distants, encadrés par des lois sages, font bel et bien partie de la nouvelle nature humaine. Tant mieux. Et tant pis pour les amoureux : voilà ce qu'il arrive quand on fait des choses vieillottes et contre-nature !

Bilan n° 4

Exercices pages 136-137

1 **1.** cotiser – **2.** dément – **3.** la rotule – **4.** borgne – **5.** la contre-indication – **6.** désabusé(e) – **7.** des sévices – **8.** coïncider – **9.** des fumerolles – **10.** un hameçon

2 **1.** ovin – **2.** orteil – **3.** a belle allure – **4.** délibérément – **5.** une colique – **6.** la posologie – **7.** serein – **8.** de produits dopants – **9.** a déversé – **10.** La vidange

3 1. Zizi a les guibolles qui flageolent avant de monter sur les planches. – 2. Claudine est d'une santé précaire et toujours patraque. – 3. Jacques se fait un sang fou quand il va chez son toubib. – 4. Karina est raplapla, sur les rotules.

4 1. fussiez – 2. aura été – 3. provoquant

5 (*Réponses possibles*) 1. L'utilisation inappropriée de ce médicament peut entraîner des effets secondaires. – 2. Les autres m'indiffèrent au plus haut point. – 3. Je suis dans un état végétatif. – 4. L'éruption du Piton de la Fournaise (La Réunion) a entraîné la disparition de la population et du cheptel. – 5. Les institutions ont provoqué/enfanté cette catastrophe écologique. – 6. Protéger les loups, c'est protéger le patrimoine naturel des Vosges. – 7. Nous visons à aider les soignantes à faire mieux et non à les remplacer. – 8. Joseph se porte à merveille, il a bon pied, bon œil. – 9. Louise a pris un coup de vieux depuis qu'elle a cessé de voler les économies des autres pensionnaires. – 10. Mathias s'est senti épaulé par une personne de confiance au moment de sa déprime.

6 1. différent – 2. équivalent – 3. différent – 4. équivalent – 5. équivalent – 6. différent – 7. équivalent – 8. équivalent

7 1c ; 2b ; 3d ; 4a

8 (*Proposition*)

PÉTITION : POUR LA SAUVEGARDE DES RENARDS POLAIRES
Des braconniers se sont lancés dans la chasse aux renards polaires dans le but de vendre leur fourrure en toute illégalité. Par ailleurs, des agriculteurs se croyant à tort dans leur bon droit tuent ces animaux sous prétexte de protéger leurs poulaillers. Pourtant, nous savons que le renard polaire est en danger d'extinction dans notre pays où les scientifiques ont estimé la population actuelle de cette espèce à seulement 102 individus, ce qui est infime et à peine suffisant pour leur reproduction.
C'est pourquoi nous demandons au ministre de l'Écologie :
– De faire voter une loi plus sévère contre le braconnage afin d'empêcher le massacre de cette espèce protégée. L'État doit interdire totalement la vente des fourrures de cet animal et veiller à ce que tous les acteurs de ce trafic illégal soient sévèrement punis.
– De légiférer en matière de protection des renards polaires. Il faut que cette loi inclue non seulement la sauvegarde de l'espèce, mais aussi son environnement. Il est primordial de multiplier les parcs naturels afin de créer des espaces protégés où ils pourront s'épanouir en toute sécurité.
– De systématiser des actions de sauvetage en milieu naturel par une surveillance accrue des populations, des campagnes de vaccination et des aides à l'alimentation pour augmenter les mises à bas. Il est urgent que la population de ces canidés réaugmente rapidement pour garantir la survie de cette espèce en voie de disparition.
– De financer des formations pour les agriculteurs afin que ceux-ci comprennent mieux cette espèce et réussissent une cohabitation sereine et avantageuse pour les deux parties.
– De mettre fin à cette campagne de dénigrement et de haine contre ces animaux et leurs protecteurs.

Pour que nos arrière-petits-enfants puissent encore avoir le plaisir de voir vivants ces élégants animaux et non seulement les admirer sur un écran en dessin animé comme une bête à jamais disparue, agissons et pensons à demain. Que ce massacre cesse une bonne fois pour toutes !

PROTÉGER LES RENARDS POLAIRES, C'EST PROTÉGER LA NATURE DANS TOUTE SA SPLENDEUR ET FAIRE VIVRE NOTRE PLANÈTE DANS SA DIVERSITÉ, SA RICHESSE ET SA BEAUTÉ.

Le comité international de défense du renard polaire

Récréation culturelle 2

Exercices pages 138-139

1 1. sociales (EHESS) – 2. traducteurs (ESIT) – 3. Orientales (INALCO) – 4. Lausanne (EPFL) – 5. Louvain (UCL) – 6. publique (ENAP)

2 1841 = 2. – 1906 = 3. – 1919 = 5. – 1936 = 7. – 1950 = 10. – 1958 = 4. – 1969 = 9. – 1982 = 6. – 2000 = 8. – 2016 = 1.

3 1c ; 2e ; 3b ; 4a ; 5d

4 1c ; 2a ; 3d ; 4b ; 5e

5 1. a repris du poil de la bête – 2. lui a tiré une épine du pied – 3. a viré sa cuti – 4. n'ai pas la berlue

6 1c ; 2e ; 3d ; 4a ; 5b

7 1. La seringue – Blaise Pascal – 2. Le stéthoscope – René Laënnec – 3. L'homme de Cro-Magnon – Louis Lartet – 4. L'oxygène – Antoine Lavoisier – 5. La classification des invertébrés – Jean-Baptiste de Lamarck

21. Faire partager des valeurs

Chapitre 21a   Expliquer les valeurs républicaines

Exercices page 141

1 1. Faux. Il s'agit d'une charte. – 2. Vrai – 3. Vrai

2 1. la non-discrimination – 2. l'iniquité (f.) – 3. la liberté d'expression – 4. la haine – 5. le pluralisme des convictions – 6. l'intérêt général – 7. la religion d'État – 8. indivisible

3 1. L'État est neutre à l'égard des convictions religieuses. – 2. La République française (RF) assure l'égalité devant la loi. – 3. La République française (RF) organise la séparation des religions et de l'État.

4 1. La laïcité permet l'exercice de la liberté d'expression. – 2. La laïcité offre aux élèves les conditions pour exercer leur libre arbitre. – 3. La laïcité garantit l'égalité des sexes, elle repose sur la culture du respect. – 4. La laïcité implique le rejet de toutes les violences et de toutes les discriminations. – 5. La laïcité protège de tout prosélytisme et de toutes pressions.

5 (*Réponses possibles*) 1. Aucun élève ne peut invoquer une conviction politique pour refuser de serrer la main à qui que ce soit. – **2.** Nul ne peut se prévaloir de son appartenance religieuse pour refuser de partager quoi que ce soit avec ses camarades. – **3.** Le port de signes religieux ostentatoire est interdit.

6 (*DALF. Proposition*)

Monsieur/Madame le ministre,

Vous m'avez demandé, en tant que fin connaisseur de la France, de vous adresser un rapport sous la forme d'une comparaison succincte entre le système éducatif français et le nôtre, tout particulièrement pour ce qui est des quatre concepts de liberté, d'égalité, de fraternité et de laïcité. L'école étant toujours un reflet de la société dans sa totalité, je risque cependant dans mon rapport de dépasser parfois le strict cadre délimité par l'école pour parler de façon plus générale.

Permettez-moi, tout d'abord, de commencer par inverser l'ordre des quatre notions et de placer en tête celle d'égalité. En effet, il me semble qu'en France, l'égalité est la notion qui est à la base de toutes les autres, celle qui gère le fonctionnement de la société française. Cela se voit dans la justice, où tous les citoyens sont égaux devant la loi, ainsi que dans le système éducatif, où aucune discrimination n'est admise à l'égard du sexe, de l'origine, de l'orientation sexuelle ou de la religion. De nos jours, on appelle cela aussi l'égalité des chances. Tocqueville disait, dans son fameux ouvrage sur la Révolution française, que c'est le besoin d'égalité qui a déclenché le processus de la modernité en France et qu'on y a ajouté seulement par la suite, à des fins politiques et idéologiques, la notion de liberté. À mon avis, dans notre pays, c'est l'inverse : nous étions d'abord attachés à la notion de liberté et nous y avons joint plus tard celle d'égalité, justement sous l'influence de la Révolution française. Cela permet d'expliquer, entre autres, notre plus grande souplesse devant l'idée de pouvoir accepter des systèmes éducatifs très différents (laïques, religieux, gérés par telle ou telle communauté, etc.) à l'intérieur de notre propre pays.

La liberté, quant à elle, est extrêmement importante dans nos deux pays respectifs. Dans le système éducatif, ce sont la liberté d'expression et la liberté de penser qui sont décisives. Or, de nos jours, on constate de plus en plus que chacun tente, au nom de cette liberté, d'imposer aux autres ses propres convictions, ses propres croyances. Il me semble donc que la France fait bien de réagir à ce penchant de la société postindustrielle en publiant une charte pour les écoles afin que cette notion, par un retournement sournois de sa signification, ne devienne pas le tombeau de cette liberté si durement acquise. Pensons au célèbre mot de Denis Diderot : « Je permets à chacun de penser à sa manière, pourvu qu'on me laisse penser à la mienne. » Monsieur/Madame le ministre, il ne faudra jamais oublier que la défense de ces libertés est un combat de tous les jours, parfois en limitant le champ d'influence des différents groupements qui composent la société pour laisser la place à chacun d'entre eux.

La fraternité est une notion que je ne puis que difficilement décrire dans le contexte de l'école. Ce qui est sûr, c'est que la société française est fortement axée sur un système de solidarité qui tente d'amortir les effets négatifs résultant des trop grands écarts de richesses entre les citoyens. Cela, à l'évidence, n'est pas le cas chez nous. Mais cela dépasse le cadre de notre discussion.

Enfin, je voudrais conclure mon bref rapport par la laïcité, qui est la notion la plus emblématique, la plus visible, de toutes. La France en est la championne, comme vous le savez, depuis la loi de 1905 sur la séparation des Églises et de l'État. Elle continue de l'être puisqu'elle réaffirme sa position en publiant cette charte dont vous avez pris connaissance. Dans notre pays, une telle mesure est inutile, me direz-vous. Nous sommes de fait un pays laïque, même si ce concept n'est pas officiellement ancré dans notre constitution. Les écoles fonctionnent bien et les frictions liées aux religions y restent marginales. Avouez cependant que, depuis plusieurs années, les religions occupent de plus en plus l'espace public et s'introduisent peu à peu dans les institutions de l'État, dont notamment l'école, au lieu de rester cantonnées dans la sphère privée. Les signes religieux ostentatoires se multiplient partout dans l'espace public. Cela peut s'expliquer par la désorientation et le vide créés par ce monde globalisé sans âme et par le besoin des hommes de retrouver une certaine stabilité. Mais cette stabilité, il faut absolument que le citoyen puisse la trouver dans une école qui fonctionne sur la base de connaissances vérifiables et sur des débats soustraits à l'influence des arguments religieux, afin d'éviter que les citoyens ne s'engagent dans des voies sans issue.

En somme, si cette tendance actuelle venait à se renforcer ces prochaines années, à savoir celle de l'emprise de plus en plus forte des religions sur la société civile, je conseillerais à Monsieur/Madame le ministre d'envisager la publication d'une charte de la laïcité à l'intention des établissements scolaires, semblable à celle établie par la France. Je vous assure que ce serait le seul moyen de préserver la qualité de l'enseignement public dans notre pays.

Chapitre 21b   Exprimer une opinion à contre-courant

Exercices page 143

1   **1.** Faux. C'est un entretien avec Élisabeth Badinter, la philosophe et essayiste. – **2.** Faux. La philosophe défend la raison universelle. – **3.** Faux. L'écrivain est inquiète face à cette tendance actuelle au repli.

2   **1.** le summum de la liberté – **2.** Mettre à distance quelque chose – **3.** un esprit critique – **4.** la raison universelle… le différentialisme – **5.** le repli identitaire – **6.** préjugés

3   (*Réponses possibles*) **1.** Vous appuyez là où ça fait mal. Je pense profondément que le multiculturalisme nous a menés dans une impasse. – **2.** Avec le multiculturalisme, on a grignoté peu à peu la raison universelle qui veut qu'on pense d'abord à rassembler avant de diviser. – **3.** La philosophie des Lumières est de plus en plus battue en brèche. – **4.** Que ce soit d'un côté ou de l'autre, c'est le triomphe du « chacun pour soi ».

4   (*Réponses possibles*) **1.** Les circonstances économiques sont de fait la cause essentielle, mais cela n'explique pas tout. – **2.** Cet enfermement est terrible, au contraire de la philosophie (des Lumières) qui met en exergue ce qui nous unit. – **3.** Si on ne peut plus apprendre l'esprit critique à l'école, où d'autre ? – **4.** Non. Il faut considérer les ressemblances, quelles que soient nos différences. – **5.** Selon ce principe, le différentialisme domine, et cela revient à signer la mort des Lumières qui raisonnaient en termes tout à fait opposés.

5 *(DALF. Proposition)*

Je vous remercie de m'avoir invité pour participer à ce débat sur le multiculturalisme.

En effet, cette notion domine notre discours actuel depuis près de quarante ans. Il faut savoir que le multiculturalisme et les connotations positives qui y sont attachées se sont peu à peu imposés chez nous sous l'influence de plus en plus grande du système sociétal américain, véhiculé notamment par la mondialisation. Depuis les années 1980, on valorise constamment les origines, les régionalismes, les identités particulières, les particularités langagières tel le parler des banlieues, etc., ce qui a eu pour conséquence que chaque citoyen, chaque habitant ne cesse de souligner dans les conversations les plus banales la moindre différence le concernant ainsi que les traumatismes qu'il subit si celle-ci n'est pas placée au centre des préoccupations de la société.

Je pense profondément que Mme Élisabeth Badinter a raison de tirer la sonnette d'alarme en disant qu'avec le différentialisme, terme plus philosophique que celui de multiculturalisme, on a signé la mort des Lumières, qui ont raisonné en termes tout à fait opposés, et que cela débouche sur un repli identitaire, un enfermement de chacun dans son propre réseau, communautaire ou autre. Je la remercie d'ailleurs pour cette prise de position très courageuse et à contre-courant du discours dominant. Il est évident qu'avec le multiculturalisme, on a grignoté peu à peu le système français qui, lui, veut qu'on pense d'abord à ce qui nous réunit au lieu de toujours souligner ce qui nous différencie. C'est ça, l'universalisme des Lumières. Imaginez un instant que Julien Sorel, arrivé à Paris depuis sa province reculée, mette incessamment ses origines en avant ? Non, il n'avait qu'une envie, c'était d'être accueilli dans la société parisienne, et cela ne l'empêchait pas de retourner de temps à autre dans sa région d'origine. À mon sens, ce qui doit être valorisé, c'est la culture dans laquelle on arrive, dans laquelle on s'installe. Ce qu'il faut souligner à chaque instant, c'est ce qui nous unit à la société dans laquelle nous vivons et non ce qui nous en sépare. Et je ne pense pas que cette démarche volontariste traumatise qui que ce soit. Le summum de la liberté, ce n'est pas de rester collé à ses origines et à ses différences, mais de pouvoir les dépasser, de les mettre à distance, et de les réintégrer dans autre chose, quelque chose de plus universel qu'on pourrait partager avec ceux qui sont différents de nous.

Chapitre 21c   Rédiger un billet d'humeur sur un thème sociétal

Exercices page 145

1 **1.** Il s'agit d'un billet d'humeur. – **2.** Les hommes politiques sont « des écrivaillons » qui veulent à tout prix être référencés à la BN (Bibliothèque nationale). – **3.** Le texte se moque ouvertement de nos élus et de leur vanité.

2 **1.** à la Bibliothèque nationale de France (BNF) – **2.** le buvard – **3.** les plumes – **4.** le taille-crayon

3 déversent des livres en tombereau… de livres indigents… des essais de facture universitaire

4 1. Le *Journal du Dimanche* nous apprenait que B allait « commettre » un livre. – **2.** *Paris Match* nous révélait l'offensive d'hiver de M, après celle de cet été. – **3.** *L'Opinion* nous prévenait que D avait sorti son porte-plume pour publier un livre.

5 1. Les politiciens y sont nus et ce n'est pas forcément beau à voir. – **2.** À force de vouloir déverser leur « part de vérité », ils sont de moins en moins crédibles.

6 1. Ce déballage est parfois aussi médiocre et avilissant qu'un Koh-Lanta. – **2.** Mais revenons à nos moutons et quittons la bergerie de Marie-Antoinette. – **3.** Cette mascarade ridicule rappelle les joutes guindées des courtisans. – **4.** Certes, on ose l'espérer, ici nul ne songe au Goncourt ou au Nobel...

7 (*DALF. Proposition*)

Chaque début d'année, c'est la même calamité qui s'abat sur les consommateurs et ce, dès le premier mercredi de janvier : l'arrivée des soldes d'hiver.

Après avoir fait bombance deux semaines durant, vous voilà reparti(e) sportivement pour la course à la consommation. La même maladie gagne des milliers de Français : la « fièvre acheteuse », celle du samedi soir étant terminée. Tels des moutons, vous allez vous précipiter dès potron-minet aux abords des grands magasins, des enseignes mondialisées et de vos boutiques favorites. Et voilà, vous ne savez plus où donner de la tête : telle enseigne nous apprend qu'elle fera 70 % de rabais, telle autre nous prévient qu'il y aura – tenez-vous bien – 80 % de remise et, cerise sur le gâteau, telle autre nous révèle que cette année il y aura 90 % de réduction. Pourquoi pas 99 %, pendant qu'on y est ! Cette maladie contagieuse va frapper jusqu'aux allergiques du shopping. C'est vrai qu'à force de baisser les prix, les stratégies commerciales sont de moins en moins crédibles. On est en droit de se demander si dans un an, tout simplement, les magasins pousseront leur générosité jusqu'à offrir des articles à leurs fidèles clients à condition que ceux-ci leur aient dévoilé leurs réflexes de consommation dans les moindres détails pour connaître la taille de leurs sous-vêtements et le PH de leur peau ! Bon coup de marketing. À cette période, vos cartes de crédit n'ont qu'à bien se tenir, car les dépenses, ça valse ! En termes de courtoisie et de savoir-vivre, c'est également très beau à voir : on observe la ruée des obsédés des soldes devant les magasins aux premières heures du jour, visages gonflés par le manque de sommeil. C'est à qui fera la meilleure affaire du jour ! On a vu ainsi des harpies s'entre-déchirer pour un chemisier soldé ! Et oui, les soldes, c'est fait pour ça : devenir agressif, acheter tout et n'importe quoi, pourvu que ce ne soit pas cher et, en faisant cela, enrichir encore plus les multinationales !

Mais revenons à nos moutons et laissons de côté cette attitude médiocre et avilissante, afin de découvrir comment guérir de cette stupide maladie. Un bon remède : la raison. Le problème, c'est que cette dernière n'est pas en soldes. On ose espérer que le consommateur fera preuve désormais d'un peu de sagesse. Au lieu de s'acheter des ballerines, des parkas et autres inutilités et de gaspiller son argent à des futilités en tout genre, on pourrait le dépenser et le faire fructifier pour soutenir des causes intelligentes, car ce n'est pas cela qui manque ! Pas besoin de vous donner des exemples, utilisez votre raison et votre bon sens !

22. S'engager pour la justice

Chapitre 22a   Exprimer ses doutes sur la justice

Exercices page 147

1 **1.** Non, il s'agit d'un compte-rendu judiciaire d'un écrivain du XXe siècle. – **2.** Parce que plus on est amené à rendre la justice soi-même, plus on en découvre l'ambiguïté. – **3.** C'est le point de vue d'un citoyen avisé en tant que juré non professionnel.

2 **1.** le président du tribunal – **2.** un interrogatoire – **3.** s'acquitter de ses fonctions – **4.** la modération – **5.** siéger – **6.** le banc des accusés et le banc des jurés – **7.** l'accusation – **8.** le palais de justice – **9.** la fermeté – **10.** la plaidoirie – **11.** l'éloquence

3 (*Réponses possibles*) **1.** Certes, je ne me persuade point qu'une société puisse se passer de tribunaux ; mais à quel point la justice humaine est chose douteuse et précaire, c'est ce que j'ai pu sentir jusqu'à l'angoisse. – **2.** Tout cela passait mon espérance, je l'avoue ; mais rendait d'autant plus affreux les dysfonctionnements du dispositif. – **3.** Je sais par expérience que le fait de se rendre aux audiences ou d'être juré, c'est tout autre chose.

4 (*Réponses possibles*) **1.** On semble croire aujourd'hui que le problème vient du côté du jury, mais j'ai dû pourtant me persuader, à plus d'une reprise, que des dysfonctionnements existent aussi du côté du juge. – **2.** Que parfois grincent certains rouages de la machine-à-rendre-la-justice, c'est ce qu'on ne saurait nier. – **3.** Combien il est difficile aux jurés de ne pas tenir compte de l'opinion du président, c'est ce qui m'est apparu.

5 (*DALF. Proposition*)

Il y a trois jours, j'ai participé en tant que juré au procès d'un homme accusé d'avoir tué pour un morceau de pain un boulanger nommé Munier. Dans l'ensemble, il faut dire que j'ai été impressionné par l'appareil judiciaire qui, dans ce palais de justice, traite 35 000 affaires par an, et il est certain que tous les acteurs de la justice, tant les juges que les avocats, s'acquittaient de leurs fonctions en toute probité. Tout cela passait mon espérance, je l'avoue, mais rendait d'autant plus affreux le procès de ce pauvre homme qui avouait certes avoir volé un morceau de pain, mais qui niait catégoriquement avoir tué ! Je sais à présent que c'est une tout autre chose d'écouter rendre la justice ou d'aider à la rendre soi-même.

Vous allez comprendre pourquoi : l'accusé s'est trouvé face à un juge interrogateur redoutable qui, sûr de lui-même, ne démordait pas de ses chefs d'accusation. Pour lui, il était coupable de meurtre. Assis sur le banc des jurés, je me suis dit en mon for intérieur : « surtout, ne juge point. Écoute les faits. Ne te laisse pas influencer ni par la mine de l'accusé ni par l'éloquence du juge et du ministère public », même si tout semblait l'accuser : sa présence sur les lieux du crime, le couteau à pain qu'il avait dans une main et la miche de pain dans l'autre lors de son arrestation près du cadavre, les paroles menaçantes qu'il aurait prononcées la veille à l'encontre du boulanger après que ce dernier avait refusé de lui donner quelques quignons de pain. Les preuves semblaient accablantes.

Or, je me suis informé sur le boulanger pendant le procès. Celui-ci était une personnalité redoutée dans sa bourgade, qui exploitait ses employés de manière éhontée. Personne n'osait l'affronter ouvertement, car il était proche du pouvoir politique, notamment du maire de la commune. Ce qui m'avait vraiment étonné, c'est que la défense n'avait pas signalé ces circonstances très importantes. Et s'il s'était agi d'un règlement de comptes politique qu'on essayait de mettre sur le dos du pauvre clochard présent sur les lieux du crime ? Et, en face de l'accusé, un juge éloquent, bedonnant et repu qui ne sait ce que cela signifie que d'avoir faim… Combien il est difficile, en tant que simple juré, de ne pas tenir compte de l'opinion du président et du procureur, qui tous deux argumentent de façon si claire et convaincante, c'est ce qui m'est apparu pendant le procès. Par contre, moi, j'ai pris le contre-pied, peu convaincu des preuves, trop évidentes. Pour moi, l'homme était innocent et il fallait l'acquitter.

Mais finalement, ce pauvre diable a été condamné à la peine capitale – de sorte qu'il serait à peine exagéré de dire qu'un juge habile peut faire du jury ce qu'il veut. Quand j'ai vu ce pauvre bonhomme, je me suis dit : certes, on ne se persuade point qu'une société puisse se passer de justice, de tribunaux et de juges, mais à quel point la justice humaine est chose douteuse et précaire, c'est ce que j'ai pu ressentir jusqu'à l'angoisse lors de la condamnation de ce pauvre hère obligé de voler pour se nourrir et incapable de se défendre contre de fausses accusations. La morale suivante de La Fontaine ne semble donc pas complètement aberrante : *selon que vous serez puissant ou misérable, les jugements de cour vous rendront blanc ou noir…*

Chapitre 22b Accuser un individu de crime

Exercices page 149

1 **1.** Vrai – **2.** Faux. On y démontre la culpabilité de Maurice Papon. – **3.** Vrai. (M^e = Maître)

2 **1.** comparaître – **2.** une condamnation – **3.** un homicide – **4.** un crime contre l'humanité – **5.** la défense – **6.** un meurtre et un assassinat – **7.** la preuve – **8.** une pièce à conviction – **9.** un acquittement – **10.** les empreintes digitales – **11.** la partie civile

3 (*Réponses possibles*) **1.** D'ordinaire devant la cour d'assises, l'environnement et tous les éléments sont connus. Or qu'avons-nous ici ? – **2.** Au lieu d'experts médecins légistes, nous avons des témoins historiens. – **3.** Il m'incombe la lourde responsabilité de clore les plaidoiries de l'accusation.

4 **1.** C'est la raison pour laquelle nous avons fait venir des historiens. – **2.** En conséquence, on va interroger sa vie politique et publique, et c'est cela qui nous intéresse. – **3.** Ici, les auteurs ne sont pas connus, personne n'a tué, personne n'a de sang sur les mains. – **4.** Ce n'est plus le cas dans le crime contre l'humanité. – **5.** Car si vous enlevez Papon du régime de Vichy, il n'est rien, il est une huître sur une plage.

5 **1.** C'est un crime unique qui se décompose en une infinité d'actes criminels indissociables. – **2.** Papon, qu'il le veuille ou non, a participé à cette chaîne de mort…

6 (*DALF. Proposition*)

Monsieur le Président, Madame et Monsieur de la cour, Mesdames et Messieurs les jurés, il m'incombe la lourde responsabilité de clore les voix de la partie civile qui réclament justice et réclament d'être reconnues comme victimes des agissements criminels d'Hermine B.

D'ordinaire, devant une cour d'assises, nous avons des preuves tangibles, des pièces à conviction, des empreintes digitales relevées sur les lieux du crime. Mais qu'avons-nous ici ? Au lieu de cadavres, nous avons un registre comportant d'innombrables noms. Au lieu d'armes, nous avons des fichiers informatiques comprenant une froide comptabilité. Au lieu d'un criminel extraordinaire qui comparaît devant la cour d'assises, nous avons une accusée presque ordinaire qui n'a rien d'un assassin et qui nous est même présentée comme victime. Elle veut même nous faire accroire qu'elle serait là devant nous par hasard, par un mauvais concours de circonstances. Au lieu de témoins directs, nous n'avons que les souvenirs insoutenables qui rongent et détruisent la vie de mes clients. Ce sont eux, les vraies victimes. Ce sont eux qui ont perdu leurs familles en déportation par la faute de cette criminelle. Le crime contre l'humanité est matériellement insaisissable. C'est la raison pour laquelle nous essayons ici de comprendre l'accusée en reconstituant son environnement, son fonctionnement, ses intentions. C'est la raison pour laquelle nous faisons ici appel à des historiens, aux témoignages des victimes collatérales, même soixante ans plus tard, afin de pouvoir saisir le profil de cet assassin caché derrière son ordinateur.

Hermine B. est responsable. Ce n'est pas parce qu'elle n'a pas de sang sur les mains, qu'elle n'a pas fait massacrer des milliers de personnes innocentes. Ce n'est pas parce qu'elle n'a pas commis le crime de ses propres mains, qu'elle n'a pas conçu et organisé ce crime contre l'humanité. Elle se prétend même analphabète pour tenter de se soustraire à ses responsabilités. Ce n'est pas parce qu'elle s'érige elle-même en victime, qu'elle n'est pas en réalité le bourreau. Car si vous lui ôtez les habits d'apparente respectabilité, il ne lui reste rien que l'âme noire d'un assassin imprégné de frustrations et de haine envers tous ceux qui sont vivants, joyeux et amoureux.

Le crime contre l'humanité est ici un crime administratif, organisé et coordonné à partir d'un ordinateur où les seules traces constituent les fichiers de comptabilité et les logiciels de surveillance et d'espionnage. Hermine B. est donc, qu'elle le veuille ou non, au centre d'un réseau qui a conçu, programmé et commis ce crime contre l'humanité.

Chapitre 22c   Créer la morale d'une fable

Exercices page 151

1 1. Ce texte est une fable. – 2. Non. Le loup dévore l'agneau sans sourciller et sans écouter les arguments de la victime. – 3. L'histoire se présente sous la forme d'un duel oratoire.

2 1. un châtiment – 2. la hardiesse – 3. prudent(e) – 4. la médisance – 5. cruelle – 6. le culot/le toupet – 7. téméraire – 8. calomnier – 9. barbare – 10. des punitions

3   **1.** Je <u>vous</u> irai chercher. – **2.** Il <u>nous</u> va parler.

4   **1.** Et je sais que de moi tu médis l'an passé ! – **2.** Tu seras châtié(e) de ta témérité. – **3.** Si ce n'est toi, c'est donc ton frère. – **4.** Qui te rend si hardi de troubler mon breuvage ?

5   (*Réponses possibles*) **1.** Comment l'aurais-je fait si (= puisque) je n'étais pas né(e) ? – **2.** Que votre Majesté ne se mette pas en colère, mais plutôt qu'Elle considère que je passe à cent mètres d'Elle et que par conséquent en aucune façon je ne puis troubler Sa boisson.

6   1b ; 2a

7   (*Proposition*)

Un jour, l'ours dit à la tortue :
« La nature est bien ingrate. Moi, je suis fort, téméraire et beau, je peux tout faire et je sais tout. Toi, en revanche, tu es vieille, ratatinée et lente. Je te plains de tout mon cœur !
– J'apprécie tes marques de compassion à mon égard, mon cher Peluchon, mais quitte tes soucis. Je me débrouille très bien ainsi. »
Un jour d'hiver, maître ours et commère la tortue traversaient une forêt obscure et profonde pour rejoindre un beau lac de l'autre côté. Vint à passer un renard qui attaqua l'ours, mais celui-ci le chassa d'un coup de patte. Puis, au détour d'un chemin creux, ils rencontrèrent une meute de chiens sauvages qui tenta d'agresser cet ours magnifique, mais, là encore, ce dernier vint à bout de l'attaque et en sortit victorieux. Hélas, ce ne fut plus le cas lorsqu'il se fit surprendre et encercler par une horde de loups affamés qui finirent par prendre le dessus. Notre ursidé, à bout de forces, succomba aux morsures et blessures fatales qui lui avaient été infligées par les crocs de ces bêtes féroces, plus acérés que des lames de rasoir. Pauvre Peluchon !
Les carnassiers voulurent aussi attaquer la tortue, mais cette dernière, voyant les dentitions de ces trois mammifères gourmands s'approcher d'elle, se recroquevilla et se réfugia sous sa carapace, le temps nécessaire à l'épuisement de ces attaques violentes. Elle s'en sortit indemne, le gros ours terrassé à ses côtés.
Voilà, c'est la sage et persévérante tortue qui vous parle et qui vous dit :
« Moi, je suis peut-être vieille, laide et lente, mais je suis vivante et je sais surmonter tous les obstacles qui se présentent à moi. Croyez-moi, il en va de même de l'apprentissage du français lors duquel il faut surmonter les difficultés une à une. Imaginez un instant que le renard soit les partitifs, les chiens sauvages les accords du participe passé et que les loups soient l'emploi subtil et terrible du subjonctif présent et passé. Afin de vous améliorer lentement mais sûrement, il faudra vous y prendre comme le roseau de la fable de La Fontaine et vous dire : *je plie mais ne romps pas* ! »

23. S'investir politiquement

Chapitre 23a   Analyser un discours politique

Exercices page 153

1 1. Non, il s'agit d'une analyse de deux discours politiques. – **2.** Non, le chercheur relève et analyse des faits, sans prendre position. – **3.** CNRS = Centre national de la recherche scientifique.

2 1. un échange désarçonnant – **2.** une erreur de communication – **3.** le/la diviseur/euse – **4.** un discours tribunitien – **5.** une rhétorique « *ad hominem* » – **6.** les mots récurrents

3 (*Réponses possibles*) **1.** Ce discours est basé sur le contact, l'interaction qui repose sur l'échange avec le public. – **2.** Ce discours est pronominal avec des « je » un peu égocentriques, des noms rassembleurs. – **3.** Ce discours est nominal avec des noms forts, des noms significatifs, il est très identifiable. – **4.** Le discours de MLP est apparu vide et creux alors qu'EM a pu le dérouler clairement.

4 (*Réponses possibles*) **1.** X a avancé le discours de l'opposition, pas celui d'un gouvernant. – **2.** Si Y avait un déficit de crédibilité, X semble lui en avoir donné en l'attaquant. – **3.** En se comportant de la sorte, Z a pu paraître agressive et elle a « présidentialisé » P. – **4.** N a adopté trois lignes rhétoriques qui se sont révélées comme autant d'impasses. – **5.** M a enchaîné les attaques personnelles à l'encontre de S au lieu de présenter son programme politique.

5 (*Proposition*)

Jérôme Cassel, candidat à l'élection présidentielle, a commis plusieurs erreurs de communication lors de son meeting hier soir au Zénith de Toulouse. Selon l'ensemble des commentateurs, son discours n'a pas convaincu du tout. À mon avis, cela est dû au fait que le candidat a adopté trois lignes rhétoriques qui se sont révélées comme autant d'impasses.

La première erreur du candidat a été d'adopter un discours trop égocentrique, basé sur la récurrence trop appuyée des pronoms « je » et « moi », alors qu'il aurait fallu employer des « nous » rassembleurs. Dans un meeting, il est important de montrer ses capacités de meneur, de chef de file qui sait motiver l'ensemble des électeurs.

La deuxième erreur de communication de Jérôme Cassel a été d'adopter un discours « *ad hominem* ». Il a enchaîné les attaques personnelles à l'encontre de ses adversaires politiques au lieu de présenter son programme. En se comportant de la sorte, il a pu paraître agressif, mais surtout il s'est perdu dans des querelles de clocher. Un futur président doit pouvoir garder son calme et s'élever au-dessus de la mêlée. Si le candidat, avant le meeting, avait déjà un léger déficit de crédibilité en raison de son peu d'expérience en politique internationale, il s'est totalement décrédibilisé lors de ce dernier meeting avant les élections présidentielles.

Enfin, le candidat a avancé le discours de l'opposition, pas celui d'un gouvernant, alors qu'il brigue la plus haute fonction de l'État. Son discours est apparu vide et creux, là où il avait l'avantage de la clarté lors des précédents meetings. Il est resté beaucoup trop flou sur son programme, son discours aurait dû être nominal avec des noms forts, des noms significatifs. Pour cette raison, il n'a pas pu dérouler son programme comme il le fallait et l'électeur s'en trouve désorienté.

En résumé, on peut affirmer que le discours de Jérôme Cassel n'est pas du tout identifiable. Aux yeux des électeurs, il paraît plutôt diviseur que rassembleur et, par conséquent, il s'est définitivement déprésidentialisé.

Chapitre 23b   Influencer son public par un procédé oratoire

Exercices page 155

1 **1.** Faux. Le discours est prononcé à l'Assemblée nationale (« Mesdames, Messieurs les députés »). – **2.** Faux. C'est un projet de loi pour l'instauration du mariage pour tous. – **3.** Vrai – **4.** Vrai

2 **1.** le pas, le tri, le moine = le patrimoine – **2.** et, le riz, le Tage = l'héritage – **3.** in-, Cluses, ion = inclusion – **4.** des lignes, hé = la lignée

3 (*Réponses possibles*) **1.** Le mariage, comme je l'ai montré, a été une institution de propriété et d'inégalité. – **2.** Le mariage connaît une évolution vers l'égalité et nous parachevons cette évolution. – **3.** C'est cette institution que le gouvernement a décidé d'ouvrir à tous les citoyens ; c'est un acte d'égalité. – **4.** Le mariage a été une institution d'exclusion. – **5.** Le mariage va enfin devenir une institution universelle.

4 (*Réponses possibles*) **1.** Vous pouvez continuer à refuser de voir autour de vous des couples différents. – **2.** Nous posons les mots et parlons d'hypocrisie, d'égoïsme pour ceux qui ne veulent pas voir la réalité telle qu'elle est. – **3.** Nous disons que dans cet acte, il y a une démarche de fraternité. – **4.** Nous sommes fiers de ce que nous faisons. – **5.** Vous avez choisi de protester contre le mariage pour tous, c'est votre affaire !

5 (*DALF. Proposition*)

Mesdames, Messieurs les députés,

Aujourd'hui, j'ai l'honneur de vous présenter un nouveau projet de loi plus égalitaire pour tous. C'est une proposition d'amendement qui vise à prioriser et à automatiser la garde alternée d'un enfant après une séparation ou un divorce.

Tout le monde en convient : la garde des enfants après un divorce est réglée d'une façon archaïque qui pose problème aujourd'hui. Je vous rappelle que la résidence principale des enfants est fixée habituellement chez la mère, le père n'ayant qu'un droit de visite. Dans cette même logique, les allocations familiales sont systématiquement attribuées à la mère et les pères sont condamnés à verser des pensions alimentaires. Mais les mentalités évoluent. De nombreuses associations de pères, dont « SOS Papa », ont vu le jour et signalent depuis plusieurs années ces inégalités de traitement qui réduisent le père à un simple visiteur extérieur.

En effet, personne aujourd'hui ne peut nier que la relation père/enfant a évolué, notamment suite aux conséquences désastreuses d'une attribution inégalitaire des enfants à la mère. Ce système actuel, nous l'avons vu, est un système d'exclusion et de discrimination. Le gouvernement a donc décidé de corriger ce dysfonctionnement à travers ce nouveau texte de loi. Le lien père/enfant connaît une évolution vers l'égalité ; ainsi, avec cette résidence alternée, nous parachevons cette évolution. C'est un acte d'égalité.

Nous posons les mots et parlons d'égoïsme pour celles et ceux qui pensent d'emblée que l'enfant doit forcément être en résidence chez la mère. Bien sûr, vous pouvez continuer de refuser de prendre en considération la détresse des pères qui voient leur lien avec l'enfant interrompu après une séparation. Bien sûr, vous pouvez continuer de réfléchir exclusivement en termes de « mère-enfant » au lieu de penser au bien-être de l'enfant. L'amour et le bien-être n'ont pas de sexe, vous le savez tous.

C'est pourquoi nous disons que dans ce changement de loi, il y a une démarche d'égalité. Et si vous avez choisi de vous y opposer, c'est votre affaire. Il est temps que cette hypocrisie cesse. Il faut arrêter de penser en termes binaires et stériles... On ne peut pas parler à l'infini d'égalité entre les sexes et, en même temps, appliquer des lois inégalitaires d'un autre temps, en matière de garde d'enfants. Nous sommes fiers de ce que nous faisons.

Chapitre 23c　Prononcer un discours politique

Exercices page 157

1 1. C'est un homme politique en campagne électorale qui parle. – 2. C'est un discours préélectoral. – 3. En lisant le texte une ligne sur deux, on y découvre des propos médisants. – 4. Le dessin nous montre que les candidats pratiquent la langue de bois et que les électeurs sont naïfs (aveugles et sourds).

2 1. le discours électoral – 2. des prébendes – 3. les électeurs – 4. les élus – 5. l'honnêteté/(la probité)

3 (*Réponses possibles*) 1. Si j'ai choisi de faire de la politique, c'est pour améliorer le sort des gens. – 2. Les querelles, je les oublierai, vous pouvez en être sûrs. – 3. Ce qui m'intéresse le plus, c'est faire entendre votre voix. – 4. En effet, si vous souhaitez vous faire représenter par quelqu'un de sérieux, alors votez pour moi. – 5. Une fois que je serai élu, je vous (leur) consacrerai tout mon temps. – 6. J'aime aussi l'idée de pouvoir apporter aux pauvres de l'argent. – 7. La corruption est incontestablement ce qu'il y a de plus détestable.

4 (*Réponses possibles*) 1. Si j'ai choisi de faire de la politique, c'est pour le pouvoir que cela procure... – 2. Il est indéniable que l'argent permet d'acheter les hommes. – 3. Votre (leur) situation personnelle, je n'en ai rien à faire. – 4. Si vous souhaitez vous faire mettre, alors votez pour moi ! – 5. Notre politique est efficace pour convaincre tout un chacun d'abandonner toute forme d'honnêteté.

5 (*Proposition*)

Recto :
Chères électrices, chers électeurs,
Ce qui m'intéresse le plus, c'est de faire entendre votre voix.
Votre situation personnelle m'obsède.

Je vous entends : vous souhaitez plus de mobilité, plus de flexibilité dans le travail pour pouvoir gérer harmonieusement votre vie privée et professionnelle. Je suis votre homme.

Je vous entends. Si j'ai choisi de faire de la politique, c'est pour améliorer le sort des gens en favorisant leur besoin de consommation 24 heures sur 24. J'aime l'idée de pouvoir vous apporter à tous la possibilité de dépenser librement votre argent à chaque instant de votre vie. Vous sentir heureux face à vos dépenses me comble vraiment de joie !

Je sais aussi que vous souhaitez une société sans frontières, où tout le monde est le bienvenu. Une fois que je serai élu, je consacrerai tout mon temps à favoriser une culture ouverte et sans entrave aucune. Je vous assure : moi, je suis comme vous, j'adore les mélanges quels qu'ils soient !

La corruption est incontestablement ce qu'il y a de plus détestable. Une fois élu, je jure de ne travailler que pour les intérêts du citoyen. Je vous le jure la main sur le cœur. Ma probité, c'est mon credo.

Si vous souhaitez vous faire représenter par quelqu'un de sérieux, alors votez pour moi !

Verso :
Chères électrices, chers électeurs,
Ce qui m'intéresse le plus, c'est de parler de moi.
Votre situation personnelle, je n'en ai rien à faire, débrouillez-vous !
Ce que je veux, c'est que vous soyez mis férocement en concurrence les uns avec les autres dans votre environnement professionnel afin que vous soyez exploitables et corvéables à merci.
Ce que je souhaite aussi, c'est que vous dépensiez bêtement tout votre argent, que vous vous endettiez un maximum pour enrichir les banques et moi par extension !
Je suis vraiment pour l'exploitation brutale et sauvage des nouveaux arrivants. J'en profiterai pour baisser les salaires et supprimer les prestations sociales. Ce seront de grosses économies pour les entreprises et une grosse perte pour l'État, mais je m'en contrefiche tant que ma bourse continue de se remplir.
Si je suis élu, je travaillerai encore plus pour les multinationales et les fonds d'investissement internationaux en m'en mettant plein les poches. Je m'emploierai à ce que tout le monde consomme des produits mondialisés, ce qui détruira inéluctablement les petits producteurs locaux et des milliers d'emplois. Vive les élections, vive Moi, le pouvoir et surtout le pognon ! Celui-là, dieu que je l'aime, et, croyez-moi, bien plus que vous, tas d'idiots, qui croyez à mes balivernes et qui vous laissez manipuler comme des moutons de Panurge !

24. Contester

Chapitre 24a   Présenter les méfaits de la mondialisation

Exercices page 159

1 **1.** Faux. C'est une interview accordée à un quotidien français. – **2.** Vrai – **3.** Vrai

2 **1.** l'endettement – **2.** convoiter – **3.** les matières premières – **4.** (sous) l'emprise

de (l'amour, d'une drogue, d'une secte) – **5.** au détriment de quelqu'un –
6. (vous êtes) avide de – **7.** le coût écologique et humain – **8.** l'empire

3 (*Réponses possibles*) **1.** La démocratie a fonctionné, mais elle entravait
l'économie. – **2.** Les multinationales ont cherché à accaparer toutes les ressources
naturelles et humaines. – **3.** La mondialisation vient ôter les dernières libertés de
99 % des gens, n'étant au service que de 1 % de la population. – **4.** L'obsolescence
programmée entraîne une demande continue pour les ressources. – **5.** La
mondialisation a semé le désespoir parmi les gens.

4 **1.** Il faut poser des limites démocratiques et écologiques à l'économie. – **2.** Le
consumérisme n'est pas le progrès humain, mais une régression. – **3.** Il ne faut
pas être un consommateur irréfléchi en connivence avec la violente machine à
faire de l'argent. – **4.** Agir est un impératif moral, écologique et démocratique.

5 (*DALF. Proposition*)

La situation est alarmante aujourd'hui : la déforestation dans notre pays a pris
des proportions inquiétantes et l'État y assiste impuissant. Comment en sommes-
nous arrivés là ?

Avant, l'industrie forestière de notre pays fonctionnait sur un mode durable,
respectueux de la nature et des hommes qui y vivaient, c'est-à-dire que les
forêts étaient exploitées en fonction de leur capacité à se régénérer. Le bois
ainsi extrait était plus vieux et donc de meilleure qualité. Puis, il y a dix ans,
l'État a signé des traités internationaux qui favorisent le développement des
multinationales en général, et plus particulièrement celles spécialisées dans
l'ameublement bon marché.

Ces industries internationales ont rapidement cherché à s'approprier nos terres
boisées et à détruire nos arbres centenaires pour vendre le bois le moins cher
possible aux consommateurs de la planète entière. Ceux qui, de nos jours, ne
semblent plus connaître qu'un seul et unique critère : le prix. Sous l'emprise
des multinationales et de leur matraquage publicitaire, les consommateurs
croient trouver le bonheur en achetant des meubles bon marché et de mauvaise
qualité que l'on remplace au bout de deux ans après les avoir montés soi-
même à la sueur de son front. Apparemment, ils ne savent pas ce qu'ils font et
ne se rendent pas compte qu'ils contribuent à détruire toutes nos ressources
naturelles. C'est impardonnable ! Si au moins ces meubles étaient beaux !

De l'autre côté, cette mondialisation déchaînée sème le désespoir parmi les
populations qui vivent et travaillent dans notre région productrice de bois. On
viole leurs droits ancestraux en les écartant des prises de décision les concernant
et en les dépossédant de leurs terres dans le seul but que les habitants laissent
le champ libre aux multinationales en dépeuplant les campagnes. Ils ont beau
protester pacifiquement contre cette dévastation massive de leur région, ils ont
beau faire appel aux représentants politiques et à la justice pour mettre un terme
à cette exploitation sans limite, rien n'y fait. Car il faut se rendre à l'évidence :
pour les multinationales, la démocratie entrave l'économie. Ainsi, les acteurs du
marché globalisé sont prêts à tout pour étouffer dans l'œuf tout mouvement
démocratique qui pourrait remettre en cause leurs méthodes inhumaines avides
du dernier minerai, de la dernière goutte d'eau et du dernier arbre. Afin de
pouvoir continuer leurs méfaits, ils ôtent les dernières libertés de 99 % de la
population, n'étant au service que de 1 % des gens. C'est inadmissible !

Aujourd'hui, il est temps que le consommateur réfléchisse en tant qu'acteur, ne pouvant plus ignorer le coût écologique et humain de ses achats. Il doit savoir ce que l'achat d'un meuble bon marché a comme impact sur le pays et les habitants qui le fabriquent. Le consumérisme n'est pas un progrès, mais une régression. Il ne peut plus être un consommateur irréfléchi en connivence avec la violente machine à faire de l'argent. Tout cela m'amène à dire qu'il faut urgemment poser des limites démocratiques et écologiques à l'économie mondialisée qui écrase des pans entiers de notre industrie locale et détruit nos structures démocratiques. Agir est un impératif moral, écologique et démocratique. Je compte sur vous !

Chapitre 24b   Alerter sur la prolifération des normes

Exercices page 161

1 1. Vrai – **2.** Faux. Elle dénonce la multiplication des normes destinées aux agriculteurs. – **3.** Faux. Elle emploie beaucoup d'expressions familières.

2 1. taper sur les agriculteurs – **2.** pondent des normes – **3.** la densité de population au km^2 – **4.** établissent sans concertation – **5.** des réglementations – **6.** kafkaïenne/ubuesque

3 1. À force de – **2.** Faute d' – **3.** À force d'

4 (*Réponses possibles*) **1.** Il lui a fallu dix ans pour obtenir un feu vert. – **2.** Les scolaires pouvaient visiter sa ferme bio, tandis qu'à la cantine on ne servait que du surgelé. – **3.** Au pays des 400 000 normes, les confituriers disent aux technocrates : au secours, Kafka revient !

5 (*Réponses possibles*) **1.** Ce qui m'angoisse vraiment, c'est la détresse des agriculteurs. – **2.** (Cette invasion des normes,) il y a de quoi devenir fou ! – **3.** On a un manque de vision politique pour ce secteur crucial en France. – **4.** Foutez-nous la paix ! **5.** Je suis catastrophée car on sent un désarroi qui est démentiel.

6 (*Proposition*)

J'en ai marre, marre de ces normes qui nous mettent des bâtons dans les roues. Je suis confiturier dans le sud de la France, et toutes les normes absurdes édictées par l'Union européenne ont mis ma petite entreprise en grande difficulté.

Je m'explique, tout d'abord au niveau de la fabrication de mon produit. Les normes nous obligent, si l'on veut continuer à exporter ses confitures en dehors de la région, à mettre 55 % de fruits contre 45 % de sucre. C'est aberrant car, pour une bonne confiture – et tout confiturier le sait –, la dose idéale c'est moitié-moitié et parfois, pour certains fruits, il faut même davantage de sucre pour qu'elle soit délicieuse. Je vous rappelle que la confiture est un produit 100 % naturel, dont le sucre sert de conservateur. Grâce au sucre, aucun additif chimique n'est nécessaire. J'ai perdu plein de clients à cause de cette ânerie qui, soi-disant, garantirait la santé publique. Ces amateurs de confiture se plaignent justement que les confitures soient moins caramélisées qu'avant, et pour cause ! C'est grotesque d'établir des réglementations sans concertation avec les corps de métiers. De plus, pondre des normes ubuesques pour nous enquiquiner, c'est grave ! Le bon sens nous dit que dans chaque confiture il y a forcément du sucre, non ? Pourquoi jouer les hypocrites ? Même les consommateurs les plus stupides, qui ont peur de grossir, savent qu'une bonne confiture se fait avec du sucre, point barre, et non avec des édulcorants ou des sucres de synthèse.

En outre, dans mon atelier qui date du XIXᵉ siècle et qui est classé monument historique, on nous a obligés à installer des sorties de secours à proximité de chaque chaudron. Vous vous imaginez les dégâts ! Ma confiturerie est une entreprise familiale depuis quatre générations et a toujours fonctionné impeccablement, sans accident aucun ! J'ai donc dû percer des murs historiques de 50 cm d'épaisseur pour installer ces prétendues « sorties » conformes aux normes européennes et en douze ans je ne les ai jamais ouvertes ! Franchement, on va où ? Pas besoin de dire que j'ai été catastrophé car cela m'a coûté très cher. J'ai dû faire des emprunts énormes que je continue de rembourser... pour rien ! Alors, quand je vois la détresse des petits entrepreneurs comme moi, quand je vois cette jungle de normes, inventée abusivement par des technocrates en ruiner plus d'un, je ne peux que me révolter. C'est honteux ! Je demande donc à l'État d'adopter enfin une véritable stratégie politique pour ce secteur emblématique en France contre ces pondeurs de normes, éloignés – dans tous les sens du mot – de la réalité du terrain. Il est temps de mettre un terme au désarroi de tous ces artisans garants d'un savoir-faire unique.

Chapitre 24c   Rédiger un manifeste

Exercices page 163

1 1. Vrai – **2.** Faux. Cette pub vante un produit électroménager. – **3.** Vrai – **4.** Faux. Le texte est formulé sur un ton humoristique.

2 1. récurer à fond... méchamment entartrée – **2.** corvée – **3.** une conversation embarrassante... immaculée – **4.** un témoin gênant – **5.** Un service en porcelaine maculé – **6.** des enquiquinements

3 (*Réponses possibles*) **1.** Manifeste pour le droit (des hommes à faire le repassage) – **2.** (Parce que nous pensons que le talent des hommes) n'est pas reconnu (à sa juste valeur, nous) réclamons (le droit :) – **3.** De nous vider la tête (en inhalant les vapeurs du fer à repasser,) de nous défouler (en maniant le fer à toute vitesse) – **4.** (De) porter un tablier qui met notre taille en valeur (quand les chemises valsent au rythme du repassage) – **5.** D'avoir une excuse (pour quitter les discussions politiques) lorsque (le devoir nous appelle et que les robes de Madame sont froissées) – **6.** (De repasser ses propres chaussettes ou ses cravates car) on n'est jamais mieux servi que par soi-même – **7.** D'avoir une monnaie d'échange pour (éviter la corvée du coucher des gamins et celle de la promenade dominicale de belle-maman) – **8.** Vive (le repassage libre) ! Vive les hommes ! – **9.** (L') union des hommes (de fer et fiers de l'être !)

4 (*DALF. Proposition*)

Manifeste pour le droit aux passagers de prendre le train sans avoir la boule au ventre !

Parce que nous adorons les gares anciennes et les trains où l'on peut rêver, flirter, quelquefois même piquer un petit somme,

Parce qu'entre le voisin qui ronfle, la voisine qui raconte sans gêne aucune sa vie inintéressante au téléphone et le mioche d'en face qui hurle, nous restons des amoureux du train,

Parce qu'on ne peut plus manger d'œufs durs dans les cafés de la gare et que cela est bien triste,

Parce que, restant malgré tout toujours très polis, nous ne demandons pas la marque des uniformes de la SNCF aussi laids qu'un champ de betteraves en novembre sous la pluie,

Parce que les grèves sauvages des cheminots commencent sérieusement à agacer les usagers,

Parce que nous pensons que la souffrance des utilisateurs de la SNCF n'est pas du tout reconnue à sa juste valeur,

Parce que, pour être plus précis, la culture du retard à la SNCF, ça commence à bien faire !

Nous réclamons le droit :

De nous reposer quand les trains sont à l'heure, c'est-à-dire deux fois sur dix ;

De porter des vêtements de rechange au-dessus de nos vêtements, soit un manteau d'hiver, soit un maillot de bain, au cas où le train n'arriverait pas à destination, même si on a l'air complètement ridicule ;

D'avoir le droit d'adresser une (gentille !) insulte par passager aux cheminots qui nous ennuient avec leurs 30 jours de grève annuels ;

De payer nos places de première classe aux tarifs de la seconde quand les trains sont bondés et les places vendues en surréservation ;

D'avoir la certitude que la SNCF se charge personnellement de transmettre à nos amis, aux collègues et aux patrons les excuses bidon et peu crédibles pour le retard systématique des trains dû successivement à quelques flocons de neige ayant frôlé les caténaires, à une terrifiante canicule d'une durée de trois jours qui aurait déformé une traverse, à une branche égarée sur les rails, à deux feuilles d'automne et trois gouttes de pluie tombées sur un passage à niveau, à un vilain rhume du conducteur qui décide de ne pas travailler, au surmenage du contrôleur qui choisit de piquer un roupillon dans sa cabine sans se préoccuper des passagers ;

D'avoir le droit, dans les moments de grand stress, quand 30 000 voyageurs attendent leurs trains gare d'Austerlitz une veille de Noël après une panne générale du système d'aiguillage automatique, de péter un plomb et de chanter à tue-tête « Je hais la SNCF » ;

De nous faire rembourser par la SNCF un mois de notre abonnement de téléphone pour tous les messages que l'on a dû envoyer à nos taxis qui poireautaient depuis des plombes dans des gares perdues au milieu de nulle part ;

De draguer les gentils employés chargés de la vente des billets afin de leur soutirer de précieuses informations sur les retards prévus et à prévoir avant de monter dans le train ;

De nous faire offrir des billets d'avion pour Venise, Séville ou Lisbonne tous les cinq retards, annulations, grèves ou autres désagréments subis tout au long de l'année par le pauvre usager de la SNCF.

Nous disons STOP à la SNCF ! Vive une nouvelle compagnie de chemins de fer ! Vive les usagers tranquilles !

Signé : L'union des voyageurs de la SNCF, utilisateurs du nord au sud et de l'ouest à l'est

25. S'indigner

Chapitre 25a   Retracer une évolution sociétale

Exercices page 165

1 1. Faux. C'est un article de presse argumentatif. – 2. Vrai – 3. Faux. Le style du texte est d'une élégante sobriété.

2 1. s'est endetté – 2. l'hédonisme – 3. l'acquisition – 4. son approche dépensière – 5. consommation de masse – 6. ostentation – 7. une gratification instantanée… accents consuméristes

3 1. J'avance mes observations sur trois points. – 2. il serait plus sage de reconnaître le coupable dans nos miroirs – 3. il faut être capable d'identifier les nuances et reconnaître la dangereuse inflexion – 4. Au vu de ce qui précède, on pourrait s'étendre longuement sur les causes de ce changement – 5. Il serait intéressant de faire une observation sur une subtile transformation sociétale

4 (*Réponses possibles*) 1. Deuxièmement, le consommateur devient esclave malgré lui de cette nouvelle culture de l'immédiat. – 2. D'abord, assimiler la consommation au bonheur constitue une première vraie rupture dans notre conception du monde. – 3. Troisième signe annonciateur : il devient socialement acceptable de vivre au-dessus de ses moyens.

5 (*DALF. Proposition*)

À en croire les derniers chiffres publiés, les parts de marché des grands distributeurs agroalimentaires sont en train de se réduire au profit de celles des commerces de proximité. Suite à ce constat, il serait intéressant de faire une observation sur une subtile transformation sociétale qui est en train de se produire dans notre pays. Si, ces dernières décennies, la liberté de consommer se résumait à la consommation de masse en grandes surfaces, il semble qu'aujourd'hui cette dernière est ressentie davantage comme une créatrice de dépendances que de libertés. De nos jours, l'acte d'acheter est devenu un symbole social à travers lequel le consommateur exprime son attachement à des valeurs, tels le respect des conditions de travail et des salaires, la protection de la nature et l'encouragement des circuits courts. Pour expliquer ce phénomène, j'avance mes observations sur trois points :

Premièrement, il est clair que les grandes surfaces symbolisent le consumérisme à outrance où les produits vendus sont entassés dans d'immenses espaces froids et sans âme. Or, le consommateur moderne aspire de plus en plus à faire ses courses dans un lieu réduit, chaleureux, proche de chez lui, qui est consacré à un produit phare décliné en mille spécialités et où vous pouvez vous adresser à un connaisseur qui vous dévoile en plus des recettes succulentes. Ainsi, on peut voir renaître les crémeries où ça sent bon le fromage, les pâtisseries aux mille couleurs ou les caves garnies de magnifiques bouteilles de rouge, de rosé et de blanc. Le plaisir d'acheter est également un plaisir des yeux, du nez et du contact humain.

Deuxièmement, le citoyen est devenu esclave de ce mode de consommation qui le conduit systématiquement dans les périphéries des villes, ce qui a fait disparaître les commerces de proximité. Or, le consommateur moderne souhaite retrouver une manière de consommer plus intelligente et plus diversifiée qui permette d'associer choix, qualité et vie de quartier. Il ne lui semble plus logique de séparer stérilement lieux d'habitation et espaces de consommation, il a envie de retrouver, après le travail, une vie riche, animée et bien plus intime, loin des villes mortes des banlieues.

Troisième signe annonciateur de cette évolution vers le commerce de proximité et les producteurs locaux : le consommateur moderne a pris conscience du fait que la mondialisation apporte une exploitation accrue des hommes et de la nature. Il sait parfaitement que la grande distribution en est l'un des suppôts les plus redoutables. Il se tourne donc vers le petit commerce où il connaît le vendeur, où il peut établir une relation de confiance avec lui pour être sûr qu'il vous vende un produit de qualité réalisé dans des conditions de travail respectueuses. N'est-ce pas plus rassurant de connaître l'origine et le nom de l'éleveur qui vous fournit en viande et de savoir surtout qu'il ne se fait pas exploiter jusqu'au sang ? Hors de question également de favoriser avec ses achats le transport des marchandises d'un bout de la planète à l'autre. Il ne fait désormais plus de doute que le consommateur privilégie les circuits courts des produits locaux.

Au vu de ce qui précède, on pourrait s'étendre longuement sur les causes de ce changement. Cependant, ce qui importe le plus, c'est de savoir que cette évolution est inévitablement en marche et que le citoyen n'aspire qu'à une chose : devenir un consommateur libre, intelligent et respectueux de ses concitoyens. Espérons, aussi pour le bien de nos papilles, que cette tendance prendra rapidement de l'ampleur.

Chapitre 25b   Débattre d'une réforme

Exercices page 167

1 1. Non, il s'agit d'un débat sur la réforme de l'orthographe. – **2.** Vrai – **3.** Non, la plupart trouvent cette réforme de l'orthographe peu utile, voire contre-productive, d'autres y voient un côté positif.

2 1. le fond et la forme – **2.** la (proposition) principale et la (proposition) subordonnée – **3.** le verlan – **4.** les guillemets – **5.** le néographe – **6.** l'argot – **7.** (La phrase est) truffée de fautes d'orthographe.

3 (*Réponses possibles*) **1.** J'aurais préféré pour ma part un vrai débat sur l'école. – **2.** Moi, ça ne me plaît pas trop, j'ai peur d'un appauvrissement de la langue. – **3.** Moi de mon côté, j'ai tendance à penser que c'est peut-être mettre la barre trop bas.

4 (*Réponses possibles*) **1.** C'est au Québec qu'on veille à ce que les anglicismes ne règnent pas en maître. – **2.** Le vrai enjeu pour la langue, c'est la construction syntaxique. – **3.** En France, on a adopté des mots en anglais sans même en discuter.

5 **1.** On est quand même très forts pour des débats assez symboliques. – **2.** Et puis là, on nous lance cette histoire de réforme de l'orthographe ! – **3.** Écrire nénuphar avec « f » ou « ph », si cela permet de démocratiser la langue, pourquoi pas ?

6 (*Proposition*)

Afin de donner une tournure plus concrète à ce débat, je vous montre ce dessin car il illustre bien le propos de notre débat d'aujourd'hui. À savoir que le sens d'un mot peut être multiple et peut porter à confusion, comme c'est le cas ici. Cette sympathique vieille dame, quand elle a trop mangé, fait un jeûne, ce qui se traduit par faire une diète de quelques heures ou de quelques jours. Sans accent circonflexe sur le *u* de jeûne, cette vieille dame devient très coquine : ce mot prend ici une tout autre tournure puisqu'elle nous avoue ici en effet qu'elle « se fait un petit jeune ». Ce propos grivois signifie qu'elle a l'habitude de faire l'amour avec un jeune homme, et ce, comme une cougar.

On voit bien qu'écrire « jeune » avec ou sans accent circonflexe permet de distinguer, de nuancer et une réforme n'a rien à voir avec une démocratisation de la langue, mais bel et un bien avec un appauvrissement de celle-ci qui finira par ne plus pouvoir exprimer des finesses ô combien importantes. Il ne s'agit pas de mettre la barre de plus en plus bas, mais d'apporter aux élèves des outils perfectionnés pour décrire le monde qui les entoure. J'aurais préféré, pour ma part, un vrai débat sur l'école, laquelle semble avoir oublié les principes fondamentaux du savoir et qui se perd dans des futilités technologiques. Moi, de mon côté, j'ai quand même tendance à penser que savoir lire et écrire est plus important que d'utiliser un tableau blanc interactif ! Soyons raisonnable, que diantre !

Le grand problème du monde professionnel est que désormais, les textes apparaissent truffés de fautes d'orthographe, ce qui ralentit et altère les échanges d'idées et d'informations. La multiplication des ateliers d'écriture et des stages sur l'orthographe dans les entreprises le prouve !

Pour conclure, il me semble qu'une énième réforme de l'orthographe initiée par des néographes qui n'ont rien d'autre à faire, ce n'est finalement qu'une mesure purement démagogique et qui détruit les chances des élèves de réussir dans la vie professionnelle.

Chapitre 25c Dénoncer un abus

Exercices page 169

1 **1.** Vrai – **2.** Faux. L'auteur s'en prend à un homme politique (une famille politique = un parti). – **3.** Faux. La lettre est polémique et rédigée dans un registre très familier.

2 **1.** parasite politicien – **2.** ébruité l'affaire – **3.** racaille mafieuse… magouilles – **4.** ont détourné/détournent l'argent du contribuable – **5.** Tous pourris !

3 1. Pourquoi je ne suis plus étonné(e) ? – **2.** Monsieur voudrait maintenant présider la France pour s'en mettre plein les poches. – **3.** Madame, réputée femme au foyer, a empoché entre 4 000 et 8 000 € par mois. – **4.** Dans le jeu des 7 familles, je voudrais la famille « Ministre » : le père, la mère, le fils, la fille. – **5.** Monsieur X, rebaptisé Monsieur Propre, a manifestement oublié de balayer devant sa porte. – **6.** On apprend que Madame a été payée 50 000 € pour rédiger 3 ou 4 notes de lecture.

4 (*Réponses possibles*) **1.** Quand on fait la liste des scandales politico-financiers, il y a de quoi vomir. – **2.** À lui qui gaspille le fric de l'État, je dis que moi, citoyenne, décrète qu'il faut mettre hors d'état de nuire toute cette racaille qui détourne l'argent du contribuable. – **3.** Quand on fait la liste des scandales politiques, il y a de quoi ne plus aller voter. – **4.** Quand on voit comment les gens se privent de tout, c'est à gerber.

5 (*DALF. Proposition*)

Lettre ouverte d'un étudiant cherchant à se loger dans la capitale au Directeur général de l'OPH (Office public de l'habitat)
Je suis étudiant depuis trois ans, je vis dans une chambre meublée de 8 m² en banlieue parisienne que je loue 500 euros par mois et je dois faire trois heures de métro par jour afin d'assister à mes cours à Paris 3 Sorbonne Nouvelle. Mes parents vivent à Mayotte, à 8 000 km d'ici, et ne peuvent donc pas me loger, bien sûr ! Il y a quatre ans que je renouvelle mes demandes auprès des services des HLM (Habitation à loyer modéré) pour obtenir un studio de 15 m² dans Paris, pour des raisons de commodité et avoir moins de frais de transport. J'ai visité des studios à 550 euros qui seraient parfaits pour moi, mais jamais mon dossier n'a été retenu et pour cause… ! Dans le jeu des 7 familles, je voudrais les Pérolles, les Ciloïna ou les Tibéra, dont les enfants se sont tous vu attribuer des logements HLM (de luxe, des 2/3 pièces) en plein centre de Paris pour des loyers dérisoires (600 euros). Pourquoi je ne suis plus étonné ? Parce que ces rejetons de parasites politiciens ont déjà obtenu des emplois fictifs dans le passé. C'est ce que *Le Canard enchaîné* vient de publier. En ébruitant cette affaire, le journal nous apprend également que leur mère avait été payée 10 000 euros pour le rapport « Réflexions sur la précarité estudiantine en Île-de-France » qu'elle avait rédigé. Si cela n'est pas du cynisme, qu'est-ce que c'est ! À tous ces hommes politiques et à leurs familles, je dis que moi, citoyen respectable, décrète qu'il faut mettre à contribution toute cette racaille et supprimer ces magouilles mafieuses. Quand on fait la liste de toutes ces « affaires » de népotisme, il y a de quoi vomir. Quand on voit que les étudiants se privent de tout confort de base, pour faire des études, il y a de quoi gerber. Quand on fait la liste des scandales politico-sociaux, il y a de quoi ne plus aller voter, car oui, ils sont tous pourris !

Bilan n° 5

Exercices pages 170-171

1 1. des livres indigents – **2.** toupet – **3.** une prébende – **4.** L'esprit critique – **5.** Taper sur – **6.** pond

2   **1.** une magouille – **2.** l'argot – **3.** s'endetter – **4.** de corvée (être de corvée) – **5.** une réglementation – **6.** des empires – **7.** un électeur, une électrice – **8.** un héritage – **9.** (mots) récurrents – **10.** aux médisances – **11.** une preuve – **12.** un(e) accusé(e) (« Accusé, levez-vous ! ») – **13.** une plume – **14.** une régression – **15.** la laïcité

3   **1.** Le tribunal – **2.** une plaidoirie – **3.** siège – **4.** meurtres… assassinats – **5.** comparaître – **6.** condamnée… un acquittement

4   (*Réponses possibles*) **1.** L'État est neutre à l'égard des convictions religieuses. – **2.** Vous appuyez là où ça fait mal. – **3.** Il m'incombe la lourde responsabilité de vous annoncer que (votre demande d'acquittement a été rejetée en appel). – **4.** Je vais te punir pour le culot/toupet que tu as eu. – **5.** Les technocrates nous ont enquiquinés des années durant, c'est pourquoi il nous a fallu 20 ans pour obtenir le feu vert afin d'ouvrir notre ferme « Vive le lait cru ! ». – **6.** Après la corvée du ménage (et du repassage), les hommes ont besoin de se vider la tête et de se défouler. – **7.** J'avance mes observations sur trois points : aujourd'hui, la consommation se doit d'être intelligente, écologique et éthique.

5   (*Réponses possibles*) **1.** Quand on voit les gens se priver de tout, c'est à gerber/à vomir. – **2.** Ma belle-doche, elle fait toujours la teuf. – **3.** La détresse des agriculteurs, ça m'angoisse ! – **4.** Votre situation personnelle, j'en ai rien à faire. – **5.** Si vous souhaitez vous faire mettre, alors votez pour moi.

6   (*Réponses possibles*) **1.** Nadine a enchaîné les attaques personnelles à l'encontre de son adversaire au lieu de présenter son programme. – **2.** François a avancé le discours de l'opposition, pas celui d'un gouvernant. – **3.** En se comportant de la sorte, Nicolas a pu paraître agressif mais surtout, il a présidentialisé son adversaire.

7   (*Réponses possibles*) **1.** Si j'ai choisi de faire de la politique, c'est pour le pouvoir que cela procure. – **2.** Il est indéniable que l'argent permet d'acheter les hommes. – **3.** Votre situation, je n'en ai rien à faire.

8   (*Proposition*)

Parmi les notions les plus emblématiques en France, il y a celle de « laïcité ». Partout on en discute, à chaque instant on en débat. Mais qu'est-ce qu'au juste la laïcité ? Il faut l'admettre : c'est quelque chose à la fois de simple et de complexe.

Tout d'abord, sur un plan théorique, c'est plutôt simple. La laïcité organise la séparation de l'Église et de l'État. Cela signifie que la croyance ou la non-croyance est une affaire privée, qui ne doit en aucun cas s'introduire dans les structures étatiques, et qu'en contrepartie l'État reste neutre à l'égard des convictions religieuses. C'est comme un deuxième volet ajouté à la fameuse séparation des pouvoirs afin d'éviter de mélanger les sphères privées et publiques.

Par ailleurs, la laïcité interdit les signes religieux ostentatoires dans l'espace public et protège les citoyens de tout prosélytisme et de toute pression. En aucun cas vous ne pouvez vous prévaloir de votre appartenance religieuse pour obtenir des prérogatives ou des passe-droits. Tous les citoyens sont égaux devant la loi.

Il n'empêche que, dans la réalité quotidienne et professionnelle, l'application de cette notion est parfois plus complexe. En effet, il est des lieux où le privé et le public se côtoient si étroitement que l'on a du mal à décider ce qui appartient aux convictions intimes et ce qui appartient au devoir du citoyen. Mais, dans tous les cas, et quelles que soient les difficultés liées à son application, l'idée qui prévaut dans la société française c'est qu'il faut toujours mettre en avant la vision du partage et non celle du repli identitaire et communautaire.

En résumé, en France, chacun peut vivre comme il l'entend, que ce soit par rapport à son origine, ses croyances ou non-croyances, son genre, son orientation sexuelle et ses pensées politiques. Pour cela, chacun doit rester discret et veiller à ne pas occuper l'espace public et les institutions telles que les écoles, les hôpitaux... au détriment d'autrui. La pensée universaliste, qui forme les assises de la laïcité en France, doit triompher de toutes formes de communautarisme. Cela est inscrit dans les textes de loi et doit être respecté.

26. Évoquer un lieu touristique

Chapitre 26a   Évoquer un lieu merveilleux

Exercices page 173

1 1. Vrai – **2.** Faux. Le narrateur évoque un souvenir d'enfance – **3.** Vrai

2 1. le poteau – **2.** la rampe – **3.** les réverbères – **4.** un abat-jour – **5.** un agglomérat d'immeubles

3 1. nous nous réjouissions – **2.** nous nous étions rencontrés – **3.** nous nous vîmes... s'enflammèrent... s'égarèrent

4 1. Couvert de fleurs, le balcon semblait suspendu au-dessus de la brume chaude des steppes. – **2.** Le balcon tanguait légèrement, se dérobant sous nos pieds, se mettant à planer. – **3.** Peu à peu, nous nous abandonnâmes à ce silence. – **4.** On eût dit des paillettes de petites vagues sur la surface d'une rivière. – **5.** Les premières étoiles frémirent dans le ciel. – **6.** Des senteurs fortes, pénétrantes, montèrent jusqu'à nous...

5 1. Soudain, nous nous rendîmes compte – **2.** telle une Atlantide brumeuse, sortait des flots – **3.** de cette marée fantastique – **4.** entendions ce silence sommeillant – **5.** Une ville fantôme émergeait

6 (*Proposition*)

Je me souviens encore très bien de quelques séjours fantastiques que nous passions dans notre chalet à Abondance, niché sur les alpages de Haute-Savoie, lieu de villégiature hivernale de mon enfance où nos ancêtres avaient déjà partagé tant de beaux Noëls.

Lorsque nous arrivions à la nuit tombée, notre chalet totalement entièrement recouvert de neige lors des grands froids semblait suspendu au-dessus d'une mer de glace. Nous étions enveloppés dans un profond silence, un froid vif nous transperçait. Nous entrions dans ce chalet glacé, mon père préparait la cheminée, ma mère allumait les bougies et moi j'activais la pompe à eau. Je me rappelle un jour où nous étions réunis autour de la cheminée pour nous réchauffer. En fin d'après-midi, notre voisin M. Benand frappa à la grande porte en bois et arriva avec des thermos plein les bras, remplis de vin chaud aromatisé. Prenant place à nos côtés, le vin déliant sa langue, il se mit à raconter des légendes du temps passé, à nous narrer les longues veillées au coin du feu des villageois d'autrefois. Au cours de son récit, mon esprit s'envolait en rêve. Au loin, j'entendais le ululement des hiboux, le crissement de la neige sous les pas de quelque renard errant dans la nuit et les vieux sapins soupirer sous les assauts d'un vent polaire. Soudain émergeait sous mes yeux un village enchanteur où des princes et princesses se déplaçaient dans de majestueux traîneaux tirés par des rennes que le tintement joyeux des clochettes faisait sourire. Animés par ce monde imaginaire, nous nous revêtîmes de nos chaudes pelisses et nous nous précipitâmes sur le balcon où nous découvrîmes, à notre plus grand étonnement, un ciel de nuit constellé d'étoiles si clair que nous en étions éblouis et une neige si scintillante qu'on eût dit des paillettes éparpillées à l'infini. Ce paysage d'une pureté et d'une blancheur inouïe, qui ressemblait à l'image poétique que nous nous faisions du livre de Jules Verne *Michel Strogoff,* nous émerveilla. C'était féerique comme dans un conte de Noël !

Chapitre 26b   Exprimer poétiquement les sensations de la nature

Exercices page 175

1 (*Réponses possibles*) **1.** Au roman autobiographique. – **2.** Il évoque les sensations fugitives de la nature. – **3.** À un voyageur.

2 **1.** vallon – **2.** feu de broussaille – **3.** cimes dépouillées – **4.** vallée – **5.** mousse – **6.** jonc flétri – **7.** la bruyère – **8.** roche – **9.** les premiers frimas – **10.** troncs – **11.** étang désert

3 **1.** tantôt… tantôt – **2.** Autant… autant

4 **1.** Je marchais comme possédé par le démon de mon cœur. – **2.** J'entrai avec ravissement dans le mois des tempêtes. – **3.** Un secret instinct me tourmentait. – **4.** On en jouit des plaisirs, mais on ne peut les peindre.

5 Qu'il fallait peu de choses à ma rêverie… Une voix du ciel semblait me dire… le clocher solitaire a souvent attiré mes regards… je me figurais les climats lointains… j'écoutais ses chants mélancoliques qui me rappelaient… j'aurais voulu être sur leurs ailes

6 (*Proposition*)

Mais comment exprimer cette foule de sensations fugitives que j'éprouvais lors de mes promenades automnales à la campagne ? C'est si beau qu'on peut en jouir mais non les peindre, surtout lorsqu'on est dans une période de sa vie où les incertitudes vous assaillent, sur vos amours, sur vos amis, sur votre vie… En proie aux doutes, j'entrais avec ravissement dans le mois des tempêtes. Les forces de la nature me ravissaient… Tantôt, j'aurais voulu être un de ces héros ayant le courage d'affronter tous les dangers, tantôt j'enviais jusqu'au berger qui prenait le temps de se reposer sur un rocher recouvert d'une mousse soyeuse. Quand l'automne arrivait, un secret instinct me tourmentait et je marchais comme possédé par les démons de mon cœur. Qu'il fallait peu de choses à ma rêverie :

des arbres à moitié dépouillés dont les feuilles rousses étaient emportées par le vent, des bruyères présentant un camaïeu de couleurs autour d'un étang désert, des joncs flétris se reflétant dans l'eau, des forêts flamboyantes donnant une lumière mordorée au paysage. J'écoutais le chant mélancolique des passereaux qui allaient migrer dans des pays chauds et lointains. Ah, comme j'aurais voulu être sur leurs ailes ! Je me débattais sans cesse contre des sentiments opposés : autant mon esprit aspirait au repos, autant mon cœur rêvait d'aventures. Mais une voix du ciel semblait me dire : « Patience ! Les temps sont difficiles, mais le jour viendra où tu trouveras ce que ton cœur désire ! » Oui, c'est bien vrai : un cœur solitaire ressemble au ciel d'automne… Ainsi méditant, je marchais au gré du vent et de la pluie qui fouettaient mon visage.

Chapitre 26c   Rédiger une page d'un guide touristique

Exercices page 177

1 1. Il s'agit d'un texte extrait d'un guide touristique. – **2.** On y parle d'une ville dans l'est de la France. – **3.** On ne connaît pas précisément l'auteur du texte, mais il l'a rédigé pour *le Guide du Routard*.

2 1. les remparts – **2.** les fortifications – **3.** extra-muros et intra-muros – **4.** un promontoire – **5.** les tours défensives – **6.** une ville haut perchée

3 (*Réponses possibles*) **1.** C'est l'une des plus vieilles villes de France et l'une des plus belles. – **2.** Nous adorons cette beauté discrète loin du bling-bling à la mode. – **3.** Elle n'a pas été frappée par le modernisme à outrance, seulement caressée. – **4.** Elle est intemporelle, d'où son côté de décor de film de cape et d'épée. – **5.** De physique et de caractère, cette ville possède une personnalité étonnante. – **6.** Langres n'a pas « vendu son âme au diable ».

4 (*Réponses possibles*) **1.** Cette ville a préservé son authenticité, maintenu son charme, malgré son grand âge. – **2.** Ce serait une noble et jeune dame, tranquille, réservée, pudique même, mais ô combien attirante et séduisante ! – **3.** Cette ville semble se tenir à distance de l'agitation du monde, c'est à la fois sa force et sa faiblesse. – **4.** Elle n'a pas beaucoup grossi depuis 2000 ans. – **5.** Et si Langres se métamorphosait en héroïne balzacienne ?

5 (*DALF. Proposition*)

Uzerche (Corrèze) 3 197 habitants

Au cœur d'un paysage intemporel du centre de la France, Uzerche, nommée « la perle du Limousin », se visite de jour comme de nuit et compte de nombreux monuments inscrits au patrimoine historique. Par ses clochers élancés, ses remparts crénelés, ses tours aux toits pointus, ses ruelles surmontées de porches gothiques et ses maisons fortifiées, cette ville haut perchée dégage un charme singulier. Vue du contrebas, cette cité accrochée sur un promontoire donne l'impression d'être un nid d'aigle. Des neuf portes de l'enceinte fortifiée, seule subsiste la porte Bécharie par laquelle on accède au jardin du château et à l'abbaye bénédictine fondée au Xe siècle.

C'est l'une des plus anciennes villes de France et l'une des plus belles. Ce lieu remarquable, d'où la vue plonge sur la vallée de la Vézère, est un endroit où s'est installée durant des siècles une multitude de fabriques rurales et artisanales (tanneries, papeteries) qui ont façonné l'architecture de la ville basse.

De physique et de caractère, cette ville possède une personnalité étonnante car elle n'a pas été frappée par le modernisme à outrance. Cette ancienne capitale du Bas-Limousin a su préserver son authenticité, malgré son grand âge. Et si Uzerche se métamorphosait en héros dumassien ? Ce serait un chevalier débordant de bravoure et animé par l'amour courtois des troubadours.

Devenez, le temps d'un séjour, un chevalier uzerchois fier et vaillant, vous ne le regretterez pas !

27. Parler du 7ᵉ art

Chapitre 27a   Rédiger un scénario de film

Exercices page 179

1 1. Non, il s'agit d'un scénario de film. – **2.** Ils ont été amants. – **3.** Le ton du scénario appartient au registre vaudevillesque. – **4.** La didascalie est une indication de jeu dans un scénario. *Exemple :* Un temps. Suzanne sourit tristement.

2 1. les embrouilles – **2.** le médaillon – **3.** piquer – **4.** se fier à quelque chose – **5.** baraqué – **6.** la nymphomane

3 1. brise la glace – **2.** avez bien cancané derrière mon dos – **3.** Tout me porte à croire que… – **4.** quoique… – **5.** est le portrait craché de

4 (*Réponses possibles*) 1. Babin, ému, sous le choc – **2.** EXT. JOUR – **3.** X et Y restent assis côte à côte (silencieux) – **4.** (voix off) – **5.** flash-back – **6.** Un temps. Il/elle sourit tristement.

5 Pas d'autres… d'autres… de ne plus l'être

6 (*Proposition*)

EXT. JOUR. Vous êtes dans la voiture à côté de votre ancien amant, vous vous retrouvez après trente ans.

ACTEUR (ému) Est-ce vrai que votre fils est le mien ?

ACTRICE (énervée) Je ne sais pas…

ACTEUR (impatient) Si c'est mon fils, quelle joie vous me faites là…

ACTRICE (dépitée) Franchement, je ne sais vraiment plus, je n'ai plus de souvenirs de cette époque lointaine et révolue, mais tout me porte à croire que mon fils n'est pas de vous !

ACTEUR (choqué) Il n'est ni de votre mari, ni de moi ? Mais alors de qui ?

FLASH-BACK ACTRICE se souvient, une chambre romantique, un terrain de golf

Actrice (voix off) Je me rappelle avoir eu une aventure avec le fils du notaire, il se pourrait que mon fils soit de lui. Mais ce qui est bizarre, c'est que mon fils a des traits très nordiques comme ceux de Sven. À l'époque, c'était un beau joueur de golf danois qui m'accompagnait sur le *green*… Je ne sais plus, c'est si loin tout cela.

ACTEUR (surpris et choqué) Et moi, durant toutes ces années, qui vous ai crue si fidèle, si amante et si aimante…

ACTRICE (agacée) Vous en avez bien profité... c'est la vie, et d'ailleurs personne n'en a jamais rien su, c'est de l'histoire ancienne. Il faut relativiser tout ça aujourd'hui... Je suis grand-mère.

ACTEUR (triste) Quel dommage. Moi qui voulais refaire ma vie avec vous !

ACTRICE (amusée) Moi, je veux bien vous revoir... de temps à autre, mais alors juste pour le plaisir, et à condition que... Et d'ailleurs, êtes-vous libre ce soir ?

Chapitre 27b   Traiter des aspects techniques d'un film

Exercices page 181

1 **1.** Faux. C'est l'interview d'un réalisateur belge. – **2.** Vrai – **3.** Vrai – **4.** Faux. Le film a été projeté au festival de Cannes.

2 **1.** réalisateur – **2.** monteuse – **3.** metteur en scène – **4.** séquence – **5.** opérateur, opératrice – **6.** hors-champ, réalisateur, cadreur – **7.** décoratrice, costumière – **8.** scénariste – **9.** cameraman, cadreur, opérateur de prises de vues – **10.** régisseur... logistiques

3 **1.** Le plan séquence, pour les acteurs, c'est ce qu'il y a de plus jubilatoire. – **2.** Chaque séquence doit être un petit film en soi. – **3.** Le film se construit sous forme de chronique dont la temporalité est très élastique. – **4.** L'axe principal se développe autour d'une unité de lieu. – **5.** C'est la succession de ces séquences qui fait un grand film.

4 **1.** Oui, mon directeur photo m'a parlé d'un nouvel outil, qu'il maîtrise. – **2.** (Une technique plus performante) et puis c'est une esthétique : il y a une souplesse, une élégance que j'aime bien. – **3.** Avec le monteur, on a une phrase toute simple : « On s'emmerde, on coupe. »

5 *(Proposition)*

Pour moi, le film qui m'a le plus impressionné au niveau narratif et technique, c'est le film japonais *Pluie noire* de Shohei Imamura, primé au Festival de Cannes en 1989 (Prix spécial du jury et Prix technique).

Le film débute à Hiroshima le 6 août 1945. La population vaque à ses occupations quotidiennes. Soudain, un éclair, le fameux « éclair blanc » de la bombe nucléaire. L'enfer. Des gens mutilés errent dans les rues. La ville s'est transformée en un amas de gravats.

Le film se focalise sur Yasuko. Au moment de l'explosion, la jeune fille est sur un bateau, touchée par la pluie noire qui s'abat sur la mer et sur les passagers les irradiant sans qu'ils le sachent.

Des années plus tard, changement de décor. On se retrouve dans un cadre presque idyllique. C'est là, dans une ambiance de nature sereine, apaisante, que lentement l'idée de la mort s'infiltre dans la destinée de Yasuko qui ne trouve pas à se marier. On craint sa maladie. L'horreur, au lieu de diminuer après la guerre, continue sous une autre forme, tout aussi cruelle...

Pluie noire est un film étrange, impressionnant par certains côtés, tant la reconstitution des scènes de l'explosion d'Hiroshima semble réaliste. Il y a des changements de rythme que le réalisateur a introduits dans la narration pour rendre le déroulement du destin plus sensible. Les séquences finales sont incontestablement bouleversantes dans la dernière demi-heure du film. La pellicule est en noir et blanc et renforce ainsi l'aspect tragique et presque intemporel du drame.

C'est un cinéaste violent, lyrique, baroque, passionné qui, avec *Pluie noire*, après quelques plans longs d'apocalypse, fait entendre des chuchotements plus que des cris, fait voir la vie intime plus que la vie partagée, sous la forme d'une chronique de mort annoncée.

Il fallait ce style épuré, d'une inquiétante langueur, il fallait l'extraordinaire pudeur des interprètes dans le déchirement, la peur et la souffrance, comme celle de Yasuko perdant ses cheveux et bannie de la société. Cette mort lente, à la fois physique et sociale, est un thème cher à Imamura qui transfigure le phénomène historique pour revenir aux racines du destin humain.

Ce n'est pas un hasard si le Prix technique lui a été remis à Cannes, tant le décor et le travail du directeur photo puisant dans un esthétisme d'une sobriété poignante confèrent à ce film une élégance jubilatoire.

Dans sa façon de tenter de décrire l'indescriptible, de dire l'indicible, on retrouve un saisissant hommage à Alain Resnais et Marguerite Duras pour leur inoubliable *Hiroshima mon amour*.

Chapitre 27c   Écrire un synopsis de film

Exercices page 183

1 1. Faux. Il s'agit de trois synopsis de film. – 2. Faux. Il y a deux fictions et un documentaire. – 3. Vrai – 4. Vrai

2 1. un documentaire – 2. un film policier – 3. un mélodrame – 4. une comédie – 5. un film érotique – 6. un film fantastique – 7. un film historique – 8. un film d'horreur

3 1. Pendant trois mois, le réalisateur a sillonné l'Hexagone. – 2. Un couple bourgeois engage une bonne dans sa demeure en Bretagne. – 3. Une rédactrice en chef à succès décide d'adopter un petit garçon russe.

4 1. L'enfant semble colérique au point que l'héroïne veut l'échanger avec un autre. – 2. Après les attentats, le réalisateur donne la parole aux Français. – 3. La domestique cherche à cacher son illettrisme, qu'elle juge humiliant.

5 1. Deux filles se lient d'amitié, toutes les deux ont été jugées pour meurtre... – 2. C'est une situation ingérable qui va fragiliser l'équilibre du couple... – 3. Un homme se plaint de l'éclatement de sa famille, un jeune homme a du mal à envisager l'avenir...

6 (*DALF. Propositions*)

Les Chansons d'amour : drame musical de Christophe Honoré, 2007
Pour surmonter leurs problèmes de couple et pimenter leur quotidien, Julie et Ismaël décident de commencer une relation à trois en accueillant Alice dans leur modeste appartement parisien. La mère et la sœur de Julie sont d'abord étonnées et voient d'un drôle d'œil cette façon de vivre. Mais Julie meurt brutalement d'un arrêt cardiaque, à la sortie d'un concert. Ismaël tente de reprendre le cours de son existence sans elle, mais la famille de Julie, omniprésente, veut à tout

prix l'intégrer à son deuil familial. Ismaël fait ainsi la connaissance d'Erwann, un jeune lycéen homosexuel, rêveur et romantique, et il ne tarde pas à tomber éperdument amoureux de lui…

Pouic-Pouic : comédie de Jean Girault, 1963
Léonard Monestier, un homme d'affaires en perpétuelle ébullition, a pour épouse une femme excentrique, Cynthia, qui s'est entichée d'un coq appelé Pouic-Pouic dont elle a fait son animal de compagnie. Cynthia, qui se croit douée pour les opérations boursières, achète à un aigrefin des terrains, qui n'ont de pétrolifères que le nom, sur les bords de l'Orénoque. Lorsque son mari Léonard l'apprend, il tente de faire racheter la concession par Antoine, le soupirant transi de sa capricieuse fille Patricia, pour s'en défaire au plus vite. Ce garçon lui semble présenter les deux qualités essentielles pour la réussite de ce projet : il est riche et il est bête…

Le Crime de l'Orient-Express : drame policier de Sidney Lumet, 1974
Hiver 1935, à Istanbul. Le célèbre détective belge Hercule Poirot, en visite en Turquie, doit rentrer prématurément en France. À la recherche d'une solution, il se rend dans l'hôtel de luxe de la gare d'Istanbul où il espère que la chance pourra lui donner un petit coup de pouce. Et en effet, rencontrant dans le grand salon de l'hôtel son ami, M. Bianchi (*M. Blanchet* dans la version française et *M. Bouc* dans le roman), qui est le directeur de la luxueuse ligne de l'Orient-Express, il obtient par son intermédiaire une place dans une voiture du prochain train en partance pour Calais. Lui-même, le directeur de la ligne, sera du voyage. Le train prend son départ et commence la traversée de l'Europe. En chemin, lors de la traversée des pays des Balkans, un homme d'affaires, un certain Samuel Ratchett, estimant sa vie en danger, demande l'aide de Poirot pour le protéger, ce que ce dernier refuse. Mais, au matin suivant, Ratchett est retrouvé mort dans sa couchette, poignardé de douze coups de couteau à la poitrine…

28. S'exercer à la critique d'une production artistique

Chapitre 28a   Partager ses opinions à propos d'un événement artistique

Exercices page 185

1 1. Vrai – **2.** Faux. On parle d'un concours de chansons européen. – **3.** Faux. La chanteuse est très en colère. – **4.** Faux. Anne-Marie David a gagné l'Eurovision pour le Luxembourg en 1973. – **5.** Faux. La phrase « Merci de cette générosité » est pleine d'ironie.

2 1. un titre – **2.** le représentant de – **3.** des budgets colossaux – **4.** ringard… tendance – **5.** valoriser à moindre coût – **6.** fondements basiques

3 1. Y en a ras le bol ! Il faut arrêter de nous prendre pour des imbéciles. – **2.** Et surtout, faut pas nous dire qu'on veut gagner, parce qu'alors là, ça me met très en colère. – **3.** Qu'est-ce qu'on fait ! On envoie un chanteur en anglais, non mais franchement, on rêve ! – **4.** On nous rebat les oreilles avec la défense de la chanson française à l'étranger. – **5.** Je veux bien faire amende honorable, mais c'est sûr qu'on n'est pas bon.

4

1. dis bien le ministère de la Francophonie – **2.** pour amenuiser ou amoindrir (pardon) la polémique de l'anglais, le chanteur a décidé de – **3.** on nous avait demandé de nous défendre avec nos armes, c.-à-d. notre culture, ma culture française, ma langue française, point ! – **4.** bon, c'est un peu excessif à mon sens, mais je le respecte

5

(*Proposition*)

Non, je ne suis pas du tout d'accord avec cette nouvelle tendance de mettre systématiquement des chansons anglo-saxonnes dans les BOF (bandes originales de film) des productions cinématographiques et télévisuelles francophones. Avec le vivier de créations musicales francophones dans la musique vivante, il y aurait pourtant de quoi faire ! Il y a des centaines d'artistes chanteurs et musiciens de grand talent en francophonie qui ne demandent qu'à diffuser leurs œuvres... en français. En plus, utiliser des musiques et des chansons anglophones demande un budget colossal et pour cela on pompe le ministère de la Culture, je dis bien le ministère de la Culture français ! Et cela me met très en colère. Celui-ci devrait plutôt réserver ses subventions à des projets liés à notre culture, non ? Il serait urgent qu'il donne des fonds pour réhabiliter la chanson française auprès des médias, en soutenant les jeunes artistes qui créent en français. Au lieu de cela, l'argent part à l'autre bout du monde... Y'en a ras le bol, quoi ! On nous rebat les oreilles comme quoi on doit défendre notre culture, la francophonie, la diversité culturelle et linguistique, etc., etc., et là, qu'est-ce qu'on fait ? On utilise des musiques qui ne rapportent rien, ni à nos artistes, ni à la SACEM (société française qui gère les droits des artistes de musique)... Non mais franchement, on rêve ! Certains diront sans doute que je suis excessif, mais il faut savoir mettre en avant notre culture. Un point, c'est tout ! Et d'ailleurs les autres (suivez mon regard !) ne se gênent pas pour le faire ! Il faut savoir ce que l'on veut.

Chapitre 28b   S'indigner contre une imposture artistique

Exercices page 187

1

1. Faux. C'est un article sur l'art contemporain. – **2.** Non, elle dénonce l'imposture de cette appellation. – **3.** Le discours de l'artiste est combatif.

2

1. l'art conceptuel – **2.** des critères intelligibles – **3.** un label estampillant un courant – **4.** un caractère sériel – **5.** coté... cote – **6.** des spéculateurs – **7.** produit d'appel haut de gamme... déclinés en marchandise industrielle

3

(*Réponses possibles*) **1.** Le vocable d'« Art contemporain » ne reflète pas toute la production artistique de notre époque, loin de là. – **2.** L'art conceptuel – apparu dans les années 1960 – s'est en effet imposé à partir des années 1980 en tant que seule pratique « contemporaine » légitime. – **3.** Je ne reconnais pas, dans ce que les médias renvoient sous l'étiquette d'art contemporain, ce que je perçois de la pratique de mes pairs. – **4.** L'hypervisibilité de ces produits, qui résulte de la labélisation « Art contemporain », occulte la création d'aujourd'hui.

4

(*Réponses possibles*) **1.** J'aimerais que soit levé le voile sur la liberté irréductible qui existe à l'ombre/à l'écart des circuits commerciaux. – **2.** Je prends à témoin nos compatriotes de cette politique contre leurs intérêts. – **3.** Je partage mon indignation de citoyenne déplorant ce qui s'apparente à un détournement des finances publiques au bénéfice de spéculateurs internationaux. – **4.** Les artistes sont sous-évalués et dépréciés uniquement parce qu'ils sont invisibles. – **5.** Je désire faire justice à l'œuvre de Tourla en contribuant, à mon échelle, à la faire connaître.

5 *(DALF. Proposition)*

La danse contemporaine est un art essentiel, c'est indéniable. Or force est de constater que ce vocable est usurpé par des artistes qui n'ont rien d'« artistique » et qui ne reflètent nullement la danse d'aujourd'hui. Hier, je suis allé voir un spectacle intitulé « Stop » d'une prétendue chorégraphe, Manon Le Neddec. Justement, celle-ci est soutenue par les institutions culturelles officielles pour représenter la danse contemporaine française, alors que moi, amateur de danse, je ne perçois là-dedans rien qui ait trait à l'art noble de la danse. Pour moi, vraiment, il faut dire stop (sans vouloir faire de jeu de mots idiot) à ce genre d'imposture artistique. Oui, il s'agit bel et bien d'une imposture artistique, car ce genre de spectacle a su habilement utiliser les médias et les concepts à la mode afin d'obtenir, de la part des directeurs artistiques, une visibilité à travers des programmations officielles, ce que je trouve totalement illégitime. Ainsi, nous faire voir trois énergumènes gesticulant dans tous les sens durant 40 minutes, sans décor, avec pour seule bande-son une musique atone et dissonante à la limite de l'audible, et devoir payer 25 euros pour assister à ce triste spectacle, qui par-dessus le marché est subventionné par l'État, c'est tout simplement honteux ! Nous prend-on vraiment pour des imbéciles ?

L'hypervisibilité de ce genre de spectacle vide et dénué de toute sensibilité artistique occulte la vraie création qui existe sur le terrain, avec des danseurs formés, enthousiastes, passionnés et dotés d'un véritable savoir-faire. Mais ces vrais créateurs, qui ont quelque chose à montrer, sont sous-estimés et dépréciés par les circuits officiels uniquement parce qu'ils sont invisibles dans les médias. Je désire, à travers cette tribune, faire justice à tous ces talentueux artistes en contribuant, à mon échelle, à faire connaître les fabuleuses troupes de danse existant en France, à Toulouse, à Bordeaux, à Lille... Remettons les choses à leur place et oublions cette Manon Le Neddec, qui a pu monter son spectacle uniquement parce qu'elle est une « fille de » et qu'elle a tous les médias de son côté. Je partage mon indignation de citoyen déplorant ce qui s'apparente à un détournement de l'argent public au bénéfice de ce genre d'imposture artistique qui s'autoproclame « création contemporaine ». Enfin, je prends à témoin nos compatriotes de cette politique artistique aberrante qui va à l'encontre de leurs goûts et de leurs intérêts. Il serait temps de soutenir des productions artistiques dignes de ce nom.

Chapitre 28c   Publier une critique de livre

Exercices page 189

1   **1.** Non, il s'agit d'une critique de livre au supplément d'un quotidien français. – **2.** Faux. Ce papier est dithyrambique. – **3.** Non, le style du journaliste est élégant, voire littéraire.

2 1. Outrage aux bonnes mœurs – **2.** un livre inclassable – **3.** produire des souvenirs personnels – **4.** contenu licencieux – **5.** capté les ridicules – **6.** l'air goguenard

3 1. L'ouvrage se présente comme un album formé de collages. – **2.** Il n'en a pas fini de bousculer les vaches sacrées de notre temps. – **3.** En définitive, c'est réussi, le tout formant un ensemble insolite et attachant. – **4.** On y retrouve l'essentiel des sujets qui l'occupent depuis bientôt trente ans. – **5.** Le titre est provocateur.

4 1. Tel un artiste chevronné, l'écrivain fait montre de toute l'étendue de son talent. – **2.** L'écrivain vient d'écrire son Livre de la sagesse. – **3.** Il sait se faire le fin analyste de notre époque, n'ayant pas son pareil pour parler de notre société. – **4.** Il en parle avec une plume où la tendresse n'exclut pas une distance souriante. – **5.** Son mordant reprend le pouvoir quand il raconte les travers de notre époque.

5 *(DALF. Proposition)*

Le volumineux ouvrage de Charles Lewinsky se présente comme une immense et palpitante fresque historique. L'auteur donne vie à une famille juive, les Meijer, sur cinq générations en Suisse alémanique. Le fil conducteur de ce roman-fleuve est l'oncle Melnitz, « Melnitz, la mémoire », qui a donné son titre à ce roman riche et foisonnant. L'aïeul, qui meurt au moment où l'histoire commence, réapparaîtra tout au long du récit pour commenter les maladresses et les erreurs de ses descendants, tout en leur rappelant que « la sécurité, ça n'existe pas » mais qu'il faut aussi savoir profiter pleinement et intensément de la vie. Comme chez Roger Martin du Gard, Henri Troyat ou Philippe Hériat, c'est l'histoire d'une famille semblable à toutes les familles, avec tous les métiers (marchands de bestiaux, médecin, commerçants en tissus…), toutes les orientations religieuses (du religieux de stricte observance jusqu'à l'athée), tous les caractères et toutes les préférences sexuelles.

Tel un artiste chevronné, l'écrivain fait montre de toute l'étendue de son talent dans ce millier de pages qui sont un tourbillon d'émotions à la fois graves et légères. Et nous savons gré à l'auteur de nous y avoir plongés.

À partir du quotidien de la petite communauté tiraillée entre la force de ses traditions et ses efforts pour s'intégrer dans une société fermée, il fait revivre tout le destin d'un peuple où les vivants et les morts ne se quittent jamais vraiment. On est fasciné par cet univers familier et attachant que l'auteur fait défiler sous nos yeux grâce à une plume où la profondeur d'analyse n'exclut pas une certaine frivolité. Charles Lewinsky vient d'écrire un grand livre, superbement rédigé, élégamment traduit, qui vous transporte dans les turbulences de l'histoire. Un vrai roman dans le sens noble du terme, aussi instructif et exubérant que divertissant et passionnant.

29. Mettre en lumière le patrimoine

Chapitre 29a — Décrire l'architecture d'un bâtiment historique

Exercices page 191

1 1. Faux. C'est un reportage vidéo avec un guide-historien. – 2. Faux. On y explique les particularités architecturales du château de Vaux-le-Vicomte. – 3. Vrai.

2 1. un arc – 2. un pilastre – 3. un perron – 4. une colonne – 5. une porte à vantaux – 6. une façade côté cour/côté jardin – 7. un dôme – 8. un pavillon

3 1. un paysagiste – 2. les topiaires (à ne pas confondre avec les taupières) – 3. de la perspective – 4. le parterre – 5. le bassin – 6. le labyrinthe

4 château est un chef-d'œuvre architectural et décoratif du milieu du XVIIe siècle… Nicolas Fouquet fit appel aux meilleurs artistes de l'époque pour bâtir son palais… il s'agit de la plus importante propriété privée classée au titre des monuments historiques…

5 1. Il est nécessaire qu'aucun mur ne vienne arrêter le regard. – 2. Il est conseillé de transpercer le mur de part en part pour le rendre comme transparent. – 3. Il faut arriver à englober un grand jardin tout autour du château dans un ensemble harmonieux. – 4. Cette technique consiste à agrandir les éléments du jardin au fur et à mesure qu'ils s'éloignent du château. – 5. Je peux vous citer deux techniques qui utilisées ensemble contribuent à réaliser un ensemble harmonieux.

6 *(DALF. Proposition)*

Le château de Chenonceau, admirablement établi dans le lit du Cher, affluent de la Loire, se trouve à 34 km de Tours. Il fut construit entre 1515 et 1521 par Thomas Bohier, alors secrétaire général des finances du roi François Ier. On le nomme le château des Dames, car il vola le cœur de plusieurs d'entre elles qui lui consacrèrent une attention dévouée, dont Diane de Poitiers et Catherine de Médicis, qui fera édifier une galerie à deux étages sur le pont enjambant le Cher. Chef-d'œuvre de la Renaissance, ses inestimables collections d'art, ses pièces parfaitement conservées et ses jardins fleuris vous enchanteront. Ce château est particulièrement remarquable parce qu'il marque une étape importante dans l'évolution des châteaux français vers une plus grande symétrie.

Le château de Chenonceau éblouit par la blancheur de ses façades et les courbes sensuelles de ses tourelles. Le donjon et le puits témoignent encore de ses origines médiévales qui furent rasées au XVIe siècle. Le corps de logis carré présente une particularité pour l'époque : les pièces sont réparties de chaque côté d'un vestibule central et distribuées par un escalier en rampe droite (et non à vis), directement inspiré des palais vénitiens. La façade d'entrée est très harmonieuse et les fenêtres encadrées de pilastres sont percées régulièrement.

Les intérieurs du château de Chenonceau arborent tout le faste de l'époque. On déambule de pièce en pièce, émerveillé par la richesse du mobilier et des décors, tant et si bien que lorsque l'on traverse la majestueuse galerie Médicis, on imagine aisément les habitants du château dansant et virevoltant sur le sol en damier lors des grandes fêtes de la cour. Installées dans les piles du pont, les cuisines sont restées à l'identique – on sentirait presque le fumet des marmites embaumer la salle à manger, la boucherie, le garde-manger et la cuisine où figurent de nombreux objets d'époque. Le domaine tout entier cultive l'art du détail et du raffinement.

Le parc et les jardins sont magistralement dessinés : le labyrinthe circulaire, les rosiers grimpants du jardin de Diane de Poitiers, les parterres fleuris du jardin de Catherine de Médicis, ou encore le charmant potager ainsi que les bassins témoignent de la tradition de l'aménagement des jardins à la française. Tous ces éléments utilisés ensemble contribuent à créer un juste équilibre entre pierre, eau et végétal. À Chenonceau, l'architecture et le paysage sont si intimement liés qu'ils forment un ensemble parfaitement harmonieux que le visiteur perçoit dès le franchissement de la grille d'entrée. Ces jardins architecturés, tous remarquables, sont de véritables jardins de mémoire qui font résonner l'histoire du château.

Chapitre 29b   Relater un événement historique de son pays

Exercices page 193

1 1. C'est l'extrait d'un roman. – 2. Catherine et Nicolas, deux trentenaires, sont de simples passants, habitants du Quartier latin. – 3. C'est une fiction qui a pour cadre l'époque de Mai 68.

2 1. Une meute se rua – 2. forma un barrage – 3. la race abhorrée des adultes – 4. Le rejet de la pensée matérialiste – 5. s'insurger – 6. les frondes joyeuses – 7. un groupe compact, furieux et vociférant – 8. ce vivifiant appel à la liberté

3 (*Réponses possibles*) 1. Vous allez calter (= *dégager, arg.*), oui ? Non, mais où c'est qu'y se croient, ces cons-là ? – 2. Eh, la vioque, tu sais pas qu'il y a une révolution ? (On va vous arranger tous les deux !) – 3. Sans blague ? Demi-tour ! Et je te conseille de ne pas insister.

4 (*Réponses possibles*) 1. Eh bien, voilà, on est en train d'assister au meurtre du Père, sur tous les plans. – 2. Ainsi cette insurrection qui, les premiers jours, leur était apparue sous des couleurs printanières, en peu de jours s'était dégradée. – 3. Comme nous avons dix ans de plus qu'eux, ils nous assimilent à leurs parents. – 4. Eux qui condamnent si fort la ségrégation raciale, ils forgent une ségrégation entre les âges. – 5. La manifestation révélait maintenant des aspects négatifs qu'on n'avait pas soupçonnés au début.

5 (*Proposition*)

En août 1944, nous habitions Pantin. J'avais 17 ans et je travaillais comme livreur au magasin Félix-Potin du boulevard Magenta, près de la place de la République. Ma mère ne voulait pas me laisser partir à bicyclette pour rejoindre mon lieu de travail, car il lui semblait qu'il était trop dangereux, en attendant la Libération de Paris, de me laisser gambader dans les rues vu que des résistants s'insurgeaient encore contre l'Occupant. Comme il n'y avait plus de train ni de métro, il m'a fallu trouver un téléphone dans le quartier pour avertir le directeur.

En passant chez des voisins, j'entends à la radio l'annonce d'un événement incroyable et tant attendu depuis quatre ans : enfin, Paris est libéré ! De toutes les fenêtres surgissent immédiatement des drapeaux. Le quartier est en liesse et pavoise bleu, blanc, rouge. Une immense joie s'empare de nous !

Malgré l'interdiction de Maman, je file ivre de joie sur mon vélo afin de rejoindre mes camarades parisiens sur les barricades. Comme j'étais jeune, je ne voyais pas le danger réel. Je dois dire que j'assimilais tout cela à un jeu héroïque.

Mais là, horreur ! En chemin, sur mon vélo, je croise des voitures chargées de FFI (Forces françaises de l'intérieur) sillonnant la ville et demandant à la population de retirer les drapeaux et de rester chez elle. Je me réfugie 27, rue des Vinaigriers, dans le magasin de M. Ranieri, un immigré d'origine italienne qui tenait avec sa femme un petit commerce d'électricité, tandis que son fils dépannait les postes radio. De notre poste d'observation, nous avons vu arriver à vive allure des motos et des autos chargées de soldats allemands furieux et vociférants. Un coup de feu ! Un motocycliste est touché, il roule sur la chaussée. Nous applaudissions, sachant que nous étions en train de vivre un moment historique.

Après cette aventure, dégrisé mais heureux, j'ai pris mon biclou et suis rentré à la maison. Avec Maman, on s'est tout de suite remis à l'écoute du poste radio pour connaître la suite des événements. Puis la vie s'est réorganisée petit à petit avec toutes les difficultés inhérentes au ravitaillement. Il a fallu attendre le 8 mai 1945, jour de la Victoire, pour connaître de nouveau l'immense joie suite à l'annonce de la Libération de Paris, ressentie comme un vivifiant appel à la liberté. Mais cette fois-ci, c'était la bonne !

Chapitre 29c   Témoigner d'un événement personnel lié à l'histoire

Exercices page 195

1   **1.** Faux. Ce sont des témoignages de Français qui ont vécu en Algérie avant 1962 et qui désormais vivent en France. – **2.** Faux. Les intervenants témoignent de l'exode douloureux lors de leur rapatriement en Métropole. – **3.** Vrai

2   **1.** des colonies – **2.** s'acheminer vers quelque chose – **3.** les ancêtres – **4.** être victime d'une grande injustice – **5.** la France métropolitaine (la Métropole) – **6.** défricher des terres

3   **1.** Les héros - (le héros) ; les héroïnes + (l'héroïne) ; les hauteurs - (la hauteur) ; les hôpitaux + (l'hôpital) ; les hangars - (le hangar) ; les hôtels + (l'hôtel) ; les hivers + (l'hiver) – **2.** Les haricots - (le haricot) ; les hélicoptères + (l'hélicoptère) ; les hiérarchies - (la hiérarchie) ; les handicaps - (le handicap) ; les hédonistes + (l'hédoniste) ; les harnais - (le harnais)

4   (*Réponses possibles*) **1.** Pour nous, il était impensable que nous allions partir, tellement impensable qu'il n'y avait pas de lien entre cette horreur et l'idée de devoir quitter notre pays. – **2.** Ce système, naturellement que c'était douteux, mais c'est tout un pays qui a voulu ça ! – **3.** Ce n'est pas parce qu'à un moment donné dans l'histoire on a viré de bord, qu'il faut jeter l'équipage à la mer ; c'est quand même, à mon avis, ce que l'on a un peu fait… – **4.** C'est vraiment un point de vue métropolitain que de penser que les attentats ont jalonné une démarche inéluctable qui politiquement allait mener à l'indépendance.

5 **1.** C'était comme une opération sans anesthésie, avec une douleur qui hurlait au fond de soi. – **2.** On est partis, on était vraiment comme du bétail à l'abattoir, c'était atroce. – **3.** On s'est tous lovés dans un silence, et c'est là, dans ce silence, que la douleur a pris racine.

6 (*Proposition*)

Témoignage de Louis-Gabriel Rémond

« Je suis né à Constantine, en Algérie, et y ai vécu quatre ans. Je suis retourné avec mes parents en France métropolitaine, plus précisément en Lorraine, terre de mes ancêtres. Jeune homme, j'hésitais entre le séminaire et l'armée. Finalement, j'ai suivi la voie de mon père qui était militaire à cette époque, d'autant plus que beaucoup d'enfants faisaient le même métier que leurs parents. En 1948, je me suis engagé dans l'armée à l'âge de 18 ans. Un an plus tard, je suis parti en Indochine en tant que sergent et je suis revenu en métropole en octobre 1951. En moyenne, il fallait à peu près 30 jours pour faire Marseille-Saïgon (capitale de la Cochinchine) par bateau. Moi, j'ai été privilégié car j'ai pu effectuer ce voyage en 24 jours à bord du bateau le plus rapide de l'époque : il s'appelait *Le Pasteur*.

Je suis retourné en Indochine une seconde fois d'octobre 1954 à avril 1956 en tant que sergent-chef après le "cessez-le-feu". Lors de nos manœuvres, on était habitués à se déplacer à pied, ça change complètement de maintenant où il y a plein de transports. Mais on ne se plaignait pas de cette situation. Quand on nous disait "il y a cinq kilomètres à faire", eh bien on les faisait sans se plaindre parce qu'il fallait les faire, et s'il fallait en faire 15 km, on en faisait 15. On n'avait pas à se dire qu'il y aurait un véhicule ou un hélicoptère qui venait nous transporter. D'ailleurs en Indochine, à l'époque, il devait y avoir deux ou trois hélicoptères, à tout casser, pour toute l'armée française ! Et pourtant, il fallait qu'on se déplace rapidement. Il y avait une grande solidarité entre les soldats (due à la guerre), mais, bien sûr, il pouvait y avoir des divergences d'opinions entre les soldats ; bref, les rapports étaient plus ou moins intimes. J'ai déjà vu des camarades se faire tuer, j'ai eu à soigner des blessés, mais ce qui m'a le plus marqué, c'est la mort de mon adjudant-chef, qui m'était très cher. Il avait un vrai sens des valeurs. Il venait souvent discuter avec nous dans nos dortoirs le soir. Un soir, il est venu dans ma chambre et m'a dit : "Mouflet, je pars à Hué" et je lui ai répondu : "Chef, je pars avec vous." Il m'a encore demandé : "Tu veux vraiment partir ? Cela risque d'être très dangereux." J'ai dit : "Oui, je pars avec vous." Mais on a été séparés, et j'ai appris qu'il avait été tué dans des conditions atroces. Je ne comprends toujours pas comment il est mort. Malgré cette douleur intense, mon séjour se termina dans une douce quiétude au milieu de cette ville de Saïgon aux multiples visages, où la lumière de chaque heure faisait naître un sourire différent, ville mouvante où les yeux des hommes reflétaient des horizons toujours changeants, ville qui savait vivre avec calme et exubérance. Je flânais dans les rues de cette « perle de l'Extrême-Orient » pour y retrouver la douceur de vivre sous la lumière chaude des tropiques, et j'ai passé ma dernière nuit au célèbre Continental Palace pour prendre un repos complet.

Enfin, le jour de mon départ arriva conjointement avec le retrait des troupes françaises. Cet adieu s'est déroulé le 10 avril 1958, à 17 heures sous un ciel gris et orageux, devant le monument de la place Chiên-Si, anciennement place du

Maréchal-Joffre. La prise d'armes, minuscule par ses effectifs, avait attiré des milliers de spectateurs, non seulement sur le plateau, mais jusqu'au quai de la rivière. J'ai été frappé par la gentillesse – il n'est pas d'autre mot – du public vietnamien, et plus encore par la sympathie souvent visible et, chose plus importante à mes yeux, par l'estime qu'il témoignait à nos soldats ; voilà des choses qui se sentent. À ce moment-là, j'ai compris vraiment que c'était un point de vue métropolitain que de penser qu'il n'existait que désaccords et haines entre Français et Vietnamiens. J'en ai conclu que certaines calomnies déversées sur le corps expéditionnaire n'ont pas trouvé prise auprès de la masse. Mon départ était comme une opération sans anesthésie, comme un déchirement bien plus violent que je ne l'aurais pensé. Et c'est ainsi, le cœur déchiré, que je suis rentré en France à l'âge de 27 ans, ensemble avec des centaines de Français et Vietnamiens, tous anéantis de quitter cette terre si chère à leur mémoire. »

30. Apprécier la gastronomie

Chapitre 30a   Expliciter une recette

Exercices page 197

1 Faux. C'est l'extrait d'une pièce de théâtre où l'on parle d'une recette de cuisine. – **2.** Faux. Elle est servante ; cependant, c'est une excellente cuisinière (« talentueuse cordon-bleu »). – **3.** Vrai

2 1. le champagne – **2.** le vinaigre – **3.** la truffe – **4.** la branche de céleri – **5.** l'estragon – **6.** le Château d'Yquem – **7.** le bouillon

3 (*Réponses possibles*) **1.** Pendant qu'elles sont encore tièdes, vous les assaisonnez de sel. – **2.** Faites cuire dans du bouillon de très grosses moules et ajoutez-les à la salade. – **3.** Vous coupez les pommes de terre en tranches. – **4.** Faites-les bien égoutter et ajoutez-les à votre salade. – **5.** Retournez le tout légèrement, délicatement.

4 (*Réponses possibles*) **1.** Non, non, non. Il ne faut pas la brusquer ; elle est très délicate et tous ses arômes ont besoin de se combiner tranquillement. – **2.** Attention : il faut qu'on sente peu à peu la moule, il ne faut pas qu'on la prévoie, ni qu'elle s'impose. – **3.** Oui, beaucoup de fines herbes, mais hachées menu, menu. – **4.** Eh bien, faites comme il est dit (dans les livres de recettes) et vous aurez le même agrément. – **5.** L'orléans vaut mieux : mais c'est sans grande importance. – **6.** Pochées au champagne ? Cela va sans dire.

5 (*Proposition*)

La recette que je réussis très bien, c'est la salade « Nantillon ». C'est une salade de mâche nantaise, avec des œufs mollets, des lardons grillés et de fines lamelles de figues.
Tout d'abord, je trie les feuilles abîmées et je rince abondamment ma salade à l'eau claire afin d'enlever la terre qui se niche entre les feuilles. Puis, dans une casserole, je porte de l'eau à ébullition, j'y plonge les œufs délicatement à l'aide d'une écumoire, je les laisse cuire à frémissement pendant 5 minutes et je les passe sous de l'eau très froide pour arrêter la cuisson. Mais attention : ils doivent être absolument mollets, c'est-à-dire ni à la coque, ni durs. Ensuite je

les écale soigneusement et je les réserve. Après, je coupe mes tranches de lard fumé en dés, je les fais rissoler à la poêle dans du vinaigre balsamique, puis je les égoutte afin d'enlever l'excédent de graisse. Enfin, je tranche des figues en lamelles très fines. Une ou deux figues suffisent, car il faut qu'on sente peu à peu la figue, il ne faut ni qu'on la prévoie ni qu'elle s'impose. Pour la vinaigrette, des herbes à salade, de la ciboulette, du persil, qu'il faut hacher menu menu pour en faire ressortir les saveurs, de la moutarde forte de Bourgogne, une cuillerée de vinaigre de vin blanc aromatisé à l'échalote, deux cuillerées d'huile de colza de Champagne, un soupçon de sel de Guérande et du poivre blanc fraîchement moulu. Je mélange la vinaigrette, j'ajoute la mâche, les lardons dégraissés, les figues et je fatigue légèrement cette salade sans la brusquer. Pour terminer, je dispose ma salade dans de grandes assiettes plates, j'y dispose les œufs mollets tièdes coupés en deux et je sers immédiatement. Ne la laissez pas reposer. Ne la mettez surtout pas au frigo, car elle ne doit en aucun cas se flétrir et s'affaisser. Accompagnée d'un délicieux bandol « Ray-Jane », cette salade est tout simplement une merveille !

Chapitre 30b   Faire une dégustation de vin

Exercices page 199

1 **1.** Vrai – **2.** Faux. Les vins mentionnés proviennent du vignoble bourguignon et du vignoble alsacien. – **3.** Vrai

2 **1.** le dégustateur – **2.** Les vendanges – **3.** un grand cru classé – **4.** terroir viticole – **5.** cépages – **6.** un œnologue – **7.** grains nobles

3 **1.** Oui, le gewurztraminer est un vin exubérant et corsé. – **2.** Ce riesling est (un vin) savoureux, racé, et délicat.

4 (*Réponses possibles*) **1.** Ce vin a une robe dorée, intense, aux reflets de cuivre. – **2.** Ce bordeaux est rond et long en bouche et a une bonne rémanence. – **3.** Ce gevrey-chambertin, en premier nez, présente des arômes de cassis et de réglisse et en second nez des arômes plus épicés. – **4.** Les notes florales de ce gewurztraminer rivalisent avec le caractère fruité exotique. – **5.** Ce riesling offre une gamme aromatique tout en finesse, avec des notes florales et souvent minérales. – **6.** Ce champagne millésimé développe un bouquet aromatique intense et puissant.

5 (*Proposition*)

Nous commencerons par ce blanc, pouilly-fuissé « vignes romanes » 2014 (cépage : chardonnay). Vous pouvez admirer sa robe dorée avec des reflets verts. Le nez est fin et complexe sur des notes minérales et il s'enrichit de notes évoquant le miel et la brioche au beurre. En bouche, il est structuré avec une nuance torréfiée. Ce sera parfait pour accompagner vos poissons et vos crustacés, ainsi que vos viandes blanches comme le poulet de Bresse AOC.
Ensuite, dégustons ce rosé de Provence domaine de Rimauresq « cuvée R 2015 » (cépages : grenache, cinsault, syrah). Il présente une robe vive aux reflets argentés. Au nez, c'est un mélange subtil de framboises et de baies rouges. Frais et délicat en bouche, il impressionne par une finale longue et intense. C'est un

vin idéal pour la cuisine estivale tel le tian de légumes du soleil ou le poulet sauté au wok et pour toutes vos grillades.

Enfin ce Haut-Médoc Château Reverdy « cuvée 2015 » (cépages : cabernet sauvignon, merlot). Sa robe d'un grenat flamboyant vous séduira. Au premier nez, il se dégage un bouquet aromatique intense, et en second nez, vous découvrirez sa finesse, son fruité et sa maturité, lui donnant puissance et noblesse. En bouche, sa texture quasiment huileuse emplira votre palais d'une fraîcheur délicatement fruitée d'où sortent en finale des tannins fins, avec une bonne rémanence en bouche. Superbe Haut-Médoc ! Ce vin soyeux et élégant accompagnera parfaitement un magret de canard poêlé et crémé avec une pointe de poivre vert.

Dégustez ces trois vins et les portes du paradis s'ouvriront devant vous ! *In vino veritas !*

Chapitre 30c   Faire l'éloge d'un lieu gastronomique

Exercices page 201

1 **1.** Non, le document est extrait de la rubrique gastronomique d'un hebdomadaire français (*Marianne*). – **2.** Il s'agit d'une brasserie alsacienne à Paris où l'on peut savourer choucroutes (« sürkrüt ») et tartes flambées (« Flammekueche »). – **3.** C'est une excellente adresse pour déguster une cuisine du terroir dans un beau cadre joyeux.

2 **1.** un traiteur – **2.** un emplacement particulier – **3.** une taverne… un restaurant cossu – **4.** embaumant le quartier… attire… les amateurs – **5.** splendides marqueteries… ornant les poutres – **6.** préparée devant le convive

3 (*Réponses possibles*) **1.** Rodée à l'exercice, l'équipe perpétue la recette. – **2.** C'est en le savourant que l'on réalise la succulence d'un bon bœuf bourguignon. – **3.** Les appétits solides ont tout loisir de se faire la bouche sur les traditionnels escargots au beurre persillé. – **4.** Le cassoulet de Castelnaudary prêt, on le sert accompagné des joyaux du répertoire culinaire languedocien. – **5.** L'autre œuvre d'art demeure ces choux farcis magistraux qui consacrent avec ferveur une tradition perpétuée par Éric Boutté.

4 (*Réponses possibles*) **1.** Véritable institution du quartier, voici la dernière des brasseries historiques de Paris. – **2.** Ce bistrot demeure l'ultime référence où manger des cuisses de grenouille. – **3.** Par ailleurs, tradition italienne oblige, c'est la meilleure pizza de la capitale. – **4.** C'est un monument gastronomique ! – **5.** En entrée, des huîtres creuses ouvertes par l'un des meilleurs écaillers de Paris. – **6.** Accompagné d'un riesling, l'instant démontre que, dans les valeurs sûres et les lieux de mémoire, l'Alsace parisienne respire la joie de vivre. Une expérience !

5 (*DALF. Proposition*)

Blotti dans un coin tranquille du IXe arrondissement de Paris, entre Trinité et Pigalle, se cache ce merveilleux bistro à l'ancienne. Franck Decca, ancien chef de Paul B., et son acolyte Laurent Bouredelais, ancien chef-pâtissier du salon de thé réputé « À la Renaissance », vous accueilleront dans ce lieu magique qui fleure bon la tradition. Dans un chaleureux décor des années 1930 aux moulures grandioses et aux miroirs biseautés, entourés de mosaïques représentant nymphes gracieuses et paons colorés, vous pourrez savourer des mets amoureusement préparés par des passionnés de la cuisine traditionnelle. Leur carte est un véritable enchantement, fidèle aux incontournables spécialités des brasseries parisiennes. En entrée, les œufs mayonnaise à l'ancienne et que l'on ne trouve plus nulle part, la terrine de campagne à l'Armagnac à se damner, ou encore le sublime poireaux-vinaigrette au cerfeuil. Pour les plats, vous ne pourrez résister au tendre onglet à l'échalote ou encore au délicat filet de cabillaud sauce Nantua, et encore moins à l'exceptionnel foie de veau au madère préparé au beurre frais, saisi à feu vif et déglacé devant vous et servi sur assiette, garni de thym. Enfin, les appétits solides ont tout loisir de terminer le repas par de succulents desserts dont le chef-pâtissier a le secret : l'incontournable île flottante, la soyeuse et onctueuse crème caramel cuite au bain-marie, ou les majestueuses profiteroles arrosées d'un délicieux chocolat grand cru de Madagascar. Les produits sont frais du jour, goûteux comme autrefois. Tous ces plats, pourtant si simples, mais cuisinés avec tant de passion, émerveilleront vos papilles. Accompagnez votre repas d'un touraine première vendange, et le tour est joué. Ce lieu emblématique de la gastronomie populaire de très grande qualité vous permettra de passer un moment inoubliable en bonne compagnie ! Cette adresse généreuse comme sa cuisine, qui renoue avec le charme discret des bistrots parisiens à l'ancienne, mérite le détour. Alors, n'hésitez pas !

Bilan n° 6

Exercices pages 202-203

1 1. un réverbère – **2.** un vallon – **3.** des remparts – **4.** une séquence – **5.** un thriller – **6.** un titre – **7.** un label – **8.** un pavillon – **9.** une meute – **10.** les colonies (de vacances) – **11.** le vinaigre – **12.** les cépages – **13.** une taverne

2 1. le réalisateur – **2.** le monteur/la monteuse – **3.** le cascadeur – **4.** l'opérateur ou le cadreur – **5.** le décorateur/la décoratrice – **6.** le costumier/la costumière – **7.** le scénariste – **8.** le régisseur – **9.** le producteur

3 1. représentante... titre (tube) – **2.** budgets colossaux – **3.** déclinée en marchandise industrielle... sérielle – **4.** contenu licencieux... un livre inclassable – **5.** paysagiste... jardins (à la) française... parterres, bassins, topiaires (buis taillés)

4 (*Réponses possibles*) **1.** Eux qui condamnent si fort la ségrégation raciale, ils forgent une ségrégation entre les âges. – **2.** On s'est tous lovés dans ce silence, et c'est là dans ce silence que la douleur a pris racine. – **3.** Des senteurs fortes, pénétrantes, montèrent jusqu'à nous. – **4.** Un secret instinct me tourmentait. – **5.** J'entrai avec ravissement dans la saison des tempêtes. – **6.** Cette ville n'a pas été frappée par le modernisme à outrance, juste caressée. – **7.** Pendant trois mois, le réalisateur a sillonné l'Hexagone. – **8.** Je ne me reconnais pas dans ce que les médias renvoient sous l'étiquette « Art contemporain ». – **9.** L'écrivain n'a pas fini de bousculer les vaches sacrées de notre temps. – **10.** Cet écrivain sait se faire le fin analyste de notre époque, n'ayant pas son pareil pour nous le faire partager.

5 (*Réponses possibles*) **1.** Jasmine brise la glace. – **2.** Anne-Marie pousse un coup de gueule. – **3.** On nous rebat les oreilles avec la défense de la culture française et qu'est-ce qu'on fait ? On envoie un chanteur en anglais. Non mais franchement, on rêve ! – **4.** Il faut arrêter de nous prendre pour des cons ! – **5.** Eh ! la vioque, tu sais pas qu'il y a une révolution ? – **6.** On est partis, on était comme du bétail à l'abattoir, c'était atroce.

6 **1.** Vous assaisonnez de sel. – **2.** Faites cuire vos moules dans un court-bouillon. – **3.** L'Orléans vaut mieux. – **4.** Il ne faut pas la brusquer, elle est très délicate. – **5.** Faites-les bien égoutter et ajoutez-les à la vinaigrette et aux autres ingrédients.

7 (*Proposition*)

Lors d'une dégustation, j'observe trois grands principes :
Premièrement, je repère les caractéristiques visuelles du vin : le vin est-il fluide, limpide ? De plus, il faut savoir qu'un vin possède une robe, eh oui ! Et celle-ci peut être, entre autres, rubis, grenat ou pourpre pour les rouges, jaune or, bronze ou ambré pour les blancs, rose violacé, framboise ou saumon pour les rosés. Et, pour nuancer la couleur, on y ajoute la description des reflets : dorés, argentés…
Deuxièmement, je me réfère aux caractéristiques olfactives, ce sont celles de l'odorat. Ici, on parle de nez. Un vin se hume, se sent. D'abord, on analyse le premier nez. Il faut donc identifier les arômes primaires, par exemple fruités, floraux, minéraux, boisés, épicés. Vient ensuite le second nez, qui est plus complexe. Celui-ci dégage un bouquet aromatique souvent plus intense comme le cuir, la torréfaction…
Enfin, la troisième technique, souvent la plus appréciée, car généralement la plus impressionnante, est celle que les dégustateurs préfèrent, et pour cause : il s'agit de relever les caractéristiques gustatives du vin. Lorsque l'on goûte un vin, on doit le garder en bouche et le faire circuler sur les gencives, la langue, les joues pour qu'il imprègne votre palais. Il ne faut surtout pas l'avaler. Dans un premier temps, vous remarquerez les saveurs élémentaires qui s'en dégagent, on parle ici de saveur sucrée, salée, acide, amère. Ensuite, vous sentirez dans votre palais un goût moelleux, ou rêche, selon la présence ou l'absence de tanins. Le vin est-il souple et rond en bouche, avec une bonne rémanence, c'est-à-dire une sensation qui reste longuement dans votre bouche ?
Pour synthétiser, n'hésitez pas à donner deux ou trois qualificatifs généraux au vin que vous venez de déguster. Celui-ci sera par exemple généreux, puissant, suave, élégant ou viril.
Boire du vin, c'est tout un art ! Savoir en apprécier la magie vous permettra d'entrer dans un monde empli d'élégance, de raffinement et surtout de plaisir. Ne dit-on pas d'ailleurs que le vin est le nectar des dieux ?

Récréation culturelle 3

1 1. Marianne – **2.** l'hymne national français (La Marseillaise) – **3.** le coq gaulois – **4.** Charles de Gaulle (1959-1969) ; Georges Pompidou (1969-1974) ; Valéry Giscard d'Estaing (1974-1981) ; François Mitterrand (1981-1995) ; Jacques Chirac (1995-2007) ; Nicolas Sarkozy (2007-2012) ; François Hollande (2012-2017) ; Emmanuel Macron (2017-)

2 1d ; 2e ; 3c ; 4a ; 5b

3 1c ; 2b ; 3d ; 4a

4 1944 : droit de vote pour les femmes ; 1967 : légalisation de la pilule contraceptive ; 1974 : droit de vote à 18 ans ; 1975 : légalisation de l'interruption volontaire de grossesse ; 1981 : abolition de la peine de mort ; 1997 : fin du service militaire obligatoire ; 2013 : mariage pour tous.

5 1. comédie – **2.** drame – **3.** documentaire – **4.** animation

6 1. Faux. Stromae est un chanteur belge. – **2.** Vrai – **3.** Faux. Ce sont des chanteuses des années 1960 et 1970. – **4.** Vrai – **5.** Vrai

7 1. l'intrus : le Molière (prix pour récompenser une production théâtrale française) – **2.** l'intrus : Pascal (philosophe du XVIIᵉ siècle) – **3.** l'intrus : Françoise Sagan (romancière française) – **4.** l'intrus : Jacques Prévert (célèbre écrivain et scénariste français, mais il n'a jamais reçu le prix Nobel de littérature)

8 1. Versailles – **2.** le jardin de Villandry – **3.** photo a. (les remparts d'Aigues-Mortes) ; photo c. (la place Stanislas à Nancy) ; photo b. = NON (le monastère de Voronet, en Roumanie)

31. Trouver l'âme sœur

Chapitre 31a   Se confier à propos d'une histoire d'amour

1 1. Faux. C'est une confidence entre deux hommes sur leurs amours malchanceuses. – **2.** Vrai – **3.** Vrai

2 1. ingrate – **2.** perfidie – **3.** fripon, coquin – **4.** hommages, respects

3 1. (je) chéris – **2.** l'ardeur, la fougue – **3.** soupire (verbe) : proverbe très célèbre – **4.** Quel ravissement... (allusion au roman de Marguerite Duras *Le Ravissement de Lol V. Stein*)

4 1. Tant de concessions que j'ai fait**es** pour lui plaire ! – **2.** Combien de larmes de crocodile a vers**ées** cet hypocrite ! – **3.** Tant de bêtises que tu as fait faire à ton amant ! – **4.** Tant de roses que je t'ai offert**es** pour te prouver mon amour !

5 (*Réponses possibles*) 1. En voilà la digne récompense ! – **2.** Elle passe comme si elle ne les avait pas vues ! – **3.** C'est une perfidie digne des plus grands châtiments ! – **4.** Il détourne ses regards lorsqu'il croise ses voisins ! – **5.** Elle lui a tourné le dos avec effronterie ! – **6.** C'est une trahison à mériter mille soufflets. (Le soufflé ≠ le soufflet)

6 (*Proposition*)

– Ah, Fabian, si tu savais ! J'ai tout fait pour Caroline, j'ai sacrifié ma liberté pour elle, ma famille pour elle, et mes dadas aussi. Et après tant d'ardeurs et d'effusions que je lui ai témoignées, que fait-elle, cette ingrate ? Elle me quitte sans raison aucune.

– Je compatis, mon pauvre Sébastien. Figure-toi qu'à moi aussi, il m'en est arrivé de belles ! Combien de déboires j'ai essuyés avec cette perfide Clémentine ! Combien de larmes j'ai versées pour elle. Combien de sacrifices j'ai faits ! Et pour quel résultat ? Dis ! Pour finir cocufié.

– Eh oui, sommes-nous donc tous deux bien ballots et bien marris ! Toi abandonné, moi trahi.

– Moi sans Clémentine, toi sans Caroline !

– Et voilà de tant d'amour et de tant de fougue la digne récompense !

– Et voilà de tant de dévouements et de tant d'abnégation le piètre résultat !

– C'est une fourberie digne des plus grands châtiments.

– Oui, c'est une trahison à mériter mille soufflets.

– Allez, viens mon ami, allons-nous enivrer pour oublier ces deux pendardes.

– J'y consens. Précipitons-nous à « la Taverne » pour nous distraire !

Chapitre 31b   Confronter deux visions de l'amour

Exercices page 209

1 **1.** Vrai – **2.** Faux. Pour Rodolphe, Emma est une maîtresse comme une autre. – **3.** Faux. Il y a un décalage entre les discours et les sentiments. – **4.** Vrai

2 **1.** met à nu – **2.** la fausseté – **3.** Beaucoup d'amour… la plénitude/l'épanouissement. – **4.** est probe/intègre

3 (*Réponses possibles*) **1.** Mylène F. est libertine. – **2.** À partir de 30 ans, on peut perdre sa candeur. – **3.** Emmanuel est vénal, il s'est laissé acheter par les industriels. – **4.** Quand Delphine est avinée, elle soutient de longues protestations d'amour. – **5.** Coralie aime ses deux carlins à ne pouvoir s'en passer.

4 (*Réponses possibles*) **1.** Mélusine ne peut donner l'exacte mesure de ses sentiments amoureux. – **2.** Les discours de ce psychologue sonnent comme un chaudron fêlé. – **3.** Quelquefois, on bat des mélodies à faire danser les ours quand on veut attendrir les étoiles. – **4.** Des protestations d'amour embellies de calembours de ce don Juan, France doit en rabattre la moitié. – **5.** Le devoir de tout intellectuel est de distinguer la dissemblance des sentiments réels sous la parité des expressions.

5 (*Proposition*)

R. M'aimes-tu ?
E. Oui, je t'aime.
R. Beaucoup, passionnément ?
E. Oui, certainement…

R. Certainement, qu'est-ce que ça veut dire ? Tu n'en as pas aimé d'autres avant moi ?

E. N'exagère pas, je ne suis pas une pucelle comme Jeanne d'Arc !

R. Mais moi, je t'aime. Tu es unique à mes yeux, tu es une déesse, tu es ma reine et mon odalisque !

Elle n'écoutait plus. Elle avait tant de fois entendu ces paroles-là. Elle savait par expérience qu'on devait rabattre la moitié de ces phrases puisque de toute façon celles-ci ne pouvaient donner l'exacte mesure de l'amour. Comme le dit si joliment Flaubert dans *Madame Bovary*, la parole humaine sonne comme un chaudron fêlé, incapable de traduire les nuances de nos sentiments. Alors pourquoi s'efforcer de mettre ses sentiments à nu pour qu'ils finissent par tomber à plat ? Il est facile de constater que dans l'amour il y a toujours un décalage, il y a toujours un qui aime plus que l'autre, un qui s'exprime mieux que l'autre. C'est la raison pour laquelle Emma ne s'embarrasse point de ce genre de protestations et préfère vivre ses amours en toute indépendance.

Chapitre 31c   Écrire une lettre de rupture

Exercices page 211

1 1. Non. Ce pli est adressé à un charcutier. – **2.** Non. C'est une lettre de rupture. – **3.** Non. Les tournures de la lettre sont très familières, voire vulgaires. – **4.** Oui, absolument.

2 1. oui – **2.** oui – **3.** non – **4.** non

3 1. plainte – **2.** imaginé – **3.** promis – **4.** parlé

4 (*Réponse possible*) Chère Hortense, tes gentils **lardons** finissaient de manger une bonne **salade de museau** après avoir **découenné** le gras de la viande. Quand ils sont passés au plat de résistance, se régalant de **rillettes**, soudainement la voisine, ce **boudin** de Jenny est entrée. C'est à ce moment-là que l'ambiance a commencé à **sentir le pâté** et que **tes lardons** ont vomi toute **la cochonnaille**. Quel boxon ! Pamela

5 (*Réponses possibles*) **1.** Ta tête de veau/lard/cochon, je ne peux plus la voir ! – **2.** Tout ça me dégoûte. – **3.** Lorsque je l'entends, j'ai envie de vomir. – **4.** De ne plus travailler, ça t'a rendu écœurant et invivable. – **5.** C'est répugnant, je te jure. – **6.** Et de te voir, c'est pire que tout !

6 (*Proposition*)

Rilletta,

Ta lettre m'a bien fait rire avec tes expressions « charcutières », non mais tu te prends pour qui ? Tu n'as pas le monopole de ce charmant vocabulaire, à ce que je sache ! En tout cas, ce n'est pas la grâce ni la légèreté qui t'étouffe, preuve en est ! Aussi lourde qu'une truie engrossée, tu n'es plus l'adorable jeune femme rencontrée il y a quinze ans... Tu t'es laissé(e) aller, tu ressembles désormais à un boudin et depuis que tu as accouché de deux lardons, c'est pire encore ! Tu fais bien de partir et de débarrasser le plancher : je n'en peux plus, et te voir, ça me rend fou. Frôler ta peau aussi graisseuse que de la couenne me donne envie de vomir. Rilletta, j'ai trente-cinq ans, je vais refaire ma vie avec une jeune femme, gracieuse, radieuse et aimante. Et pour toi, je ne fais qu'un vœu : que tu rencontres un gros bœuf avec une tête de veau qui corresponde en tout point à ce que tu es devenue, à savoir une bonne grosse andouillette bien grasse.

Ton gras-double qui te dit tchao.

32. Tisser des liens intergénérationnels

Chapitre 32a   Échanger lors d'une réunion de famille

Exercices page 213

1 1. Faux, il s'agit d'un échange peu aimable lors d'une réunion de famille. – 2. Faux, elles sont explosives. – 3. Vrai

2 1. le mobile du crime – 2. des pierres précieuses – 3. les poisons – 4. (aller) à l'abattoir

3 (*Réponses possibles*) 1. Ces diamants, tu les boufferais si tu pouvais ! – 2. Arrête de pleurnicher, on dirait ton père ! – 3. Je n'ai plus envie de me salir les mains… – 4. C'est pour du fric que tu fais la révérence ? – 5. Vous jetez de l'huile sur le feu et vous attendez que cela flambe ! – 6. Baise-lui les pieds tant que tu y es ! – 7. Mais tu es encore sous sa coupe, ma parole ! – 8. Quelle belle famille ! Quel beau spectacle !

4 (*Réponses possibles*) 1. Allez, dehors ! – 2. Vous dînerez sans moi, votre puérile attitude m'a coupé l'appétit ! – 3. Foutez-moi le camp ! – 4. Allez, filez, filez ! Débarrassez le plancher !

5 (*Proposition*)

Un repas de Noël. Dorine, en présence de son frère Mathieu, annonce à ses parents qu'elle va se marier. L'échange tourne au vinaigre…

Dorine : Papa, Maman, j'ai la grande joie de vous annoncer que je vais me marier.

Le père : Formidable, ma fille ! Mais peut-on savoir qui c'est ? Bon, peu importe. Après tout, tu te maries bien avec qui tu veux ! En revanche, comme je pense prendre à ma charge une grande partie des frais de cette cérémonie, il faudra que nous invitions les oncles Gaston, Blaise et Guillaume et les tantes Véronique, Pascale et Agathe, ainsi que tes cousins et cousines Jacqueline, Apolline et Félix. Et n'oublions pas ta grand-tante Marie-Bernard.

Dorine : Hors de question, Papa ! C'est moi qui me marie, donc c'est moi qui décide qui viendra et qui ne viendra pas. Cette famille qu'on ne voit jamais et que d'ailleurs tu critiques sans cesse, pourquoi l'inviterais-je ? De toute manière, cette bande de radins ne viendra que pour profiter d'un bon repas gratuit.

Mathieu (à sa sœur) : Tu es méchante, Dorine ! Cela ferait tout bonnement plaisir à Papa de revoir toute sa famille.

Dorine à Mathieu : Mais baise-lui les pieds tant que tu y es ! C'est pour l'héritage que tu fais tous ces salamalecs ? Avec tout le mal qu'il nous a fait durant notre enfance !

La mère : Oh ! là là ! Quelle belle famille, quel beau spectacle !

Dorine : Oh, toi maman, ce n'est pas le moment de commencer à ouvrir le bec, toi qui t'es tue toute ta vie. Papa a empoisonné ton existence, mais tu es toujours restée muette comme une carpe.

Mathieu : Dorine, ça suffit, tu es égoïste et c'est tout !

Dorine : Mon pauvre frère, tu es encore sous la coupe de tes parents, ma parole ! À 40 ans, faire le bon fifils à Papa et le petit toutou à sa maman, c'est pathétique. Vous dînerez sans moi, votre attitude m'a coupé l'appétit. Je n'ai plus envie de voir vos têtes d'hypocrites. Adieu et Joyeux Noël !

Chapitre 32b   Gérer un conflit intergénérationnel

Exercices page 215

1 1. Faux. C'est l'extrait d'une série télévisée. – **2.** Vrai – **3.** Faux. Il lui conseille d'extérioriser, d'évacuer les tensions. – **4.** Faux. La mère est seulement interloquée.

2 1. s'accompagner au piano – **2.** la voix – **3.** se faire entendre – **4.** refrain – **5.** une rime – **6.** l'accompagnement musical – **7.** évacue les tensions – **8.** accords

3 (*Réponses possibles*) **1.** Il est relou (lourd). – **2.** Elle me tape sur les nerfs, me pompe l'air. – **3.** Il est toujours sur mon dos. – **4.** Elle me les casse (les pieds). – **5.** Une sœur, c'est beaucoup trop pour moi. – **6.** Mes parents me soûlent.

4 (*Proposition*)

Mon père m'énerve
Ma mère l'énerve
Grand-père ne fait que râler
Grand-mère ne fait que crier

Et moi je m'en fous
Et moi je m'en fous

Mon frère me boude
Ma sœur le boude
Tonton ne fait que brailler
Tata ne fait que piailler

Et moi je m'en fous
Et moi je m'en fous

Tout part en vrille
Vive la famille
Alors on boit un p'tit coup
Et puis s'en va le dégoût

Chapitre 32c   Communiquer avec nos anciens

Exercices page 217

❶ **1.** C'est une lettre d'au revoir qu'adresse une grand-mère à sa famille. – **2.** Lucienne est heureuse de quitter cet asile de vieillards et de partir à Hawaï avec Louis, son jeune infirmier. – **3.** Le courrier exprime beaucoup de sous-entendus et une légère amertume.

❷ (*Réponses possibles*) **1.** Rémi et Salomé font du ramdam [prononc. ram-dam]. – **2.** Jean-Charles est toujours par monts et par vaux. – **3.** Florentin ne se casse pas la nénette pour aider sa grand-mère à préparer sa compote de pommes-coings. – **4.** Parti à Wallis-et-Futuna, on risque de revoir Crépin à la saint-glinglin. – **5.** Cette truffe blanche d'Albe, ce n'est pas de la roupie de sansonnet. – **6.** Dimitri se trouve au diable vauvert. – **7.** Au café du coin, Simon taille une bavette avec Quentin. – **8.** Émeline a la cuisse légère. – **9.** Narcisse est tranquille comme Baptiste. – **10.** Bernadette ne cesse de s'écrier « Nom d'un petit bonhomme ! ». – **11.** Timoléon le jardinier tire le diable par la queue. – **12.** Hubert yoyote de la cafetière.

❸ (*Réponses possibles*) **1.** Ta pauvre femme est obligée de suivre des cours de yoga transcendantal. – **2.** Je sais que vous vous êtes donné une peine folle pour me trouver ce bel endroit avec vue sur l'autoroute. – **3.** Je conçois que vos études vous empêchent de venir m'embrasser, ne serait-ce que cinq minutes. – **4.** J'imagine quel poids ce doit être pour ton épouse d'entretenir votre chalet à Madère. – **5.** Je sais que tu es surmenée car tu accompagnes tes enfants au golf et au ski tous les week-ends.

❹ (*Réponses possibles*) **1.** Nous vous adressons ainsi qu'à X nos plus amicales pensées. – **2.** Merci mon cher oncle, nous vous disons nos sentiments très affectueux et reconnaissants. – **3.** Avec notre plus amical souvenir. – **4.** Tendrement vôtre, amicalement vôtre. – **5.** Adieu mon ami(e), je n'ai plus de place pour continuer ma missive (soutenu).

❺ (*DALF. Proposition*)

Ma chère famille,

Étant dans mon jet privé, je dicte à mon assistante, qui se trouve au 5ᵉ étage de mon immeuble avenue Montaigne, ces quelques réflexions qu'elle vous transmettra et dont vous pourrez tirer bénéfice.

Mon si cher frère, je sais à quel point tu as dû batailler dur pour devenir député… Pas vraiment facile quand on peut se vanter d'être le frère de… et, pauvre de toi, mon réseau d'influence ne te sert jamais à rien pour arranger tes petites magouilles politiciennes. Je suis vraiment un impertinent quand je te demande un permis de construire dans ta circonscription… Dans ces moments-là, mon téléphone ne semble pas fonctionner et tu es toujours aux abonnés absents.
Ma bien chère sœur, quelle vie de misère tu mènes ! Surtout pendant les vacances qui, pour toi, durent à longueur d'année. D'ailleurs, chaque été, tu séjournes accompagnée de tes 4 enfants et de leurs camarades huit semaines de suite dans ma maison de campagne de 12 pièces avec 2 piscines. Tous les ans, c'est très drôle quand, harassé de fatigue, je viens passer 2 ou 3 jours dans

mon manoir et que je dois systématiquement faire les courses à peine arrivé et me contenter de la plus petite chambrette sous les toits. Charmant, ton accueil, même pas une petite bouteille de rosé de Provence pour fêter nos retrouvailles, cela te ruinerait !

Et toi, Papa chéri, ancien comptable de Citroën, tu as le cœur brisé de pouvoir m'emprunter quand bon te semble ma *DS 19 coupé Chapron « Le Paris »* 1959. En même temps, on peut comprendre que ce soit vraiment trop fatigant et stressant pour toi de m'aider à mieux remplir ma déclaration d'impôts. Chaque fois que je sors l'avis d'imposition, tu t'envoles avec ma DS Dieu sait où…

Quant à toi Maman adorée, tu me soutires par tes larmes et tes geignements de petites sommes de l'ordre de 10 000 euros pour financer tes associations caritatives, à moi, le monstre égoïste et si peu généreux. Et quand je te demande de me faire une crème caramel comme dans mon enfance, alors là, tintin !

Voilà, chère famille, qui vous montrez sans cesse si charmante si prévenante et si pleine de reconnaissance. J'ai une grande nouvelle à vous annoncer, une nouvelle qui vous ravira, j'en suis certain. Sachez que je vends tous mes biens, que je change de nom et que je vais refaire ma vie avec un Esquimau au Groenland.

Nous nous reverrons donc à la saint-glinglin, mais je vous promets que ce jour-là, vous serez reçu avec la générosité que vous me connaissez, autour d'un vin chaud dans mon igloo bien chauffé.

Tendrement vôtre,
Votre frère et fils Édouard.

33. Désirer l'autre

Chapitre 33a   Témoigner d'un sentiment amoureux

Exercices page 219

❶ **1.** Les cinq hommes témoignent de leur sentiment amoureux. – **2.** Les deux garçons font le paon, l'un au moment de séduire, l'autre lorsqu'il est amoureux. – **3.** Non, Pedro est sujet aux doutes lorsqu'il est amoureux.

❷ **1.** la symbiose – **2.** l'intrusion du doute – **3.** le trip de séduction – **4.** le royaume de l'ambiguïté – **5.** une histoire de cul – **6.** (être) fou amoureux/folle amoureuse – **7.** être (un) cœur d'artichaut – **8.** le numéro de charme – **9.** la réciprocité – **10.** la jouissance

❸ (*Réponses possibles*) **1.** Chaque fois que je rencontre Flora, j'ai le cœur qui palpite. – **2.** Quand je suis près de Sylvie, j'ai un nœud au ventre. – **3.** Auprès de Salomé, il y a quelque chose qui se tord là (geste vers le plexus).

❹ (*Réponses possibles*) **1.** Quand ça me prend, je suis prêt à tout, je fais table rase de toutes les historiettes autour. – **2.** J'en fais des tonnes, je fais le paon, je construis des plans sur la comète. – **3.** L'amour, ça donne du panache ! – **4.** Je deviens cotonneux, planant, je m'embarque avec elle. – **5.** Il n'y en a pas un qui s'éclate et l'autre qui s'ennuie. – **6.** On a l'impression, quand l'autre est là, de flotter, de quitter terre.

5 (*Réponses possibles*) **1.** Suis-je à la hauteur ? Va-t-il me lâcher ? – **2.** Les vieux démons qui resurgissent : la parano, l'angoisse... – **3.** Moi j'aime tout de lui, je suis prêt à tout donner, est-ce réciproque ?

6 (*Proposition*)

Moi, je suis un amoureux à la fois romantique parce que je me laisse transporter par mes rêves et tendre car dans ces moments, un rien m'émeut. Mais je peux être aussi exalté, rayonnant et fougueux. Souvent, avant mes premiers rendez-vous amoureux, j'ai le cœur qui palpite à 150 à l'heure, je n'arrive pas à terminer mes phrases, mes mains s'agitent dans tous les sens. Une fois en présence de l'être aimé et après quelques minutes passées ensemble, je prends de l'assurance et je fais mon numéro de charme. Mais étrangement, au même moment dans ma tête tout devient cotonneux et je plane. Il est vrai que l'amour donne du panache, je me sens un don Juan irrésistible. Si ça ne fonctionne pas comme je le voudrais, je deviens alors Don Quichotte luttant contre des moulins à vent. En proie à des doutes, je me questionne : suis-je à la hauteur ? Mon amour est-il réciproque ? Mais fort heureusement, c'est un sentiment très passager qui se dissipe très rapidement au premier sourire de l'aimé(e).

N'y a-t-il pas dans l'amour un sentiment d'exaltation ? Parce qu'une histoire de cœur et de corps, on se la construit toujours dans sa tête et on l'imagine réciproque, d'où cette impression de vivre en symbiose. Mais il faut souvent avoir le courage d'adapter son imaginaire à la réalité.

Être amoureux, c'est toutefois un état de grâce et c'est la raison pour laquelle il est difficile de l'être souvent ou de l'être de plusieurs personnes en même temps. L'amour est une chose et la sensualité en est une autre. Et si quelquefois les deux concordent pendant une période exquise, c'est donc que l'alchimie amoureuse fonctionne pleinement. Voilà ce que j'appelle l'amour avec un grand A.

Chapitre 33b   Se reprocher des infidélités

Exercices page 221

1 **1.** Vrai – **2.** Faux. C'est l'histoire d'une épouse jalouse de son mari, qu'elle soupçonne d'infidélité. – **3.** Vrai – **4.** Faux. La chute du texte est brutale (au sens propre et au sens figuré).

2 **1.** (cette parole, ce regard), c'est comme une épée plongée dans le cœur – **2.** pester intérieurement – **3.** à l'improviste – **4.** endormir les soupçons – **5.** un flux de paroles – **6.** prendre un faux air amical (= feindre la gentillesse) – **7.** s'entendre dire des sarcasmes

3 (*Réponses possibles*) **1.** Tu n'as fait que des affaires ? – **2.** Tu viens d'arranger ce roman-là pendant que je te parlais ! – **3.** Autrefois, tu me disais tout... – **4.** Ah ! C'est une jolie combinaison ! Et moi, pauvre bécasse, qui donne dans le panneau ! – **5.** Si j'allais faire une visite demain à mon amie Mme Piou ? – **6.** Combien de personnes as-tu vues (exactement) ? – **7.** Tiens : tu mens depuis une heure, comme un commis-voyageur. – **8.** Voyons, regarde-moi !

4 (*Réponses possibles*) **1.** Onze, sans compter celles qui se promenaient sur les boulevards. – **2.** Que veux-tu que j'aie fait ? De la fausse monnaie, des dettes, de la tapisserie ? – **3.** Je ne dirai plus rien... Écoute, Caroline, je vais tout te dire... – **4.** (Mais aussi) tu m'interroges comme si tu avais fait pendant dix ans le métier de juge d'instruction. – **5.** Eh ! Va où tu voudras !...

5 (*DALF. Proposition*)

A : Mon chéri, c'est la quatrième fois que tu rentres très tard cette semaine ! Alors, aujourd'hui, qu'as-tu fait de ta journée ?

B : C'est normal, c'est jeudi et puis aujourd'hui que de travail, du matin au soir ! Je n'ai même pas eu le temps de déjeuner ! À peine mon sandwich avalé et mon expresso bu en quinzième vitesse au milieu de l'après-midi, je m'y suis remis sans m'arrêter et j'ai travaillé d'arrache-pied jusqu'à minuit.

A : Mon pauvre trésor, comme le travail t'accapare. C'est vrai que tu n'as pas même le temps de décrocher ton téléphone quand je t'appelle. Plus étrange encore, ta secrétaire non plus... Dis, combien de personnes as-tu vues aujourd'hui ?

B : Je ne sais pas, des dizaines, peut-être même une centaine...

A : Qui précisément ?

B : Ben... mon buraliste, le livreur de sushis, la concierge du 36 *bis* et du 38 *ter*, des marmots se rendant à l'école, le pigeon sur le toit de l'église et notre voisine... au bras de son nouvel amant. Ça te va ?

A : Et à partir de huit heures ?

B : Mais arrête, on a l'impression que tu as fait pendant dix ans le métier de juge d'instruction...

A : Et alors ? Regarde-moi droit dans les yeux !

B : Pour tout te dire, j'ai vu précisément trois personnes en soirée. Mes trois collaborateurs : ma secrétaire, mon bras droit et la petite stagiaire qui est chargée du classement des dossiers.

A : Jusqu'à trois heures du matin ? C'est étrange tout de même ! Tu viens d'inventer cette histoire-là pendant que je te parlais, n'est-ce pas ?

B : Absolument pas !

A : Voyons ! Et tu veux me faire croire que vous avez travaillé de 8 heures du matin à minuit passé... Me prends-tu pour une idiote ?

B : Oui et comment, enfin non... je ne te prends pas pour une idiote, mais diable, qu'est-ce que tu t'imagines ? Que les bilans se font tout seuls ? D'ailleurs, je suis épuisé.

A : Épuisé, c'est vite dit. Et cette petite stagiaire suédoise, si j'allais lui rendre visite demain ???

B : Oh, va où tu voudras !

Chapitre 33c   Exprimer son désir par métaphores

Exercices page 223

1 **1.** Il s'agit d'un poème en vers. – **2.** Le désir amoureux est traité ici de manière complexe et sadique. – **3.** Le poète représente l'obscurité et la femme désirée la lumière.

2 **1.** trésors – **2.** voluptés – **3.** d'affolement – **4.** vertigineuse – **5.** sein

3   **1.** ← A (comparaison) – **2.** A → (conséquence) – **3.** A → (conséquence)

4   (*Réponses possibles*) **1.** Ta coiffure est l'emblème de ton esprit plein de fantaisie. – **2.** Ta belle présence jette dans mon esprit l'image d'une jeunesse insouciante. – **3.** Nous sommes éblouis par votre beauté. – **4.** Votre rire jaillit comme une source claire de votre bouche. – **5.** Je te hais autant que je t'aime.

5   (*Réponses possibles*) **1.** Je vais ramper sans bruit vers elle. – **2.** Je voudrais châtier la chair joyeuse de cette beauté. – **3.** J'ai envie de meurtrir le sein de cette beauté. – **4.** Je ne pense qu'à une seule chose : lui infuser mon venin. – **5.** Les refus incessants de cette beauté ont tant humilié mon cœur que j'ai puni sur une mouche (qui passait) l'insolence de cette attitude.

6   (*Proposition*)

À celle qui était trop divine
Ta tête si belle que je voudrais la sculpter
Tes yeux si beaux que je voudrais les inscrire sur la pierre
Tes cheveux si épais que je voudrais les brosser à la paille de fer
Tes pieds si mignons que je voudrais les attacher sur un socle
Ta gorge si ample que je voudrais la poncer jusqu'à la perfection
Ton corps si gracile que je voudrais le couvrir de feuilles d'or
Ta bouche si pulpeuse que je voudrais la ciseler au burin
Mon amour pour toi si fou que je ferais tout pour le graver dans le marbre pour l'éternité

34. Choisir sa famille de cœur

Chapitre 34a   Présenter des amis fictifs

Exercices page 225

1   **1.** Vrai – **2.** Vrai – **3.** Faux. Pour dresser ces portraits, l'auteur emploie un langage très familier.

2   **1.** me déranges – **2.** un combattant né. – **3.** belliqueux

3   **1.** une baston – **2.** les casseurs d'ambiance – **3.** un coup de boule à – **4.** une boule d'agressivité – **5.** se met souvent sur le nez (la tronche, la gueule) avec – **6.** un (gros) bourrin

4   **1.** possède des capacités hors norme… cela lui a valu d'être repéré par… – **2.** a développé un langage assez unique… Le mot… peut prendre dans sa bouche de nombreux sens – **3.** arboraient sur leur torse – **4.** Cet état d'esprit particulier l'a conduite à… un record mondial – **5.** difficile de choisir un adjectif pour qualifier

5   **1.** Pecto se plie en quatre pour aider ses copains à retrouver leur épée perdue. – **2.** Reiko est avant tout une passionnée, ou plutôt une ultra-passionnée. Elle fait tout ce qu'elle peut pour la défense des tapirs. – **3.** Buldog, rien ne l'arrête ! Il est toujours partant pour les aventures les plus dangereuses. – **4.** Vav, tout ce qu'il fait, il le vit à fond, sans aucune retenue !

6 *(Proposition)*

Handy, 21 ans, 1 m 84, 92 kg est un superhéros… mais pas toujours. On pourrait même dire à mi-temps. C'est un chevalier qui possède des capacités hors norme, pas la peine de le titiller. Handy est patient, mais il a la détente facile lorsqu'on lui cherche noise. Il aime qu'on l'écoute et est toujours prêt à rendre service aux potes. Il sait se plier en quatre pour eux, si nécessaire. C'est le compagnon idéal à qui on peut tout raconter (de toute façon, il ne répétera rien puisqu'il aura oublié…). Il déteste par-dessus tout les gens qui se prennent pour Socrate. Même s'il a le cerveau dans les chaussettes comme le prétendent ses copains Abdo, Pit et Ed, il a une méfiance instinctive tellement développée qu'il est capable de ressentir le danger avant qu'il ne survienne. Malheureusement pour lui, c'est un froussard de première classe, et il a toujours le trouillomètre à zéro quand il s'agit d'arrêter un bandit de grand chemin. Mais tout cela ne l'empêchera pas de devenir le plus grand héros de tous les temps (enfin, il y crôaaaa !).

Chapitre 34b   Réagir à une trahison

Exercices page 227

1 **1.** Non, il s'agit d'une scène de théâtre. – **2.** Non, Julie est heureuse de partir. – **3.** Non, l'échange est certes violent mais le tout est enrubanné de formes élégantes.

2 **1.** Claudine-Alexandrine partit de son propre chef. – **2.** Louise-Bénédicte prit ses dispositions. – **3.** Marie-Thérèse n'eut pas le cœur de quitter Pierre-François. – **4.** Melchior sortit la tête haute (et non congédié). – **5.** Germaine fut libre de tout engagement à l'égard de son mécène.

3 **1.** Plus… plus – **2.** Plus… moins – **3.** Plus… mieux – **4.** Moins… plus

4 *(Réponses possibles)* **1.** Soyez sans crainte, je ne vous prendrai qu'un instant. – **2.** Vous n'avez que peu de temps pour vous faire de nouveaux amis. – **3.** Il vous manque un sentiment dans tous ceux que vous professez. – **4.** Il eût peut-être mieux valu pour vous que vous sortiez de chez moi la tête haute. – **5.** C'est maintenant que vous êtes vous-même : un serpent. – **6.** Je m'en voudrais de vous faire attendre.

5 *(Réponses possibles)* **1.** Je ne vous connais plus. Adieu, madame. – **2.** Il ne pousse rien à votre ombre. – **3.** Vous ne m'inspirez même plus de la reconnaissance. – **4.** J'ai fait ce que j'ai pu pour vous, en retour vous m'avez étouffé(e). – **5.** Mon amour méritait mieux que vous.

6 *(DALF. Proposition)*

Un protecteur, puissant politicien, parle avec son jeune protégé devenu ministre de l'Intérieur grâce à ses appuis.
Le jeune protégé : Pour quelle raison m'as-tu prié de venir toutes affaires cessantes ?
Le protecteur : Je voulais clarifier avec toi ce que j'ai sur le cœur, mais sois sans crainte, je ne te prendrai qu'un instant…

Le jeune protégé : Que voulais-tu me dire de si urgent ? Tu sais bien que mon agenda ministériel ne me laisse guère de temps…

Le protecteur : Tu as raison. Je m'en voudrais de faire attendre tes nouveaux amis du Sénat et de la Chambre des députés. Pour aller droit au but : tu peux te considérer comme libre de tout engagement à mon égard.

Le jeune protégé : Et pourquoi, je te prie ?

Le protecteur : Car tu m'as trahi. Mon affection, mon dévouement et le temps que j'ai consacré à ta personne méritaient mieux que toi. J'aurais dû choisir un autre « poulain » que toi, plus reconnaissant à mon égard, et plus loyal.

Le jeune protégé : Puisque c'est ainsi, je m'en vais la tête haute, enfin libéré de ton carcan étouffant. J'avais tout fait pour me conformer à tes volontés pour que tu sois fier de moi et de mon parcours. Mais je vois que tu manques de noblesse et de hauteur d'âme. Ces sentiments élevés que tu te plais à professer sont absents de ton cœur. Il est impossible de respirer à tes côtés…

Le protecteur : Eh bien, va respirer ailleurs, là où l'air est plus digne de toi.

Le jeune protégé : Sois sans crainte, je n'y manquerai pas. J'ai tant besoin d'air vivifiant et je sais que de nouveaux amis plus puissants m'attendent !

Le protecteur : Je te reconnais bien là ! C'est maintenant que tu es toi-même : un requin, prêt à tout pour accéder au panthéon du pouvoir !

Le jeune protégé : Et moi, je ne te connais plus. Adieu !

Chapitre 34c Parler de l'amitié à travers une ballade

Exercices page 229

1 **1.** Non, il s'agit d'une ballade (chanson) sur l'amitié. – **2.** Non, c'est l'amitié de deux personnes libres qui se réconfortent en cas de peine. – **3.** Chaque vers compte 12 syllabes (alexandrin) et les rimes de chaque strophe sont plates (AABB). – **4.** Deux chanteuses très célèbres qui ont commencé leur carrière dans les années 1960.

2 **1.** graver – **2.** caché – **3.** peine – **4.** chauffer

3 **1.** 9/9 syllabes (= 2 vers qui se suivent) – **2.** 12 syllabes (= alexandrin) – **3.** 10 syllabes – **4.** 8 syllabes – **5.** 7 syllabes – **6.** 12 syllabes (= alexandrin)

4 (*Réponses possibles*) **1.** Mes amis ont cette douceur des plus beaux paysages, et la fidélité des oiseaux de passage. – **2.** Ils ont fait la saison des amitiés sincères. – **3.** (Je viendrai) chauffer mon cœur à ton bois. – **4.** Beaucoup de mes amis sont venus des nuages avec soleil et pluie comme simple bagage.

5 **1.** l'horizon – **2.** roux – **3.** chanter – **4.** suit – **5.** la vie

6 (*Proposition*)

Mais parfois dans leurs yeux se glisse la tristesse
Pour nous dans l'affection peu nous importe l'âge
Quand on partage ils ont le plus beau des visages
Perdus dans la détresse et cherchant la tendresse
Nos amis seront sûrs de nos tendres caresses
Alors, ils viennent se chauffer chez moi et toi aussi tu viendras !

35. S'aimer soi-même

Chapitre 35a   Faire semblant de se réconcilier

Exercices page 231

1 1. Vrai – **2.** Faux. Ils sont amants (amoureux). – **3.** Faux. Les relations entre eux sont tendues et faussement décontractées. – **4.** Vrai

2 (*Réponses possibles*)**1.** Narcisse est fier comme Artaban. – **2.** Léonard se croit sorti de Saint-Cyr. – **3.** Carine ne se prend pas pour la queue d'une poire. – **4.** Pour Christelle, Léo est la huitième merveille du monde. – **5.** Mathilde pète plus haut que son cul. – **6.** Geoffroy se croit le premier moutardier du pape. – **7.** Théodore a les chevilles qui enflent/a la grosse tête depuis qu'il a gagné le concours « Mister Suisse romande ». – **8.** Dans les soirées mondaines, Léon se pavane/fait le paon. – **9.** Christiane se croit sortie de la cuisse de Jupiter.

3 (*Réponses possibles*) **1.** Ça me fait plaisir de voir que tu n'es pas de mauvaise foi. – **2.** Non, non, ça ne me vexe pas. – **3.** Je suis content(e) que tu m'apprécies vu que tu n'aimes pas grand-chose. – **4.** En fait pour t'apprécier, il faut juste que j'accepte ton côté superficiel. – **5.** Ça fait plaisir de voir que Marion a un peu de répartie.

4 (*Réponses possibles*) **1.** J'avais oublié qu'on t'avait largué comme une grosse merde (*vulg.*). – **2.** Ah, au fait, je reprends le champagne, sans vouloir vous vexer. – **3.** Elle au moins, ce n'est pas une ado attardée.

5 (*Proposition*)

Chez un ami commun, deux ami(e)s fâché(e)s se recroisent...
Ami(e) 1 : Oh, salut, qu'est-ce que tu fais là, depuis tout ce temps !
Ami(e) 2 : Oh ! Quelle merveilleuse surprise ! C'est surprenant de te voir ici, je croyais que pour toi c'en était fini des mondanités !
Ami(e) 1 : Je ne sors pas souvent, mais j'aime voir de temps à autre comment mes chers amis ont évolué. Toi, par exemple. Et d'ailleurs, je suis heureux(-euse) de constater que tu n'as pas trop changé. Mais il me semble toutefois que tu as un peu forci, au niveau des hanches et du menton, sans vouloir de vexer...
Ami(e) 2 : Oui, c'est vrai, j'ai pris quelques grammes, signe de mon épanouissement... Toi, par contre, svelte tu es resté(e), mais alors qu'est-ce que le temps s'est imprimé sur ton front, ton cou et tes mains ! Un(e) casanier(-ière) comme toi n'est-il pas au courant qu'il existe des masques antirides très performants ? Sans vouloir te vexer...
Ami(e) 1 : Merci de ton conseil. Sache toutefois que je viens de m'en procurer une aux résultats révolutionnaires, car, tiens-toi bien, elle empêche la chute des cheveux en même temps. Eh oui, tu devrais l'essayer... Non, finalement : il t'en faudrait au moins une tonne tant ta chevelure me semble bien clairsemée, sans vouloir te vexer...
Ami(e) 2 : Merci de tes gentillesses ! Et toi, tu connais le nouveau bain de bouche « anti-langue-de-vipère » ? Sans vouloir te vexer...
L'hôte : Bon, ça va, les ami(e)s ! On ne pourrait pas parler d'autre chose...
Ami(e) 1 : Oh toi ! Le gros naze hypocrite, t'es toujours là au mauvais moment.

Ami(e) 2 : Non mais, c'est vrai ça ! Pour qui il se prend pour se mêler de notre conversation...

L'hôte : Très bien. Sans vouloir vous vexer, vous seriez gentil(le)s de prendre la porte, car ici c'est chez moi. Pour les gens qui pètent plus haut que leurs culs, il y a d'autres maisons où on peut se régaler de champagne et se goinfrer de caviar. Ce n'est pas ce qui manque à Paris... sans vouloir vous vexer !

Chapitre 35b   Se faire valoir

Exercices page 233

1   **1.** Faux. C'est l'extrait d'un dialogue satirique de Mirbeau paru en 1919. – **2.** Faux. Le livre dont parle l'auteur est un vrai succès, même au-delà des frontières. – **3.** Vrai

2   **1.** ovations/acclamations... obscure – **2.** tirage confidentiel/restreint – **3.** connu/célèbre – **4.** gagner des sommes colossales – **5.** tirages exceptionnels

3   (*Réponses possibles*) **1.** Je crois que, de toutes mes œuvres, c'est la plus définitive, celle que je préfère, c'est tout dire... – **2.** Je ne puis pas en dire davantage, mais il y a là une thèse originale et brûlante. – **3.** Priver la patrie de mes œuvres, ce serait une forfaiture envers l'humanité ! – C'est ce que je me suis dit. – **4.** Partout où je vais, je suis connu. Et ce sont des fêtes, des invitations, des acclamations... – **5.** Croiriez-vous que tous les journaux et toutes les revues de tous les pays se disputent mon roman ! – **6.** Je crois, en effet, que mon roman sera un événement considérable...

4   (*Réponses possibles*) **1.** Ainsi, on parle de mon roman ? Déjà ? Et qui donc en parle ? – **2.** Même au désert, j'ai dû subir les persécutions enthousiastes des caravanes arabes. – **3.** Quel ennui ! J'ai tant horreur de la publicité. – **4.** Que de fois j'ai envié d'être obscur ! Tout ce bruit autour de mon nom m'énerve et me rend malade. – **5.** Mais quels tracas ! Où donc aller pour me soustraire à toute cette agitation du succès ! – **6.** Mais qui me dit que, là encore, je ne serai pas poursuivi, accaparé ! Est-ce une vie ? – **7.** Il m'est impossible de garder l'incognito ! C'est à devenir fou. – **8.** Être célèbre, si vous saviez comme c'est fatigant ! On ne s'appartient plus...

5   (*DALF. Proposition*)

Franchement, je n'aurais jamais imaginé que ma chansonnette allait devenir un tel tube ! Où que j'aille, je l'entends, que ce soit dans les magasins, dans les ascenseurs ou dans les taxis. Désormais, partout où je vais, on me reconnaît. Partout on me dit : est-ce vous, le formidable interprète de « Il fait beau, l'amour brille » ? Moi qui ai horreur de tant de publicité, je suis verni ! Il est vrai que cette bluette est sur toutes les lèvres, des gamins aux grands-pères. Tous fredonnent « Il fait beau, l'amour brille ». Je dois le reconnaître : de toutes mes chansons, c'est celle que je préfère. Plus encore que mes précédentes œuvres, « Je t'aime, le soleil », « Où es-tu, mon ciel bleu ? » et « Viens à l'ombre, mon amour ». Quelle profondeur dans ce texte et quelle mélodie, vous en conviendrez. Le public a raison de la plébisciter. C'est vraiment MA chanson ! Sans vouloir me vanter, c'est la chanson de l'année, voire de la décennie, d'aucuns disent du siècle… Pourquoi pas ? Cela étant, qu'il est fatigant d'être exposé à tout ce tapage médiatique ! De tous les côtés, j'entends : c'est lui, c'est lui, le créateur de ce chef-d'œuvre ! Et désormais, il m'est impossible de garder l'incognito. Mon clip a été téléchargé trois millions de fois. Dans les trains, les avions, à l'étranger, dans la rue, dans les hôtels, partout on me poursuit, on m'accapare… Est-ce une vie ? On ne s'appartient plus. Que de fois j'ai envié d'être obscur… D'ailleurs, je réfléchis où aller pour me soustraire à toute cette agitation du succès, à cette popularité que je ne maîtrise plus. Dans un coin perdu ? Au fin fond de l'Amazonie ou de l'Antarctique ? Je ne vous cache pas que parfois l'envie me prend de ne plus écrire et ne plus chanter que pour un cercle d'amis très restreint. Être célèbre, c'est tellement épuisant. En fait, je vais vous révéler un scoop… Je suis en train d'écrire une nouvelle chanson, et je crois en effet que ce sera un événement considérable, encore plus considérable que la précédente. Ça sera la plus définitive, la plus aboutie. Je ne puis en dire davantage, mais il y a là un texte profond et une thématique brûlante, les deux harmonieusement mis en valeur par une mélodie originale. Mais, à y bien réfléchir, ce serait dommage de priver mon public de ce futur chef-d'œuvre, ce serait carrément une forfaiture envers l'univers. Je dois absolument assumer ce succès et revenir sur scène pour partager cette nouvelle merveille avec mon public chéri. D'ailleurs, vous m'offrez combien pour ce témoignage exclusif ?

Chapitre 35c   Se juger soi-même

Exercices page 235

1 **1.** Il s'adresse au lecteur et à l'être humain en général, en prenant Dieu à témoin. – **2.** Faire une autocritique afin de se justifier aux yeux de ses contemporains. – **3.** Rousseau y déploie une rhétorique grandiloquente et solennelle.

2 **1.** gêné… édifiant… limpide… grand – **2.** tendu… avilissant… mielleux… roublard… faux

3 **1.** que… ne vienne me dire le contraire ! – **2.** que… soit dit – **3.** Que… sache

4 (*Réponses possibles*) **1.** Si je ne vaux pas mieux, au moins je suis autre. – **2.** Je forme une entreprise qui n'eut jamais d'exemple et dont l'exécution n'aura point d'imitateur. – **3.** Connaissant les hommes, j'ose croire n'être fait comme aucun de ceux qui existent.

5 (*Réponses possibles*)**1.** Je dirai hautement : voilà ce que j'ai fait, ce que j'ai pensé, ce que je fus. – **2.** Que chacun d'eux découvre à son tour son cœur au pied de ton trône avec la même sincérité. – **3.** J'ai dévoilé mon intérieur tel que Tu l'as vu toi-même. – **4.** Je viendrai ce livre à la main me présenter devant le souverain juge. – **5.** Je sens mon cœur et je connais les hommes. – **6.** Je me suis montré tel que je fus. – **7.** Je n'ai rien tu de mauvais, rien ajouté de bon. – **8.** J'ai pu supposer vrai ce que je savais avoir pu l'être, jamais ce que je savais être faux.

6 (*DALF. Proposition*)

Je suis né singulier et j'ose croire n'être fait comme aucun autre homme qui existe. Je sais – rassurez-vous – que je ne vaux pas mieux que les autres, mais je suis autre, assurément. Franc, charitable, magnanime, généreux, altruiste… Et c'est cette certitude qui m'autorise à entreprendre cette œuvre autobiographique que je me permets de déposer aux pieds de mes chers lecteurs. Même si l'atroce complexité de la vie fait que mes contemporains ont la fâcheuse tendance à me voir sous une lumière ambiguë, voire fausse, vous lecteurs – ô mon suprême et unique juge – découvrez ici sans préjugés mon cœur transparent comme le cristal. Soyez sûrs que je vous dévoilerai mon intérieur tel qu'il fut vraiment, tel qu'il sera pour l'éternité. Jamais rien ne pourra détourner mon récit du chemin de la sincérité, plus personne ne pourra me juger d'après les apparences, sans avoir préalablement lu dans mon cœur. Je sais ce que je vaux, je sais ce que vaut une autobiographie, mon autobiographie. Qu'un seul de mes contemporains vienne me dire, s'il ose : je fus plus singulier et plus sincère dans mes écrits que cet homme-là ! Je suis né à...

Bilan n° 7

Exercices pages 236-237

1 **1.** ingrat – **2.** La fougue... l'ardeur – **3.** Intègres... probes – **4.** libertines – **5.** candeur

2 **1.** un refrain – **2.** une rime – **3.** les voluptés – **4.** une baston – **5.** belliqueux – **6.** des ovations – **7.** quelqu'un de franc, une personne franche – **8.** le mépris – **9.** abjecte – **10.** magnanime – **11.** altruiste – **12.** philanthrope

3 **1.** Ça sent le pâté. – **2.** Nos voisins font du ramdam. – **3.** Avoir la cuisse légère – **4.** Cette personne est tranquille comme Baptiste. – **5.** Je suis toujours par monts et par vaux. – **6.** Se revoir à la saint-glinglin. – **7.** Je suis un cœur d'artichaut. – **8.** Vous êtes fier (fière) comme Artaban – **9.** Il/elle a les chevilles qui enflent. – **10.** Cette personne ne se prend pas pour la queue d'une poire.

4 **1.** Il n'y en a pas un qui s'éclate et l'autre qui s'ennuie. – **2.** Tu viens d'arranger ce roman-là pendant que je te parlais. – **3.** Je te hais autant que je t'aime. – **4.** Tout ce qu'il fait, il le vit à fond, sans aucune retenue. – **5.** Je m'en voudrais de vous faire attendre. – **6.** Vous ne m'inspirez même plus de la reconnaissance. – **7.** Beaucoup de mes amis sont venus des nuages, avec soleil et pluie comme simple bagage. – **8.** Je suis contente que tu m'apprécies vu que tu n'aimes pas grand-chose. – **9.** Être célèbre, si vous saviez comme c'est fatigant ! on ne s'appartient plus... – **10.** J'ai pu supposer vrai ce que je savais avoir pu l'être, jamais ce que je savais être faux.

5 (*Réponses possibles*) **1.** Ce mec/cette nana, c'est un vrai boudin ! – **2.** Au resto, Sidoine et Albert taillent une bavette. – **3.** Marguerite ne s'est pas cassé la nénette pour préparer ses examens. – **4.** Ce bourrin d'Étienne passe son temps à donner des coups de boule à son frère Fabien. – **5.** Tanguy et Edmond font le paon dans les bars, d'ailleurs ils se croient sortis de la cuisse de Jupiter.

6 (*Réponses possibles*) **1.** Même au fin fond du Cantal, j'ai dû subir les persécutions enthousiastes de mes admirateurs. – **2.** Être célèbre, si vous saviez comme c'est fatigant, on ne s'appartient plus ! – **3.** Il m'est impossible de garder l'incognito ! C'est à devenir fou ! – **4.** Que de fois j'ai envie d'être obscur, tout ce bruit autour de mon nom m'énerve et me rend malade.

7 (*Proposition*)

Voici mes propres définitions de l'amour, de l'amitié et de la trahison. Très personnelles et donc pas forcément universelles, elles n'engagent que moi…

L'amour, c'est le partage absolu, celui des cœurs mais aussi des corps. Au début, on vit l'émotion de la première rencontre, on découvre l'autre, on tâtonne délicieusement, on est pris dans la valse des sentiments pour parvenir à l'intimité parfaite, si tout va bien… Comme le dit la chanson « sans amour, on n'est rien du tout ». L'amour est assurément l'élément essentiel de notre vie terrestre. Il sert à avancer dans la vie et aide à devenir meilleur. Il est évident qu'un amour partagé peut aussi comprendre des coups durs et des moments de découragement. Mais de toutes les manières, l'amour, si on y croit, est plus fort que tout.

L'amitié est, elle aussi, une composante primordiale de notre existence. Elle est souvent profonde et intense, surtout dans les échanges de l'esprit. Contrairement à l'amour, l'amitié est moins exclusive et plus ouverte car cette autre sorte d'amour permet d'envisager une multitude de sentiments différents envers nos semblables (quel que soit leur âge, d'ailleurs !), mais aussi – et pourquoi pas – envers nos amies les bêtes. L'amitié se distingue par un esprit fidèle et non pas forcément par une proximité physique. Ainsi, un ami peut se trouver à l'autre bout du monde et cette distance n'enlève rien à l'intensité du sentiment. L'amitié se renforce à travers des secrets partagés, ce qui installe une confiance inaltérable entre deux êtres. D'ailleurs, avec certains de nos amis, c'est « à la vie, à la mort », témoins ces promesses que nous nous faisions au temps des amitiés adolescentes. Il est certain que l'amour ne doit en aucun cas éloigner ou briser une amitié. Si l'être aimé est jaloux de vos amitiés, il se pourrait qu'il ne vous aime pas… vraiment. Alors attention !

Quant à la trahison, elle peut exister dans l'amour comme dans l'amitié. C'est le venin, le poison mortel du sentiment amoureux ou amical. La trahison dans l'amour peut se faire sentir par un abandon brusque et inattendu : vous vous êtes cru(e) aimé(e) et l'autre vous laisse choir sans crier gare. En amitié, la trahison peut se manifester sous forme de secrets dévoilés ou d'accès de jalousie face aux réussites de l'ami. Dans une existence, nous sommes fatalement confrontés à des trahisons. Certes vous souffrirez, mais dites-vous bien qu'il y aura toujours un ami pour vous comprendre et/ou un amour pour vous chérir. C'est cela la vie !

36. Choisir son lieu de vie

Chapitre 36a   Confronter l'annonce d'un bien immobilier à la réalité

Exercices page 239

1 **1.** C'est un sketch. – **2.** La maison se situe en grande banlieue parisienne. – **3.** Tout est à refaire. – **4.** Non, c'est impossible avec un terrain de 500 m de long sur 30 m de large. – **5.** La chute finale du sketch est très ironique et moqueuse.

2 **1.** le double living (= la salle de séjour) – **2.** un club-house – **3.** des poutres apparentes – **4.** une coquette maison – **5.** la toiture – **6.** une salle d'eau

3 (*Réponses possibles*) **1.** Mais Madame, on a écrit « et.p.impec. », ça veut dire état presque impeccable. – **2.** On bétonne tout ça à sec, deux ans de boulot à peine. – **3.** Pour une bouchée de pain, toute la bicoque est transformée en véritable bijou. – **4.** J'ai beaucoup de personnes intéressées, c'est une affaire. – **5.** Pour 140 000 euros, madame, faut pas rêver ! – **6.** Un peu d'imagination, madame, avec ça vous faites une piste de fond sensationnelle ! – **7.** Il suffit de dégager les crottes de chèvre…

4 (*Réponses possibles*) **1.** 500 mètres de long sur 3 mètres de large, c'est difficile à aménager en jardin à la française ! – **2.** La maison est quand même pas mal amochée, je ne sais pas si c'est les Allemands en partant ou les Américains en arrivant qui l'ont laissée comme ça.

5 (*Proposition*)

C'est fou quand même !

On cherchait une maison dans le Perche à deux pas de Paris. L'annonce nous avait paru assez excitante : « maison bourgeoise, confortable, bien agencée, idéalement située, proche Paris ». Bref, on se voyait déjà dans notre maison de rêve. Les « à deux pas de Paris » se transformèrent en trois heures de bouchons cauchemardesques, puis au bout de 4 heures de conduite, après d'interminables routes de campagne à la chaussée déformée et des indications plus qu'aléatoires, harassés de fatigue, nous voilà arrivés au lieu-dit. La coquette maison bourgeoise ressemblait plutôt à un pavillon des années 1970 d'un goût plus que douteux. Au lieu d'un terrain arboré, on s'est retrouvés dans une espèce de couloir envahi de ronces. Il nous aurait fallu beaucoup d'imagination et de moyens pour l'aménager en jardin à la française.

Une fois entrés dans la bicoque, que dire ! Pas de chauffage central, mais un vieux poêle à mazout qui empestait. En guise de salle de bains, une salle d'eau équipée d'une vieille douche avec un rideau noirci par les moisissures et des toilettes turques d'où s'échappaient des odeurs nauséabondes. Quant à la cuisine, ce fut le pompon : un vieil évier crasseux et un frigo qui devait dater des années 1950. Le reste de la maison, n'en parlons pas : murs délabrés, sols troués, plafonds abîmés… bref, la cata. Et tout cela pour 300 000 euros. Non, nous ne rêvions pas ! Pour couronner le tout, le proprio, d'une arrogance incroyable, convaincu que son atroce maison était l'affaire du siècle. Lors de la visite, il n'arrêtait pas de nous vanter les beautés de sa propriété de rêve… juste hallucinant ! Le pire fut quand il nous demanda de lui donner une réponse rapide car selon lui de nombreuses personnes étaient intéressées… Agacé(e), je lui répondis que nous lui donnerions une réponse d'ici un quart d'heure, juste le temps de rentrer à Paris. Vous imaginez sa tête ! Un peu déconfits, on a remis à une date ultérieure nos prétentions d'achat d'une maison à la campagne.

Chapitre 36b   Commenter l'aménagement d'une maison

Exercices page 241

1 **1.** Vrai – **2.** Faux. Les conseils portent sur la décoration intérieure. – **3.** Vrai

2 1. une douche à l'italienne – **2.** le papier peint – **3.** la tenture murale – **4.** un voilage – **5.** le bois cérusé (la céruse = pâte ou cire) – **6.** la peinture pastel laquée mat – **7.** une tringle – **8.** du béton brossé – **9.** la persienne en bois – **10.** le cordon de tirage

3 (*Réponses possibles*) **1.** Au sol, je mettrais des tommettes de la région avec une frise en bordure. – **2.** Une grande table de ferme s'impose. – **3.** Si vous chinez chez les « brocs », vous en trouverez. – **4.** Personnellement, je vous suggérerais des rideaux doublés molletonnés. – **5.** Équipez-vous d'une cuisinière Gaudin « Châtelaine » à l'ancienne. – **6.** Vous me donnez carte blanche ? Je le sens : ce manoir est fait pour vous !

4 (*Réponses possibles*) **1.** Il faut une pose anglésée, c'est-à-dire sans galons pour que les finitions soient invisibles. – **2.** Il faut absolument garder le style de la région et le cachet de la maison. – **3.** Pour conserver son caractère unique, préférons une tenture murale. – **4.** Tout doit baigner dans une lumière « méditerranéenne ». – **5.** Si on s'y voit vivre, c'est bon signe. – **6.** Cette couleur, qui donne un ton patiné, est magnifique, et cela se marie très bien au décor. – **7.** On y trouvera les traces des générations qui s'y sont succédé, une maison pleine d'histoire et de vie.

5 (*DALF. Proposition*)

Quel beau manoir venez-vous d'acquérir ! Certes, il y a de nombreux aménagements intérieurs à prévoir, mais ne vous inquiétez pas. Je suis là pour vous conseiller afin que cette demeure devienne une gentilhommière élégante et conforme à vos goûts. Tout d'abord, et en règle générale, il faut préserver le cachet chaleureux de la bâtisse. Évitez le moderne, surtout dans les pièces à vivre. Je vous suggérerais d'orienter vos choix vers une décoration chaleureuse et intemporelle et qui pourrait se fondre dans l'histoire de la maison.

Pour votre séjour, choisissez des rideaux doublés molletonnés qui garderont la chaleur et l'intimité de vos douces soirées hivernales. Aux murs, posez des tentures murales qui mettront en valeur votre belle collection de tableaux des petits maîtres du XIXe siècle. Pour conserver le caractère unique de votre séjour et de votre demeure, il faut absolument garder en l'état les persiennes en bois ainsi que les portes d'origine, leurs poignées et les crémones des fenêtres.

Dans la cuisine, au sol, je vois bien des tommettes curry madras de la région. Évidemment, équipez-vous d'une cuisinière à l'ancienne et chinez chez les brocs du coin afin de dénicher une grande table de ferme en bois qui pourra vous servir aussi bien de plan de travail que pour recevoir « à l'authentique » vos hôtes et amis. Enfin, parlons de la salle de bains, où l'on pourrait se permettre d'ajouter une touche de modernité. Une baignoire à l'ancienne dotée d'une fonction douche avec robinetterie vintage « art déco » s'impose. Choisissez un carrelage en damier noir et blanc pour renforcer le côté chic des anciennes salles de bains. Quant à l'éclairage, soyez attentif à ce qu'il soit moderne et fonctionnel mais néanmoins chaleureux. Bannissez les néons, bien entendu ! Vous aurez compris que tout doit baigner dans une lumière méditerranéenne.

Chers amis, vous avez fait le bon choix : ce manoir est à votre image, il est à la fois convivial, authentique et raffiné… comme vous !

Chapitre 36c Écrire un encart publicitaire pour un bien immobilier

Exercices page 243

1 1. Vrai – **2.** Faux. Le vocabulaire est choisi en fonction d'une clientèle aisée, cultivée et intéressée par les vieilles pierres. – **3.** Faux. Les biens proposés à la vente sont décrits de façon précise et avenante pour une clientèle ciblée.

2 1. une bastide – **2.** un gîte (rural) – **3.** une dépendance – **4.** au verger – **5.** dans une serre (une orangerie) – **6.** le puits – **7.** une noria – **8.** à la maison du gardien – **9.** la tonnelle – **10.** le potager (le potager du roi à Versailles) – **11.** au poulailler et au pigeonnier

3 (*Réponses possibles*) **1.** Ce manoir vous ramène quelques années en arrière dans un confort moderne. – **2.** Un ancien bassin de récupération d'eaux de pluie pourrait être transformé en piscine. – **3.** Le mas, dans son havre de verdure, est entouré de vieux arbres, dont des platanes multicentenaires. – **4.** Une longue allée d'oliviers mène à la maison. – **5.** Quelques pièces maîtresses viennent parfaire cette propriété (four à pain...).

4 (*Réponses possibles*) **1.** Le terrain est aménagé en plusieurs espaces aux ambiances variées. – **2.** Le premier étage est entièrement ouvert sur une grande terrasse en terre cuite. – **3.** Entièrement restaurée, la demeure vous enveloppe de son ambiance chaleureuse. – **4.** Une distribution simple et fonctionnelle, de merveilleux volumes, de plain-pied. – **5.** Surmontée d'une tonnelle, la terrasse permet de profiter de la fraîcheur apportée par les platanes.

5 (*DALF. Proposition*)

Vend manoir en Picardie (Oise) en plein cœur de Gerberoy, l'un des plus beaux villages de France.

Entièrement restaurée, cette demeure picarde vous enveloppe de son charme et de son ambiance chaleureuse et de son caractère historique. Construite au XVIIe siècle, cette maison pittoresque a été choisie comme sujet de prédilection par Henri Le Sidaner, ami d'Auguste Renoir.

Elle est dotée de 12 pièces, dont 5 chambres, 3 salles de bains et d'une bibliothèque. Jouxtant le salon, vous trouverez d'un côté un boudoir pour dames et de l'autre un fumoir pour messieurs qui ont été préservés par les propriétaires précédents, ce qui apporte une originalité inouïe à cette charmante maison. Les pièces mansardées des étages supérieurs accessibles par des escaliers en colimaçon ajoutent une touche romantique à l'ensemble.

Autour, un terrain de plus de 2 000 m² aménagé en plusieurs espaces aux ambiances variées, avec un jardin à la française et un jardin japonais côté cour. Côté jardin, un potager aux légumes d'antan et un verger d'arbres fruitiers. Un poulailler et un pigeonnier viennent parfaire cette demeure de charme en excellent état. À l'extrémité du terrain, vous trouverez une petite dépendance composée de trois pièces aménagées pour y recevoir vos hôtes en toute liberté.

La maison est facile d'accès, à deux heures de voiture de Paris, non loin de Beauvais (20 km) et à 12 minutes de la gare de Feuquières. En seulement quelques minutes, vous trouverez tous commerces et services (une boulangerie artisanale, un kiosque, une pharmacie et une supérette). Chaque vendredi, le marché local s'installe à proximité pour le plus grand plaisir de vos papilles et de vos yeux.

Un havre de paix dans un décor champêtre, cette maison sera vôtre si vous le souhaitez.

Contacter la revue *Propriétés de charme* (référence annonceur : 1202218), ou alors directement l'agence immobilière « Demeures de rêve » à Gerberoy.

37. Partager ses passions

Chapitre 37 a   Vendre des objets de collection

Exercices page 245

1   **1.** Faux. C'est un vendeur de soldats de plomb qui explique son métier passionnant. – **2.** Vrai. – **3.** Faux. Les objets de collection s'adressent à une élite, à des gens cultivés et rêveurs.

2   **1.** le métal – **2.** démouler – **3.** le plomb – **4.** la maquette – **5.** la fonderie – **6.** un assemblage – **7.** l'antimoine – **8.** l'étain – **9.** l'ébarbage – **10.** le bismuth

3   les plus vendus c'est l'époque… Vous avez… est une bonne vedette mais… reste de très loin la meilleure vente, tout confondu

4   (*Réponses possibles*) **1.** Pudiquement, on dit qu'on utilise du bronze, mais c'est toujours le même mélange de cuivre et d'étain. – **2.** La première étape, c'est de trouver un sculpteur qui va mettre en forme votre idée. – **3.** Le sculpteur va copier votre modèle et le mettre en dimension plus réduite.

5   (*Réponses possibles*) **1.** C'est pour une élite, pour les gens un petit peu différents, qui vont prendre plaisir à se cultiver. – **2.** Il y a des petits clubs locaux où les gens se rencontrent et essaient de progresser dans la technique du modèle réduit. – **3.** Ma clientèle, c'est plutôt des gens cultivés, des avocats, des historiens, en passant par le milieu des affaires. – **4.** Mon métier, c'est de faire rêver les gens en leur proposant des univers les plus variés possible. – **5.** Si vous n'avez pas cette capacité de rêve, venez nous voir parce que le trois-mâts *Le Belem* en suggère beaucoup.

6   (*Proposition*)

Je suis un passionné(e) de train et plus particulièrement du célèbre « Orient-Express ». Il se trouve que, lorsque j'étais enfant, mon grand-père Camille-Nicolas m'avait raconté plein d'anecdotes sur ce train mythique dans lequel il avait eu l'occasion de voyager entre Paris et Constantinople dans les années 1930. Cette épopée fantastique me fascinait, et plus encore lorsque je lus le fameux roman d'Agatha Christie, *Le Crime de l'Orient-Express*. Ma passion est née à ce moment-là et, depuis, je collectionne tout ce qui a trait à ce train : les trains miniatures refaits à l'identique, vous avez les 7 wagons voyageurs Taurus, Anatolie, Flèche d'Or, Riviera, Train Bleu, Étoile du Nord et Côte d'Azur, mais aussi toutes les gravures, les affiches, les publicités de l'époque représentant cet univers entre l'Occident et l'Orient. Mais les chromos (lithographies) restent de très loin les objets les plus recherchés, tout confondu. J'ai aussi dans ma collection des objets rares tels de la vaisselle en porcelaine avec le poinçon de la Compagnie internationale des wagons-lits (CIWL), des poignées de portes en bronze blanc, ainsi que des luminaires en laiton ayant orné les compartiments du célèbre train et que j'ai acquis lors de ventes aux enchères.

Un mot sur la technique de fabrication des wagons miniatures. La première étape, c'est de trouver un génie, c'est-à-dire un artisan passionné par les objets ferroviaires capable de réaliser ces maquettes d'après photos. Ce maître-artisan va donc reproduire les wagons en dimension réduite à partir d'un plan détaillé des cotes à l'échelle HO préalablement établi. Pour cela, il découpe les matériaux en plastique ou en fer-blanc, il adoucit les irrégularités avec un lisseur, il peint les éléments et enfin il procède à l'assemblage et au montage des éléments. C'est un véritable travail de précision !

Il est vrai que les collectionneurs comme moi sont rares. Ce sont plutôt des gens cultivés, des passionnés d'histoire, c'est pour une élite, pour des gens un petit peu différents qui vont prendre plaisir à se cultiver, à lire, à faire des recherches. Il existe des petits clubs locaux où les amoureux de ce train se rencontrent et s'échangent de bons tuyaux. J'adore également faire partager cette passion avec les férus des voyages à l'ancienne, et ils sont nombreux. Comme moi, ils ont une grande capacité de rêve.

Chapitre 37b   Estimer et valoriser une collection d'objets d'art

Exercices page 247

1 1. Ce reportage parle de la vente aux enchères de l'une des plus importantes collections privées du marché de l'art au monde, celle du couturier Yves Saint-Laurent et de son compagnon, l'homme d'affaires Pierre Bergé. – **2.** Au Grand Palais à Paris. – **3.** D'un côté il y a les acheteurs, les collectionneurs fortunés, de l'autre les visiteurs, les curieux, les passionnés d'objets d'art. – **4.** Parce qu'il s'agit d'une collection exceptionnelle tant au niveau quantitatif que qualitatif.

2 1. les pièces (de collection) – **2.** Adjugé, vendu ! – **3.** l'argenterie – **4.** le commissaire-priseur – **5.** le prix des étiquettes – **6.** une fourchette de prix – **7.** les ventes aux enchères – **8.** les Arts décoratifs – **9.** la mise à prix

3 (*Réponses possibles*) **1.** C'est très beau, après ça va être dispersé, je n'aurai peut-être pas l'occasion de les revoir. – **2.** Cette sculpture de Brancusi, estimation entre 20 et 30 M, et ce petit canapé XIXe siècle, très rare, estimé à 15 M. – **3.** La vente pourrait battre tous les précédents records. – **4.** Il n'y a pas simplement un nucléus de trois œuvres majeures, c'est que le nucléus est énorme. – **5.** À défaut de casser leur tirelire, certains ont fait des kilomètres. – **6.** Dans la même vente, trois œuvres de la même période charnière, c'est absolument exceptionnel. – **7.** Avoir une telle densité et une telle qualité d'objets, c'est du rarement vu. – **8.** Toutes les pièces ont été achetées avec une rigueur ! – **9.** Les acquéreurs potentiels viennent des quatre coins de la planète.

4 (*Proposition*)

Aujourd'hui, c'est la grande vente aux enchères d'une très prestigieuse collection privée de boules à neige ayant appartenu à la Grande Duchesse de Gerolstein. Les chionosphérophiles du monde entier se sont donné rendez-vous pour dénicher la perle rare.

Cette vente pourrait bien battre tous les précédents records. Chaque boule est un véritable objet d'art. Vous trouverez par exemple cette pièce en provenance du Japon, représentant un samouraï finement sculpté, datant de l'ère Meiji. On pourra également y découvrir cette autre pièce fabriquée à Saint-Pétersbourg en 1915, d'une richesse et d'une finesse d'exécution incroyable. Elle reproduit en miniature la cathédrale Saint-Sauveur-sur-le-Sang-versé, constellée de fines paillettes d'or. Pour ceux également qui sont prêts à casser leur tirelire et qui ne veulent pas seulement admirer le prix des étiquettes, il y a cette somptueuse pièce fabriquée spécialement pour Eugénie, l'impératrice des Français, et qui renferme sous son globe l'opéra Garnier sous la neige, juste après sa construction. Une pièce unique !

Cette collection est estimée à 5 millions d'euros, ce qui sera un record mondial pour une vente de ce genre. Avoir une telle qualité d'objets, c'est du rarement vu ! Dans la même vente, on trouve toutes les époques depuis la fin du XIXe siècle à nos jours et un nombre inouï de pays y est représenté, quelques pièces exceptionnelles et rarissimes venant de pays aussi divers que les îles Fidji, l'Éthiopie, le Sri Lanka, la Bolivie, l'Arménie ou la Pologne...

Commençons la vente avec cette jolie pièce représentant la Dent de la Rancune, pic bien connu des randonneurs du Massif central, fabriquée en platine argenté. La mise à prix est de 1 500 euros. Continuons avec cette boule à neige tout à fait originale, qui est la mise en abyme d'une boule à neige, c'est-à-dire une boule à neige de la tour Eiffel dans une seconde boule à neige datant de 1950 et estimée entre 3 000 et 4 000 euros. Portons à présent notre regard sur cette pièce amusante et très particulière – il faut le reconnaître – : il s'agit d'une boule à neige montée autour du dentier ayant appartenu au Général de Gaulle. Cette rareté est mise à prix à 15 000 euros, mais la valeur estimée se situe dans une fourchette entre 20 000 et 40 000 euros...

Venez dans notre salle des ventes et n'hésitez pas à délier vos bourses afin de devenir acquéreurs de ces boules à neige, pour le moins originales, exceptionnelles et génératrices de rêve. Cela, vous en conviendrez, n'a pas de prix !

Chapitre 37c   Présenter une œuvre pour un catalogue de vente

Exercices page 249

1 1. Vrai – **2.** Faux. Ce sont deux paysages. – **3.** Vrai

2 1. les pinceaux (expression : s'emmêler les pinceaux) – **2.** le chevalet – **3.** le courant impressionniste – **4.** une nature morte – **5.** le couteau – **6.** le relief – **7.** le style antique – **8.** le portrait – **9.** le mouvement art déco – **10.** la palette – **11.** la toile – **12.** le mouvement néoclassique

3 Élève de… un important représentant de… un artiste incontournable de la région… expose, dans la capitale… arpenté… comme en témoigne

4 (*Réponses possibles*) **1.** Pierre-Henri de Valenciennes adopte un style néoclassique. – **2.** En effet, après une orientation assez classique, Jules R. Hervé se tourne vers l'impressionnisme. – **3.** Théodore Géricault privilégie la couleur et la construction dans ses œuvres. – **4.** Gustave Moreau a largement participé au renouveau de l'Art moderne aux côtés de Giovanni Segantini.

5 (*Réponses possibles*) **1.** Cette belle composition inondée de soleil révèle tout le talent du peintre. – **2.** Le peintre n'hésite pas à utiliser sur une même toile le pinceau et le couteau, donnant ainsi à sa peinture relief et matière et beaucoup de vie. – **3.** Eugène Delacroix est un peintre flamboyant, travaillant avec une grande vigueur.

6 (*DALF. Proposition*)

Tableau : **Armand Guillaumin** (1841-1927), *Agay, avril 1914, soir, rocher île Besse*, huile sur toile, 65 × 81 cm.

Estimation : 20 000/25 000

Avec vue sur l'Estérel et sa mer turquoise

Armand Guillaumin est un artiste peu connu par le grand public, mais incontournable pour les amateurs de l'impressionnisme et les amoureux des paysages des belles provinces françaises. Il fait partie de l'école de Crozant, un courant plus libre, loin de l'académisme et qui se distingue par une organisation « sans maître ni chef de file ». À part la Creuse, il arpente avec le même bonheur la Bretagne, la Charente-Maritime et le sud de la France. S'il a pu quitter son travail de nuit aux Chemins de fer à Orléans et effectuer tous ces voyages, c'est parce qu'il avait – anecdote amusante – gagné la somme de 100 000 francs à la Loterie nationale. En 1874, puis en 1886, il participe à la première et à la dernière exposition impressionniste avec Monet et son ami Pissarro : c'est dire l'importance de ce peintre attachant.

Les régions qu'il traverse, toujours d'une nature exubérante et sauvage, l'inspirent pour créer des paysages authentiques, tantôt baignés de lumière, tantôt recouverts de neige. Sa palette évolue vers une grande richesse de couleurs, les touches étant de plus en plus étalées sur la toile. En privilégiant avec force la couleur, il est précurseur du fauvisme.

Sur cette toile, le peintre, comme à son habitude, a choisi à merveille son cadrage, dévoilant une majestueuse vue sur la baie d'Agay inondée de soleil. Il est par ailleurs particulièrement attentif au rendu des arbres, verts, au premier plan, et de la terre, ocre, au second plan. Le bleu intense de cette mer turquoise renforce avec vivacité la profondeur de cette somptueuse composition.

Cette toile, numérotée 813 au catalogue raisonné, fera sans nul doute le bonheur des amoureux de Guillaumin, peintre longtemps incompris, mais aujourd'hui admiré.

SAMEDI 17 FÉVRIER. SALLE 4 – DROUOT-RICHELIEU

38. Philosopher sur le bonheur

Chapitre 38a — Parler de son bonheur à travers des expressions imagées

Exercices page 251

1 **1.** Joachim et Elvire forment un couple heureux depuis un certain temps. – **2.** Martina est pessimiste alors que Joseph est optimiste. – **3.** Juliette aime faire des remarques sur un ton ironique.

2 **1.** Faustine <u>pleurniche</u> tout le temps. – **2.** Apollon <u>est serein</u>. – **3.** Poil de carotte (= personnage de Jules Renard) mène <u>une vie cauchemardesque</u>. – **4.** Vous <u>trinquez à l'amitié</u>. – **5.** Sheila a <u>un tempérament de feu</u>. – **6.** Mouchette est <u>une vraie Cosette</u>. – **7.** Les commerçants <u>geignent</u> sans cesse. – **8.** Jeanne (Moreau) et Pierre mènent <u>une vie de cocagne.</u>

3 (*Réponses possibles*) **1.** Vous êtes fauché(e) comme les blés. – **2.** Vous êtes au fond du gouffre. – **3.** Vous vous êtes battu(e) contre vents et marées pour réussir votre projet. – **4.** Vous lui indiquez la porte. – **5.** Vous traversez des hauts et des bas. – **6.** Le ciel vous tombe sur la tête. – **7.** Vous êtes dans la panade. – **8.** Pour André (Malraux), ce n'est pas la voie royale. – **9.** Mais à part ça, tout va très bien, Madame la marquise.

4 (*Réponses possibles*) **1.** Je prends la vie comme elle vient. – **2.** Tu nages dans le bonheur. – **3.** Vous êtes tranquille comme Baptiste. – **4.** Nous croquons la vie à pleines dents/à belles dents. – **5.** Il prend son pied en descendant les pistes enneigées du Tyrol ensoleillé. – **6.** Elles s'en sont (bien) sorties/tirées (des ennuis de la vie). – **7.** Ils font la tournée des grands-ducs.

5 (*Proposition*)

Cela faisait des années que je voulais écrire un roman. Je travaillais comme un forcené, mon tempérament de feu et mon optimisme m'apportant l'énergie nécessaire à ce genre de projet de longue haleine.

Après trois ans de travail acharné, plein de confiance, j'ai envoyé mon manuscrit à plusieurs maisons d'édition réputées sur la place de Paris. Et là, ce fut plus qu'une déconvenue qui me tomba sur la tête, ce fut carrément un abîme sans fond où je plongeai… En effet, les réponses des éditeurs – quand il y en avait – étaient des plus déstabilisantes. Manque d'originalité, style trop flou selon eux, pas assez commercial. Bref, toutes ces remarques désobligeantes eurent pour conséquence que je ne faisais que pleurnicher sur mon sort à longueur de journée. J'étais devenu une vraie Cosette. Oui, je n'exagère pas ! J'étais vraiment au fond du gouffre, le ciel m'était réellement tombé sur la tête car je pensais sincèrement que mon histoire était à la fois terriblement touchante et bigrement captivante et qu'elle aurait pu rencontrer son public. À condition, bien sûr, qu'un éditeur me fasse confiance et qu'il se donne la peine de publier mon ouvrage afin que journalistes et lecteurs puissent le découvrir.

Pour comble d'infortune, j'étais fauché comme les blés à cette époque et pour cause, puisque je ne travaillais plus qu'à mi-temps afin de me consacrer entièrement à l'écriture de ce livre. De plus, je traversais des hauts et des bas dans ma vie sentimentale. Comme vous le voyez, ce n'était pas la voie royale, loin de là, mais, grâce à mon tempérament serein, je gardais confusément au fond de moi une lueur d'espoir qui me permettait chaque matin de me dire avec humour « tout va très bien, madame la Marquise ».

Les mois passèrent puis un matin d'avril – et Dieu sait si je m'en souviens bien –, la clochette de la porte tinta et un employé de la poste me remit un pli recommandé. Mystère : mais qu'est-ce que cela pouvait bien être ? À ce moment-là, je ne pensais plus du tout à mes velléités d'écrivain. J'ouvre l'enveloppe et là, une émotion délicieuse me traverse : que vois-je sur l'en-tête du courrier ? Le nom de la maison d'édition la plus prestigieuse de Paris ! Je n'en croyais pas mes yeux ! Tout au long de la lecture que je savourais, je me pinçai pour voir si je ne rêvais pas ! Non seulement l'éditeur retenait mon manuscrit, mais de plus, chose incroyable, il me complimentait sur mes talents d'auteur et mon sens de la narration. Et, tenez-vous bien, il voulait me rencontrer afin que nous signions un contrat exclusif pour trois romans. À cet instant, mon cœur explosa de joie. Après avoir été dans la panade, j'allais enfin m'en sortir.

À la suite de la signature du contrat et de la sortie de mon premier livre, qui fût un véritable succès, je nageais dans le bonheur et je pouvais enfin croquer la vie à belles dents. Désormais, je vivais une vie de cocagne dans une belle maison de campagne, avec un feu de cheminée qui me réchauffait l'hiver, mes chiens à mes pieds et, lovés sur mes genoux, mes chats ronronnant et m'aidant à trouver de l'inspiration poétique. Je vivais une lune de miel interminable auprès de mon nouvel amour, et mes amis étaient bien là, autour de moi, prêts à faire en ma compagnie la tournée des grands-ducs. Que demander de plus ! J'avais donc eu bien raison de ne pas m'affoler à l'époque où je traversais des moments difficiles et de prendre la vie comme elle venait. Du coup, l'expression « tout vient à point à qui sait attendre » s'était avérée juste et moi j'étais enfin devenu un homme heureux. Comme quoi la sagesse paie !

Chapitre 38b   Confronter deux conceptions du bonheur

Exercices page 253

1   **1.** Faux. C'est l'extrait d'une pièce contemporaine inspirée par le théâtre classique du XVIIe siècle. – **2.** Faux. Leurs conceptions du bonheur sont diamétralement opposées. – **3.** Vrai. (La pièce est influencée par les événements tragiques de la Seconde Guerre mondiale et les arrangements humiliants avec l'occupant.)

2   **1.** s'évanouir – **2.** jauni – **3.** l'usure – **4.** fanée – **5.** un royaume lointain – **6.** pâlir – **7.** affaiblissement – **8.** le temps qui passe… efface – **9.** un amoindrissement

3   **1.** Impossible d'ajouter un « ne » explétif. – **2.** Lisandre est plus charmant qu'il n'est beau, il est moins grand que je ne le pensais.

4   (*Réponses possibles*) **1.** La vie, ce n'est peut-être tout de même que le bonheur. – **2.** Je ne sais comment m'y prendre pour être heureux. – **3.** Je retiens la vie. – **4.** Découvrir cela, c'est la consolation dérisoire de vieillir. – **5.** Ne laissons pas la vie couler entre nos doigts. – **6.** La vie, c'est un outil qu'on tient bien dans sa main.

5 (*Réponses possibles*) **1.** C'est ça : se contenter d'un petit morceau si on a été bien sage ! – **2.** Vous, avec votre vie minable qu'il faut aimer coûte que coûte ! – **3.** Vous et cette petite chance pour tous les jours, si on n'est pas trop exigeant ! – **4.** On dirait des chiens qui lèchent tout ce qu'ils trouvent. – **5.** Tu défends ton (petit) bonheur comme un os ! – **6.** Ton bonheur ultime, c'est de devenir un monsieur.

6 (*DALF. Proposition*)

Tout est assujetti à l'érosion du temps. La vie s'écoule inexorablement entre nos doigts, notre corps s'use, notre esprit s'affaiblit. Il nous est impossible de retenir la jeunesse, la vie. Découvrir cela ne facilite pas la construction de notre bonheur. Mais comment s'y prendre pour atteindre ce royaume lointain ? Comment parvenir à être heureux ?

Certains s'acharnent et travaillent méthodiquement pour accumuler des biens, dans le fol espoir que ce matériel qui les entoure fixe leur bonheur. Cette course au profit, à la possession, les amène comme des chiens à lécher tout ce qu'ils trouvent et les oblige à défendre ce petit bonheur comme un os. D'autres pensent sérieusement que le fait d'avoir des enfants les protège de l'usure du temps et que cela leur garantit un bonheur éternel. Quelle illusion !

Si je comprends ces réflexes qui tentent de graver le bonheur dans la matière et dans la descendance, je pense que la recherche du bonheur se trouve au-delà des considérations matérielles et/ou familiales. À mon sens, le bonheur est plus intense qu'on ne le croit et moins difficile à atteindre qu'on ne le dit, car il est le résultat de la jonction entre l'imaginaire et le réel. C'est un état composé de milliers d'instants d'amour, de plaisir et de courage qui vont et viennent, mais qui justement, par ce mouvement incessant, construisent le bonheur. « Mon » bonheur. Autrement dit, si pour beaucoup le bonheur, c'est devenir quelqu'un à l'égard de la société, en ce qui me concerne, c'est déjà devenir quelqu'un pour moi-même et mes proches. C'est simultanément le courage de pouvoir me regarder dans un miroir sans rougir de mes actions et celui de veiller à ce que mes qualités dépassent toujours et en toutes circonstances mes défauts. Par ailleurs, il ne faut pas aimer coûte que coûte n'importe qui et n'importe comment, c'est-à-dire qu'il ne faut pas se contenter d'un petit bonheur mesquin. Il faut également lutter pour que le temps n'altère pas les sentiments et ne pas se contenter d'un petit morceau de bonheur si on a été bien sage.

Vous l'aurez compris, je ne me battrai jamais pour des futilités matérielles telles une voiture ou une maison, pas plus que pour une carrière professionnelle sans limite. En revanche, je me battrai toujours pour l'amour et je ferai tout afin de me libérer des entraves liées aux conditions et aux conventions matérielles. Et que ma vie puisse s'épanouir dans toute son ambivalence et dans toute sa puissance. Le bonheur, ce doit être une vie exigeante, riche et intense !

Chapitre 38c — Définir le bonheur

Exercices page 255

1 1. Faux. L'article provient d'un célèbre dictionnaire encyclopédique *L'Encyclopédie*. – **2.** Faux. Il y a une partie du bonheur qui dépend de nous, de notre façon de penser. – **3.** Vrai

2 1. le plaisir des sens – **2.** (plaisir) restreint – **3.** la pente rapide – **4.** le plaisir piquant – **5.** le plaisir de l'esprit – **6.** grossier – **7.** l'attrait vainqueur – **8.** le plaisir du sentiment – **9.** bref, brève

3 (*Réponses possibles*) **1.** Tous les hommes se réunissent dans le désir d'être heureux. – **2.** Le bonheur se prend ici pour un état, une situation. – **3.** Le bonheur est différent du plaisir qui, lui, ne peut jamais être un état. – **4.** C'est une impression ineffaçable de la nature qui l'a gravé dans nos cœurs. – **5.** Tout ce qui n'est point bonheur nous est étranger.

4 (*Réponses possibles*) **1.** l'agiter par de douces secousses – **2.** l'enivrer des transports d'une volupté pure – **3.** l'animer par des sentiments agréables – **4.** lui imprimer des mouvements délicieux – **5.** mais tous les moments de notre vie ne peuvent pas être filés par les plaisirs – **6.** Il faut faire couler la joie jusqu'au plus intime de notre cœur

5 (*Réponses possibles*) **1.** On peut lire dans X les réflexions solides et judicieuses qu'il a écrites sur le bonheur. – **2.** Quoique notre bonheur ne dépende pas en tout de nous, nous y pouvons néanmoins qch par notre façon de penser.

6 (DALF. *Proposition*)

PLAISIR S. m. (Morale) se prend ici pour un mouvement dont on désirerait la durée sans changement mais qui en réalité est bref et passager ; tous les moments de notre vie ne peuvent pas être filés par les plaisirs. En cela, le plaisir est différent du bonheur qui est une impression plus durable et qui ne peut jamais être un mouvement. Le plaisir se distingue des notions de délice et de volupté qui, elles, ont une application plus restreinte, la première se bornant à la sensation, notamment à la bonne chère, et la seconde véhiculant l'idée de sensualité.

Tous les hommes se réunissent dans la quête du plaisir : c'est par le plaisir que la nature conduit les humains, comme la matière est mue par le mouvement. Le plaisir nous oriente vers le bonheur pendant tout le temps que nous le goûtons. Il émane de l'exercice des organes du corps qui ne les affaiblit pas, à toutes les occupations de l'esprit qui ne l'épuisent pas, à tous les mouvements du cœur qui l'animent et, enfin, à une attitude digne de soi, des autres hommes et de la nature. En revanche, l'absence prolongée de plaisir précipiterait l'homme dans l'agressivité et la frustration et l'éloignerait définitivement de la possibilité d'accéder au bonheur.

Les mouvements du corps sont source de plaisir, tel qu'on peut le constater lors d'une promenade ou lorsque l'on danse ; *a contrario* nous avons une aversion contre l'inaction que nous avons tendance à rapprocher de la faiblesse et de la maladie. La vue nous procure aussi du plaisir : tout ce qui est beau, tout ce qui est varié ou singulier, l'ensemble des couleurs nous transportent. En général, les sensations déclenchées par les cinq sens nous animent et nous touchent pour peu que le corps et l'esprit soient disposés à les recevoir.

Qu'elles soient sérieuses ou frivoles, toutes les occupations de l'esprit sont toujours accompagnées d'un sentiment agréable. Nous nous plaisons à ces jeux d'esprit, parfois même indépendamment des sensations et de ce qui nous entoure ; à preuve, les journées entières que nous pouvons passer à la lecture et à la réflexion dans le seul but de vivre quelques moments plaisants.

Le cœur éprouve du plaisir aussitôt que nous recueillons des impressions qui coïncident avec nos inclinations du moment, lesquelles dépendent de notre âge et de la situation dans laquelle nous nous trouvons. Cela concerne tous les sentiments positifs et même quelquefois la tristesse qui peut devenir délicieuse dans certains moments de notre existence. Tout comme la haine d'ailleurs – si étrange que cela puisse paraître – parce que la personne dotée de ce sentiment négatif croit assurer son bonheur par la destruction de ce qui la dérange. Mais il n'y a pas de sentiments sans ambiguïté.

Le plaisir naît aussi d'une attitude ferme et stable face à la vie, inspirée par un sentiment de justice. Cette digne attitude permet à l'homme de s'élever au-dessus des sentiments petits et mesquins.

On peut lire dans *L'Encyclopédie* de Diderot les réflexions solides et judicieuses que le philosophe a écrites sur le plaisir (Consultez les articles « plaisir », « délice » et « volupté »). Puisque nous avons vu que le plaisir est un sentiment complexe et ambigu, peut-être faudrait-il retenir ici que c'est la somme ou, plus précisément, l'interpénétration équilibrée de tous ces plaisirs qui constitue le bonheur.

39. Se souvenir

Chapitre 39a Partager un souvenir

Exercices page 257

1 1. Faux. C'est l'extrait d'un roman. – **2.** Vrai – **3.** Vrai

2 1. une case vide. – **2.** une amnésie – **3.** être tendu – **4.** taire, garder un secret – **5.** une étourderie – **6.** briser le secret

3 s'est présentée... revenait... avait vécu... souhaitait... a été... avait fait refaire... était née... née... a été ouverte... était... ne s'étaient jamais rencontrées

4 (*Réponses possibles*) **1.** Pour ne pas le réveiller, nous nous déplacions sur la pointe des pieds, comme des danseuses. – **2.** Ma mère n'avait pas osé remplir le formulaire. Mon père avait grondé. – **3.** Nous ne marchions pas, nous murmurions. Chacun de nos pas était une excuse. – **4.** Quand je partais le matin, il dormait. Le soir, il était parfois en pyjama. – **5.** À la maison, nous n'avions pas le droit de parler du métier de mes parents. – Ça ne regarde personne, disaient-ils.

5 (*Réponses possibles*) **1.** Aucun de mes amis n'a jamais été autorisé à passer notre porte. – **2.** Même mes grands-parents n'y sont jamais venus. – **3.** Il n'y a toujours eu que nous trois dans notre appartement. – **4.** Depuis toujours, je me demandais ce qui n'allait pas dans notre vie.

6 (*Proposition*)

Après quinze ans d'absence, je suis revenu dans le chalet savoyard où avec mes parents j'avais passé les noëls de mon enfance. Étrangement, j'en garde à la fois un souvenir émerveillé, parce que c'était la grandeur de la montagne et de la nature où je ressentais une certaine forme de liberté, et aussi une impression gênante parce que souvent j'avais très peur, perdu dans cet espace isolé. Mes parents, passionnés de ski nocturne et adeptes de soirées « fondue » entre adultes, avaient pour habitude de me laisser seul le soir, considérant que moi, petit garçon, je n'avais rien à y faire. Reclus dans ce grand chalet, loin de toute âme qui vive, j'étais en proie à mille tourments. J'avais non seulement le sentiment désagréable d'être abandonné, mais aussi cette angoisse obsédante qu'un animal géant, quelque ogre des neiges ou autres étranges fantômes allaient venir m'attaquer et me dévorer. Mais dans la tête d'un enfant, où est la frontière entre le rêve et la réalité ? En vérité, cette angoisse me mettait tellement en alerte qu'il suffisait d'un rien pour m'affoler. Le moindre bruit me faisait sursauter, et Dieu sait s'il y en avait ! Entre la cascade d'eau, le crissement du vent glacé, le vrombissement du poêle, et le bois des lambris qui travaillait sans cesse, tout m'épouvantait. Pour faire diversion, j'essayais tant bien que mal de me plonger dans des livres qui auraient calmé mon esprit. Que nenni ! Ces derniers étaient toujours emplis de mystères, comme tous les volumes des deux séries *Le Club des cinq** et *Les Six Compagnons**, issus respectivement de la Bibliothèque rose et de la Bibliothèque verte, que je dévorais en temps normal mais qui, à ce moment-là, me glaçaient le sang. En somme, je me construisais tout un monde fantasmé que rien ne pouvait arrêter. Un cauchemar.

Avec le recul, ces frayeurs de gosse me font sourire. Aujourd'hui, je dors dans ce chalet sereinement. J'y passe des nuits seul, loin de l'agitation parisienne, et m'y sens étrangement bien. La seule chose à laquelle je pense parfois et qui remonte des terreurs de mon enfance en dépit de la distance du temps, c'est cette peur de l'abandon, semblable à celle que ressentait *le Petit Poucet**. J'ai longtemps tu ce secret et la crainte de le révéler à mes parents fut telle que cela s'est transformé en une sorte d'amnésie. Comme ils étaient très sévères, j'étais persuadé que je n'avais pas le droit de me plaindre, moi, le petit garçon gâté qui avait le privilège de passer ses vacances dans un magnifique chalet de montagne. Instinctivement, je me suis toujours demandé ce qui n'allait pas dans notre vie. Désormais, avec la maturité, j'analyse mieux cette situation et je crois avoir découvert ce qu'était cette rigidité, cette pudeur de ne jamais s'exprimer à cœur ouvert, de ne jamais partager ses chagrins. C'était donc la convention implicite des membres de ma famille – et sans doute aussi celle de l'époque – de ne pas se confier mutuellement. À la maison, je n'avais pas le droit de parler de mes tourments et mes parents, de leur côté, ne parlaient jamais de leur intimité. « Cela ne regarde personne », disaient-ils. Puis ils réitéraient sans cesse cette phrase « La vie est un combat et sans cela elle ne serait rien », phrase qui me mettait mal à l'aise puisqu'elle était insaisissable pour l'enfant de 10 ans que j'étais.

Aujourd'hui, j'ai définitivement brisé ce secret, qui pesait lourd sur mon cœur. Je parle librement avec mes proches, je suis moins tendu, nous osons nous confier nos tourments, nos hantises. Pour moi, dès que j'ai atteint l'âge de raison, il était hors de question que je répète ce schéma embarrassant que j'avais vécu avec mes parents. Heureusement, tout cela est loin de moi à présent et le temps a fait son œuvre. Dorénavant, je suis heureux de revenir dans ce chalet de montagne et je ne ressens plus aucune gêne.

*Auteurs respectifs : Enid Blyton, Paul-Jacques Bonzon, Charles Perrault

Chapitre 39b   Évoquer un souvenir

Exercices page 259

1 1. Non, c'est un texte issu d'un roman majeur de la littérature française (À la recherche du *temps perdu*, de Marcel Proust). – **2.** Pour le narrateur, évoquer des souvenirs d'enfance lui est doux et agréable. – **3.** Le niveau de langue correspond à celui pratiqué dans les milieux intellectuels et littéraires au début du XXe siècle.

2 1. (être) ankylosé(e) – **2.** la veilleuse – **3.** frémir – **4.** le demi-sommeil/le semi-éveil – **5.** les joues de l'oreiller – **6.** le lit à baldaquin

3 (*Réponses possibles*) 1. J'ignorais où je me trouvais, qui j'étais. – **2.** Mon esprit lâchait le lieu où je m'étais endormi. – **3.** J'étais plus dénué que l'homme des cavernes. – **4.** Ma pensée hésitait au seuil des temps et des formes. – **5.** Il suffisait que mon sommeil fût profond et détendît entièrement mon esprit. – **6.** J'avais dans sa simplicité première le sentiment de l'existence (comme un animal). – **7.** Tout tournait autour de moi dans l'obscurité... Les murs invisibles tourbillonnaient dans les ténèbres.

4 (*Réponses possibles*) 1. Le souvenir venait à moi (comme un secours d'en haut) pour me tirer du néant. – **2.** La mémoire de mon corps me présentait successivement plusieurs des chambres où j'avais dormi. – **3.** En ce moment, je me figurais actuels les personnes et les lieux de mon enfance sans me les représenter exactement. – **4.** Les membres de mon corps sont les gardiens fidèles d'un passé que mon esprit n'aurait jamais dû oublier. – **5.** Mon corps se rappelait la disposition de la chambre avec la pensée que j'avais en m'y endormant et que je retrouvais au réveil.

5 (*Proposition*)

Que le fonctionnement de la mémoire est étrange ! Il suffit d'un air entendu pendant l'enfance pour que ressurgisse un monde enfoui dans le passé. Je vous laisse en juger d'après l'histoire que je vais vous raconter.

Il y a quelque temps, je passai devant l'Opéra-Comique, place Boieldieu, et je découvris une affiche de *La Vie parisienne* de Jacques Offenbach. Je rentrai à la maison et l'idée me vint de réécouter cet opéra-bouffe que j'avais tant aimé dans mon enfance. Je ressortis les vieux vinyles de ma discothèque. Que de découvertes mémorables ! Offenbach côtoyait Rameau et Vivaldi, Aznavour fréquentait Régine, Chamfort voisinait avec Marie-Paule Belle, et je retrouvais ma belle collection de 45 tours avec des dizaines de musiques de films. Je posai le 33 tours de *La Vie parisienne* sur mon tourne-disque (nouvelle génération !)

et rejoignis mon fauteuil où je m'installai confortablement, la tête appuyée sur un coussin aux joues moelleuses. À mesure que l'ouverture de cette œuvre se déployait, je glissais lentement dans un état de demi-sommeil. Alors mon esprit lâcha le lieu où je m'étais assoupi. Tout se mit à tourner autour de moi dans la pénombre de mon salon, tant et si bien que je finis par ignorer où je me trouvais et qui j'étais. Il me restait seulement dans sa simplicité première le sentiment de l'existence, comme il peut frémir au fond du cœur d'un jeune homme de 12 ans. Ensuite, dès que j'entendis les premiers airs virevoltants et joyeux, ma pensée hésitant au seuil des temps et des formes, une pléiade de souvenirs me revinrent en mémoire pour me tirer du néant. Ainsi, je retournais en enfance, je me revoyais petit garçon arpentant les escaliers de la butte Montmartre, jouant aux billes et aux osselets, retrouvant avec émerveillement le visage de mes copains, de mes grands-parents et des habitants du quartier. Cette conjugaison de notes musicales et d'images lointaines s'était déclenchée parce que ma voisine de palier, qui était chanteuse lyrique à cette époque, n'avait de cesse de fredonner ces airs magnifiques et que moi, jeune garçon romantique, j'étais épris de cette beauté extravagante.

En général, c'est-à-dire à chaque fois que j'écoute un morceau particulier, ce mécanisme de mémoire musicale se met en marche et me présente successivement des visages, des ruelles, des jardins, des squares, des appartements, des instants de bonheur et d'amertume, qui sont intrinsèquement liés à ces mélodies. Sans conteste, celles-ci sont les gardiennes fidèles d'un passé que mon esprit n'aurait jamais dû oublier. Ces instants magiques me permettent ainsi de me figurer actuelles toutes mes amours passées sans me les représenter exactement. Et dès que la mélodie est terminée et que, tout à fait éveillé, je reviens à la réalité de l'instant présent, ces souvenirs délicieux retournent dans le passé. Mais c'est le cours naturel des choses, et cela n'a au fond guère d'importance puisque je sais, par expérience, que je peux compter sur ma mémoire qui se réveillera au quart de tour à l'écoute d'une chanson ou d'un air nostalgiques.

Chapitre 39c Imaginer ces dernières volontés

Exercices page 261

1 1. Par un testament. – **2.** L'acte est rédigé avec plein d'humour. – **3.** La légataire lègue à son chien et à son chat la totalité de ses biens immobiliers et à sa famille la totalité de ses dettes, et enfin à ses domestiques, une moto et une voiture… – **4.** Parce que si vous vous engagez à faire l'intégralité des exercices de ce livre, vous risquez d'en recevoir quelques centaines d'exemplaires.

2 1. le notaire – **2.** les dettes – **3.** le clerc – **4.** un bien immobilier – **5.** un usufruit – **6.** un acte notarié – **7.** le surendettement – **8.** une hypothèque – **9.** une étude – **10.** des droits d'auteur

3 1. Je soussigné(e), Clément Marot/Clémence Marotte, domicilié(e) au 27, rue de Maubeuge, 75009 Paris – **2.** Fait à Paris le 28 octobre 2028 par-devers (par-devant) notaire. – **3.** Sain(e) de corps et d'esprit en ce jour – **4.** Remis à Maître W un exemplaire de ce testament, ainsi qu'une copie à son clerc

4 confère l'usufruit de… à… Je lègue à… la totalité de… En ce qui concerne mes biens personnels, je les transmets (cède) à l'association… Enfin, je lègue (laisse, *fam.*) à… qui s'engagera à…

5 (*DALF. Proposition*)

Ceci est mon testament :

Je soussigné, Maurice R., né le 3 février 2018 à Ciboure (Pays basque) domicilié 66, boulevard Hausmann à Paris 8e, lègue

à M. Guy Durdoreille, mon fidèle domestique, la totalité de mes biens immobiliers ainsi que l'intégralité de mes droits de compositeur ;

à Mme Padebras (née Padebiscuit), ma cuisinière dévouée, je confère l'usufruit de mon violon fabriqué par un célèbre luthier à Mirecourt, datant de 1786 ;

à Monsieur Œildeverre, mon loyal chauffeur, toutes mes partitions manuscrites d'une valeur inestimable.

Par ailleurs, en ce qui concerne mes biens mobiliers, je les lègue à mon cacatoès Tino et à ma zibeline Mistinguett. Notamment à Tino son perchoir sculpté par Georges-Frédéric Strass, et à Mistinguett mon lit à baldaquin Art déco signé Jean-Michel Frank ;

Pour ce qui est de mes biens personnels, je les cède à l'association « Pour un espace sans musique » qui s'engagera à obtenir la suppression totale de tous les concerts de musique, sauf bien sûr lorsqu'il s'agira de l'une de mes œuvres ;

Enfin, je lègue à mes neveux Sindou et Riette mes pyjamas usés et mes charentaises éculées ;

Et à vous, mon cher public aimé, mon plus tendre souvenir !

Remis à Maître Demusique, en présence de son clerc Mademoiselle Chantefaux, deux exemplaires de ce testament.

Fait à Paris, le 3 février 2118, par-devers notaire en son étude, sain de corps et d'esprit, en ce jour mémorable…

Maurice R.

Bilan n° 8

Exercices pages 262-263

1 1. toiles – **2.** chevalet… pinceaux – **3.** mise à prix… Adjugé et vendu ! – **4.** fonderie – **5.** nature morte… genre – **6.** un commissaire-priseur… une fourchette de prix – **7.** maquette… assemblage – **8.** pièce… collection… argenterie

2 1. une vie de misère – **2.** l'usure – **3.** délicate – **4.** pleurnicher – **5.** pâlir – **6.** un plaisir piquant – **7.** une vie de cocagne – **8.** d'un tempérament de feu

3 1. d'eau – **2.** tenture – **3.** cordon – **4.** poutres – **5.** verger – **6.** gîtes

4 1. Antigone laisse sa vie couler entre ses doigts. – **2.** Créon défend son petit bonheur comme un os. – **3.** Tout ce qui n'est point bonheur nous est étranger.

– **4.** Tous les hommes se réunissent dans le désir d'être heureux. – **5.** Aucun de mes amis n'a jamais été autorisé à passer notre porte. – **6.** Ma pensée hésitait au seuil des temps et des formes. – **7.** Le souvenir venait à moi pour me tirer du néant. – **8.** En ce moment je me figurais actuels ces personnes disparues sans me les représenter exactement. – **9.** En ce qui concerne mes biens personnels, je les transmets à une association locale.

5 (*Réponses possibles*) **1.** Cette maison est quand même pas mal amochée. – **2.** Pour une bouchée de pain, toute la bicoque est transformée en véritable bijou. – **3.** Je suis fauché(e) comme les blés. – **4.** Comme elle dépense tout son fric, Georgette L. est dans la panade. – **5.** Jean-Charles croque la vie à belles dents. – **6.** Lucie B. se bat contre vents et marées. – **7.** Après avoir été mis à la porte, Hugo se trouve (est) au fond du gouffre.

6 **1.** Équipez-vous d'une cuisinière Gaudin « Châtelaine » à l'ancienne. – **2.** Tout doit baigner dans une ambiance « méditerranéenne ». – **3.** Une grande table de ferme s'impose. – **4.** Si vous chinez chez les « brocs » (= brocanteurs), vous en trouverez. – **5.** Non, il faut absolument garder le style de la région et le cachet de la maison.

7 (*Proposition*)

Charles-François Daubigny (1817-1878), *Un village près de Bonnières*, 1861, huile sur toile, 640 × 360 cm.

Le peintre de l'eau

Cette vente propose une toile exceptionnelle signée Charles-François Daubigny, *Un village près de Bonnières*. Élève de Paul Delaroche aux Beaux-Arts de Paris, cet artiste expose régulièrement à partir de 1841 dans les Salons parisiens où il obtient de nombreux prix et médailles. En 1860, sa notoriété est telle que Napoléon III lui achète son tableau *Étang de Gylieu*, reconnu comme pur chef-d'œuvre. Surnommé « le peintre de l'eau », il a l'habitude de planter son chevalet aux abords des cours d'eau sur lesquels il navigue à bord de son célèbre bateau-atelier « le Botin » à la recherche de motifs représentatifs de la nature, tels les étangs, les rivières, les bassins, qui deviennent alors des éléments primordiaux de sa peinture. Très proche de Camille Corot, il sera considéré, avec ce dernier, comme l'un des précurseurs du mouvement de l'impressionnisme.

La toile proposée a été exécutée dans la période la plus aboutie de l'artiste, là où il montre toute l'étendue de son talent. Ici, il fait preuve d'une grande maîtrise de la peinture à l'huile, favorisée par l'invention toute récente du tube de peinture, ce qui lui permet de quitter son atelier afin d'aller peindre « sur le motif ».

Cet admirable tableau présente un paysage verdoyant au bord d'une rivière. Au premier plan, on peut voir se refléter sur la surface lisse de l'eau des chaumières et un animal de trait qu'un couple de paysans emmène s'abreuver. À l'arrière-plan, on distingue des collines boisées rendues sombres par le contre-jour du soleil couchant dont les lumières se diffusent discrètement sur toute la toile. De cette belle composition équilibrée émane une impression de paix, de quiétude, d'une existence champêtre.

Travaillant les paysages avec une grande sensibilité, l'artiste matérialise, à travers cette œuvre, de beaux moments de rêverie et de douce nostalgie que les amateurs de ce peintre apprécieront infiniment.

Estimation : 20 000 €

DIMANCHE 4 FÉVRIER Salle Corot, 41, Grand Rue, Barbizon

Récréation culturelle 4

Exercices pages 264-265

1 1. (d) Il n'y a pas d'amour. Il n'y a que des preuves d'amour. (Jean Cocteau) – 2. (a) Il est singulier que le mot Amour ne soit du féminin qu'au pluriel. (Albert Willemetz) – 3. (e) L'amour, c'est l'amour et le temps rendus sensibles au cœur. (Marcel Proust) – 4. (c) En amour, il y en a toujours un qui souffre et l'autre qui s'ennuie. (Honoré de Balzac) – 5. (b) En amour, être français, c'est la moitié du chemin. (Paul Morand)

2 1. Filer / b – 2. fraîche / d – 3. badine / a – 4. la rage / c

3 1. Marcel Proust, À la recherche du temps perdu (publication 1913-1927) – 2. Régine Deforges, *La Bicyclette bleue* (1981-1989) – 3. Philippe Hériat, *Famille Boussardel* (1939-1968) – 4. Henri Troyat, *Les Semailles et les Moissons* (1953-1958) – 5. Roger Martin du Gard, *Les Thibault* (1922-1940) – 6. Gilles Schlesser, *Saga parisienne* (2011-2013) – 7. Maurice Druon, *Les Grandes Familles* (1948-1952) – 8. Émile Zola, *Les Rougon-Macquart* (1871-1893)

4 chemises... cloches... chapeaux... photos anciennes... étiquettes de vin, de bouteilles d'alcool... journaux... poules et coqs... savonnettes... tout sur *la Vache qui rit*

5 1. Alexandrin/Victor Hugo – 2. Huitain/Guillaume Apollinaire – 3. Alexandrin/ Charles Baudelaire

6 1. *Les Confessions* de Jean-Jacques Rousseau – 2. *Mémoires d'outre-tombe* de Chateaubriand – 3. *Vie de Henry Brulard* de Stendhal – 4. *Antimémoires* d'André Malraux – 5. *Souvenirs pieux* de Marguerite Yourcenar – 6. *Livret de famille* de Patrick Modiano

7 1. c. À part le bonheur il n'est rien d'essentiel. (Maryse Condé) – 2. d. Le bonheur c'est la permanence de l'éphémère. (Jean-Baptiste Pontalis) – 3. b. Quand vous aurez cessé de songer au bonheur, vous l'aurez trouvé. (Charles Secrétan) – 4. e. Le bonheur, c'est d'avoir fait ce livre pour vous ! (Romain Racine et Jean-Charles Schenker) – 5. a. Le bonheur est de connaître ses limites et de les aimer. (Romain Rolland)

8 1. b. Auguste Renoir, *Le Moulin de la Galette*, 1876 – 2. e. Pierre-Henri de Valenciennes, *L'Ancienne Ville d'Agrigente*, 1787 – 3. a. André Derain, *Hyde Park*, 1906 – 4. c. Jean-Auguste-Dominique Ingres, *Le Bain turc*, 1862 – 5. d. Antoine Watteau, *La Leçon d'amour*, 1716

Tableau synoptique : pays, supports et personnalités
(productions écrites et bilans)

PAYS, RÉGIONS	SUPPORTS (*DALF*)	PERSONNALITÉS
Algérie 29c Argentine B1 Arménie 37b Belgique 4a Birmanie B1 Bolivie 37b Canada (Québec) 4c Cap-Vert 1b Chili 19a Chine B1, B3 Cuba 2b Espagne 2b, 12a, 24c Éthiopie 37b Fidji (îles) 37b France : *Aquitaine* 28b, 30b, 37c *Auvergne* B3 *Bourgogne* 1c, 30a, 30b *Bretagne* 37c *Champagne* 11c, 30a *Côte d'Azur* 27b, 37b *Jura* 1c *Languedoc-Roussillon* 23a, 28b *Limousin* 26c *Loire* 30a, 37c *Lorraine* 29c *Massif central* 37b, 37c *Nord* 28b *Normandie* 17c *Paris* 1c, 2b, 5c, 20c, 21b, 25c, 29b, 30c, 32c, 35b, 36a, 37a, 38a, 39b, 39c, B8 *Pays basque* 5a, 39c *Perche* 36a *Picardie* 36c, B8 *Provence* 30b, 32c *Pyrénées-Atlantiques* 11c *Rhône-Alpes* 1c, 26c, 39a *Vendée* 18c *Vosges* 14c, 39c Grèce 16b Groenland 32c Guinée 10a Israël 2b Italie 1c, 24c Japon 1a, 11c, 27b, 37b Pologne B3, 37b Portugal 11c, 24c Russie 2b, 37b Sri Lanka 37b Suisse 2c, 4b, 28c Thaïlande 2a, B1 Turquie 27c, 37a Vietnam 29c	Annonce immobilière 36c *DALF* Article de dictionnaire 38c *DALF* Article de presse 25a *DALF* Autobiographie 35c *DALF* Billet d'humeur 21c, 25a Blog 1a, 2a, 7a, 7c Catalogue de vente 37c *DALF*, B8 Chanson 32b, 34c Chronique 5b *DALF* Commentaire critique 8c *DALF*, 15c, B2, 23a Compte-rendu 10a *DALF*, 13c *DALF*, 22a *DALF*, B5, 27b Courrier des lecteurs 2c *DALF*, 9a *DALF*, 9c Critique littéraire 28c *DALF* Débat 10b, 11b *DALF*, 14b, 16c *DALF*, 21b *DALF*, 25b, 28a, 38b *DALF* Dialogue (théâtre) 3b, 17b, 30a, 31a, 31b, 32a, 33b *DALF*, 34b *DALF*, 35a Discours politique 23b *DALF*, 23c Discours de promotion 14c, 37b Fable 22c Fiche de sécurité 8b Forum 6a, 6c, 7b, 8a, 18b, 30a Guide gastronomique 30b, 30c *DALF* Guide touristique 26c *DALF*, 29a *DALF* Interview 2b *DALF*, 35b *DALF*, 36b *DALF*, 37a Lettre formelle 12c *DALF*, 20b Lettre ouverte 25c *DALF* Lettre privée 1b *DALF*, 31c, 32c *DALF* Manifeste 5a *DALF*, 10c *DALF*, 24c *DALF* Médiation 13b *DALF* Pamphlet 28b *DALF* Pétition 19c *DALF*, B4 Plaidoirie 22b *DALF* Poésie 26a, 26b, 33c Portrait 11a, 15a, 33a, 34a Rapport 21a *DALF*, B6 Recette de cuisine 30a Récit de voyage 1c *DALF* Récit romanesque 18c, 29b, 39a, 39b Scénario 27a Sketch 3a Synopsis 27c *DALF* Témoignage 11c, 29c, 36a, 38a Testament 39c *DALF* Texte humoristique 3c, 15b, 16a, 17b, 17c, 18a, 18b, 19b, 20c, 23c, 31c Tribune 24a *DALF*	Bernardo Atxaga, *écrivain* 5a Charles Aznavour, *chanteur* 39b Élisabeth Badinter, *philosophe* 21b Joséphine de Beauharnais, *impératrice* 14c Beaumarchais, *écrivain* 8a Marie-Paule Belle, *chanteuse* 39b Enid Blyton, *écrivain* 39a Thomas Bohier, *homme politique* 29a Paul-Jacques Bonzon, *écrivain* 39a Alain Chamfort, *chanteur* 39b Agatha Christie, *écrivain* 37a Camille Corot, *peintre* B8 Charles-François Daubigny, *peintre* B8 Denis Diderot, *écrivain-philosophe* 21a, 38c Marguerite Duras, *écrivain* 27b Eugénie, *impératrice* 14c, 37b Gustave Flaubert, *écrivain* 31c Jean de la Fontaine, *poète* 22c Jean-Michel Frank, *décorateur* 39c Gal de Gaulle, *Homme d'État* 37b Jean Girault, *cinéaste* 27c Armand Guillaumin, *peintre* 37c Philippe Hériat, *écrivain* 28c Christophe Honoré, *cinéaste* 27c Shohei Imamura, *cinéaste* 27b Charles Lewinsky, *écrivain* 28c Sydney Lumet, *cinéaste* 27c Marivaux, *écrivain* 8a Roger Martin du Gard, *écrivain* 28c Catherine de Médicis, *reine de France* 29a Molière, *écrivain* 8a Claude Monet, *peintre* 37c Napoléon Ier, *empereur* 14c Napoléon III, *empereur* 14c, B8 Jacques Offenbach, *compositeur* 39b Charles Perrault, *écrivain* 39a Camille Pissarro, *peintre* 37c Hercule Poirot, *détective* 27c Diane de Poitiers, *duchesse* 29a Jean-Philippe Rameau, *compositeur* 39b Régine, *chanteuse* 39b Auguste Renoir, *peintre* 36c Alain Resnais, *cinéaste* 27b Henri Le Sidaner, *peintre* 36c Georges-Frédéric Strass, *joaillier du roi* 39c Henri Troyat, *écrivain* 28c Guy Vallancien, *médecin* 20b Antonio Vivaldi, *compositeur* 39b

N° de projet : 10248319
Dépôt légal : avril 2018
Achevé d'imprimer en France en juillet 2018 sur les presses de Laballery
N° d'impression : 807162